Die grundlegenden Entscheidungen des deutschen Reichsgerichts.

Herausgegeben

von

Dr. Max Apt.

Zweiter Band.

Berlin 1893.
J. J. Heines Verlag.

Die grundlegenden Entscheidungen des deutschen Reichsgerichts auf dem Gebiete des Rheinischen Civilrechts.

Für das Studium und die Praxis

bearbeitet

von

Dr. Oskar Francken.

Berlin 1893.
J. J. Heines Verlag.

Vorwort.

Der Aufforderung des Herausgebers, die grundlegenden Entscheidungen des Reichsgerichts auf dem Gebiete des rheinischen Rechts für Studium und Praxis zu bearbeiten, glaubte ich freudig nachkommen zu sollen, weil ein derartiger Plan auf dem genannten Rechtsgebiete noch nicht verwirklicht worden ist.

Scherer's, vor noch nicht Jahresfrist erschienene Zusammenstellung der Entscheidungen des Reichsgerichts und obersten bayrischen Landesgericht zum Code civil ist, ähnlich, wie das Rheinische Repertorium vom Jahre 1885, ausschließlich für die Praxis berechnet. Es ist ein Wegweiser zur augenblicklichen Orientierung in dem Labyrinth der überallhin zerstreuten Entscheidungen, welche das Reichsgericht zum Code civil erlassen hat. Weitergehende Ziele will Scherer jedoch nicht verfolgen, insb. das Nachschlagen der gefundenen Entscheidung nicht entbehrlich machen.

Die nachstehende Arbeit dient, entsprechend dem Rahmen, in welchem sie erscheint, vornehmlich den Zwecken des Studiums. Sie ist als eine Art Ergänzungsband zu den Lehr- und Handbüchern des rheinischen Rechtes gedacht. Sie soll dem jungen Juristen, insbesondere demjenigen, welcher die offizielle Ausgabe der Entscheidungen des Reichsgerichts nicht besitzt, das Studium der letzteren im Anschluß an das theoretische Studium des rheinischen Rechts ermöglichen bezw. erleichtern.

Zu dem Zwecke sind die, im Sinne des Vorwortes zum ersten Bande dieser Sammlung,*) grundlegenden Entscheidungen des Reichsgerichts in systematischer Ordnung zusammengestellt.

Aus dem Gesichtspunkt der Bearbeitung zu Studienzwecken erklärt sich vornehmlich die Wiedergabe der den einzelnen Entscheidungen zu Grunde liegenden Thatbestände, sowie die Verweisung auf die Litteratur, welche bei den wichtigeren Fragen allemal geschehen ist. In den durchgehends angeführten Werken von Zachariä-Dreyer und Laurent wird der Suchende mühelos die weitere Litteratur zu finden wissen.

Vermöge dieser Anlage wird das Buch sich vor allem auch zur Benutzung bei den, zur Überbrückung der Kluft zwischen theoretischer und praktischer Ausbildung immer mehr in Aufnahme kommenden seminaristischen Übungen der Referendare eignen.

---

*) Apt, Die grundlegenden Entscheidungen des Reichsgerichts auf dem Gebiete des Strafrechts. Berlin 1892.

Aber auch für die Praxis dürfte die Bearbeitung nicht ohne Nutzen sein. Sie giebt dem Praktiker in handlicher Form eine Zusammenstellung der vermöge ihrer grundlegenden Natur am häufigsten zur Sprache kommenden Entscheidungen dem Texte und nicht nur dem Tenor nach. Sie ist dem Praktiker ein Mittel, den Überblick über die gesamte Rechtsprechung des Reichsgerichts zum rheinischen Recht in ihrem Zusammenhang zu erlangen bezw. aufzufrischen.

Den Gebrauch in der Praxis erleichtern die beigegebenen Register.

So möge denn die nachstehende Arbeit eine wohlwollende Aufnahme finden, wie sie dem ersten Bande dieser Sammlung bereits vielfach zu Teil geworden ist.

Aachen, den 10. März 1893.

Oskar Francken.

Inhalts-Übersicht.

Erster Teil.
Allgemeine Lehren.

Erster Abschnitt.
Rechtsquellen.

Zweiter Abschnitt.
Rechtssubjekte.

Dritter Abschnitt.
Rechtsobjekte.

Vierter Abschnitt.
Wirkungen des Zeitablaufes.

Zweiter Teil.
Sachenrecht.

Erster Abschnitt.
Besitz.

Zweiter Abschnitt.
Eigentum.

Dritter Abschnitt.

Servituten.

Vierter Abschnitt.

Privilegien und Hypotheken.

Dritter Teil.

Obligationenrecht.

Erster Abschnitt.

Die Obligationen im Allgemeinen.

Erstes Kapitel.

Erfordernisse der Gültigkeit der Verträge.

Zweites Kapitel.

Wirkungen der Verbindlichkeiten.

Drittes Kapitel.

Arten der Verbindlichkeiten.

Viertes Kapitel.

Erlöschen der Verbindlichkeiten.

Zweiter Abschnitt.

Obligationen aus Verträgen.

Dritter Abschnitt.

Obligationen, welche ohne Vertrag entstehen.

Vierter Teil.

Familienrecht.

Erster Abschnitt.

Die Ehe.

Zweiter Abschnitt.

Vaterschaft und Kindschaft.

Dritter Abschnitt.

Vormundschaft.

Fünfter Teil.

Erbrecht und freigebige Verfügungen.

Erster Abschnitt.

Erbrecht.

Zweiter Abschnitt.

Freigebige Verfügungen.

Erstes Kapitel.

Schenkungen unter Lebenden.

Zweites Kapitel.

Testamentarische Verfügungen.

Drittes Kapitel.

Freigebige Verfügungen unter Ehegatten.

Abkürzungen.

E. XX, 351 = Entscheidungen des Reichsgerichts in Civilsachen, (offizielle Sammlung). Band 20, Seite 351.

P. XVI, 574 = Puchelt (Heinsheimer) Zeitschrift für französisches Civilrecht, Band 16, Seite 574.

R. A. 80. 3. 80 = Archiv für das Civil- und Criminalrecht der Kgl. preußischen Rheinprovinz, Band 80, Abteilung 3, Seite 80.

L. VIII, 543 = Laurent, Principes de droit civile (4e éd.). 1887. Band 8, Nummer 543.

Z. D. = Zachariä von Lingenthal, Handbuch des französischen Civilrechts, 7. Aufl. Herausgegeben vom Reichsgerichtsrat Dr. Dreyer.

C. c. = Code civil.

R. G. = Reichsgericht.

U. = Urteil.

Die aufgenommenen Entscheidungen sind, sofern nicht ein anderes ausdrücklich bemerkt ist, von dem II. Civilsenate des Reichsgerichtes erlassen.

Berücksichtigt sind die Entscheidungen bis zum Oktober 1892 einschließlich.

Erster Teil.

Allgemeine Lehren.

Erster Abschnitt.

Rechtsquellen.

§ 1.

Statutenkollision.

I. Bei der **Statutenkollision im Erbrecht** ist das Recht des Landes, in dessen Gebiet die Erbfolge eröffnet worden, einheitlich und in seiner Totalität anzuwenden. U. v. 27. I. 88. (E. XX, 351):

Nach der unangegriffenen Feststellung, daß der Erblasser, ein Staatsangehöriger des Großherzogtums Hessen, seinen Wohnsitz nach Berlin verlegt habe, auch daselbst der gesamte Nachlaß sich befinde, sowie auf Grund des Art. 110 des bürgerl. Gesetzbuches ist davon auszugehen, daß die Erbfolge in Berlin eröffnet worden ist. Aus Art. 110 und aus den das Erbrecht beherrschenden Grundsätzen folgt aber weiter, daß der Nachlaß nach dem preußischen Gesetze zu regeln und nach diesem die Vorfrage zu erledigen ist, welches Erbrecht dabei anzuwenden sei. Der Natur der Sache nach kann eine Erbschaft nur einheitlich geregelt, und müssen daher die auf dieselben bezüglichen erbrechtlichen Fragen auf einer und derselben gesetzlichen Grundlage entschieden werden. Handelt es sich nun um eine im Inlande eröffnete Erbschaft eines Inländers, so hat Art. 110 des bürgerl. Gesetzbuches für Frankreich, in dessen Gebiet nur ein Erbrecht gilt und der Gerichtsstand der Erbschaft nach Artt. 50, 59 Code de procédure civile ein ausschließlicher ist, nur die Bedeutung, daß er, das Prozeßrecht materiellrechtlich ergänzend, den Ort bestimmt, an welchem die Erbfolge als eröffnet zu gelten hat. Ist aber eine Erbschaft in Frage, welche im Inlande am Nachlasse eines Ausländers oder im Auslande am Nachlasse eines Inländers eröffnet worden, so ist für diese Fälle aus Art. 110 die Folgerung zu ziehen, daß die Erbfolge an demjenigen Orte eröffnet sei, wo der Erblasser seinen Wohnsitz hatte, und daß dadurch das für die Ordnung der Erbschaft zuständige Gericht, welches zunächst sein Recht anzuwenden hat, bestimmt werde. Dem entsprechend wird auch in der französischen Rechtsprechung als entscheidender Grund für die Anwendung fremden Rechtes die Thatsache hervorgehoben, daß die Erbschaft im Auslande eröffnet worden sei.

Zu dem gleichen Ergebnisse, daß das Recht desjenigen Landes, in dessen Gebiet die Erbfolge eröffnet worden, als die einheitliche Rechtsnorm anzuwenden sei, gelangt man auch abgesehen vom Art. 110 für solche Rechtsgebiete, in welchen der Gerichtsstand der Erbschaft kein ausschließlicher, sondern, wie nach § 28 C. P. O., nur ein fakultativer ist, sodaß das Erbrecht berührende Klagen, je nach dem Wohnsitze von Erben, Legataren oder anderen Beteiligten bei verschiedenen Gerichten und zwar in Gebieten anhängig gemacht werden können, in welchen bezüglich der international-rechtlichen Frage, welches Erbschaftsgesetz anzuwenden sei, die Gesetze voneinander abweichen. Wenn keine unlösbaren Verwickelungen entstehen sollen, so kann diese Frage nur nach einem und demselben Gesetze entschieden werden. Dies kann nur das Gesetz desjenigen Gerichtsbezirkes sein, in welchem der Nachlaß zu regulieren, das Vermögen festzustellen ist, die Erben zu laden sind, und welches schließlich die Verteilung vorzunehmen hat. Dieses Gericht ist aber dasjenige des Wohnsitzes des Erblassers, wie auch die Ausführungsgesetze ausdrücklich anerkennen, und auch nach § 202 K. O. der Konkurs über eine Erbschaft bei dem Amtsgerichte zu eröffnen ist, bei welchem der Erblasser zur Zeit seines Todes seinen allgemeinen Gerichtsstand hatte. Auch die Motive zum § 28 C. P. O. beruhen auf dieser Anschauung, indem dort gesagt wird: „Das Recht desselben (des letzten Wohnsitzes) ist für die Erben und Legatare allgemein maßgebend."

Für den rheinischen Richter enthält der Art. 110 eine diesen allgemeinen Rechtsgrundsätzen entsprechende positive Vorschrift, wonach, wenn der Erblasser zwar seine Heimat im rheinischen, den Wohnsitz dagegen in einem anderen Rechtsgebiete hatte, die Gesetze dieses letzteren maßgebend sind.

Diese Gesetzgebung ist aber, wie in einem Urteile des Oberappellationsgerichtes zu Lübeck vom 21. März 1861, vgl. Seuffert, Archiv Bd. 14 Nr. 107, überzeugend dargethan wird, in ihrer Totalität anzuwenden, d. h. der Erbfall ganz ebenso zu beurteilen, wie er von den an jenem Wohnorte bestehenden Gerichten würde beurteilt werden müssen. Daß diese Ansicht, wie Labbé im Journal de droit international privé von 1885 S. 5 flg. ausführt, zu einem unlösbaren Cirkel führen müsse, ist nicht anzuerkennen, denn die Frage des internationalen Privatrechtes ist nur einmal nach dem Gesetze des Wohnsitzes des Erblassers zu lösen, und dann sofort das danach für maßgebend erkannte Erbrecht anzuwenden, sodaß, wenn im vorliegenden Falle nach preußischem Rechte das Gesetz des Heimatstaates anzuwenden wäre, nicht erst wieder die Frage entstehen könnte, welches Recht nach dem rheinischen Gesetze anzuwenden sei. Die rheinischen Gerichte, welche in einem Rechtsstreite über eine in Berlin eröffnete Erbfolge angerufen werden, haben also so zu entscheiden, wie das betreffs der Erbschaft zuständige Berliner Gericht zu entscheiden hätte. Die Tragweite des Art. 110 ist demnach die, daß, wenn die Erbfolge im Sinne desselben in einem fremden Rechtsgebiete eröffnet worden ist, das Gesetz am Wohnsitze des Erblassers darüber zu entscheiden habe, welches Recht anzuwenden sei, und das Verhältnis des

Art. 110 zum Art. 3 des bürgerl. Gesetzbuches ist dahin zu bestimmen, daß, wenn eine Erbfolge im Gebiete des rheinischen Rechtes eröffnet wird, aus Art. 110 sich die Anwendbarkeit des Art. 3 ergiebt, sodaß also ungeachtet des Art. 110 das Gesetz des ausländischen Heimatstaates angewendet werden müßte, wenn Art. 3 dahin ausgelegt würde, daß es auf die Nationalität und nicht auf den Wohnsitz ankomme. Da nun die Erbfolge in den Nachlaß des M. in Berlin eröffnet worden ist, so war für die Entscheidung, ob das Erbrecht des Heimatstaates oder dasjenige des Wohnsitzes anzuwenden sei, das preußische Recht maßgebend. Nach diesem entscheidet das Gesetz des Wohnsitzes. Dieses, das preußische Allgemeine Landrecht, hat nun auch das Oberlandesgericht angewendet, sodaß dessen Entscheidung sich als richtig darstellt, obgleich dieselbe nicht auf dem richtigen Grunde beruht, daß gemäß Art. 110 des bürgerl. Gesetzbuches das anzuwendende Gesetz nach dem Rechte zu ermitteln war, in dessen Gebiet die Erbfolge eröffnet worden ist, sondern darauf, daß der rheinische Richter nach seinem Gesetze, also nach Art. 3 des bürgerl. Gesetzbuches, das maßgebende erbrechtliche Gesetz zu bestimmen habe, und daß danach das Recht des Wohnsitzes gelte. Die Entscheidung ist also gemäß § 526 C. P. O. aufrecht zu erhalten, und es kann dahin gestellt bleiben, ob der Art. 3 des bürgerl. Gesetzbuches richtig ausgelegt worden sei.

II. Über **Kollision der sog. Personalstatuten** führt, bezüglich der Anwendung des Heimatrechtes in seiner Totalität im Gegensatze zu der unter I abgedruckten Entscheidung, das U. v. 31. V. 89 (E. XXIV, 326) aus:

L. B. von Tilsit nahm seinen Wohnsitz in Pforzheim, wo er ein Haus mit Apotheke erwarb und sich im Jahre 1873 verehelichte. Nach dem Tode seiner Ehefrau (im Jahre 1880) behandelte ihn das Amtsgericht Pforzheim gemäß L. R. S. 390 als gesetzlichen Vormund seiner minderjährigen Kinder und ließ das gesetzliche Mündelpfandrecht (L. R. S. 2121) im Unterpfandbuche von Pforzheim auf das erwähnte Haus eintragen. L. B. verkaufte das Haus mit Apotheke im Jahre 1883 an S., und dieser verkaufte es weiter an W., welcher es noch besitzt. Nachdem L. B., welcher den Kaufpreis des Hauses erhoben hatte, nach Freiburg i. Br. übergesiedelt war, wurden durch Beschluß des Justizministeriums die vormundschaftlichen Rechte über dessen minderjährige Kinder auf das Amtsgericht Freiburg übertragen, und da diesen Kindern auf Ableben ihrer Mutter und anderer Verwandten Vermögen zugefallen war, L. B. aber, welcher das Vermögen eingezogen hatte, beharrlich jede Auskunft und Nachweisung sicherer Anlage verweigerte, sodaß das Mündelvermögen für ernstlich gefährdet erachtet wurde, erkannte das Amtsgericht Freiburg unterm 18. Mai 1884 auf dessen Absetzung als Vormund mit der Aufforderung, Rechnung zu stellen und das Mündelvermögen an den neu ernannten Vormund G. auszuliefern. L. B. zog, ohne dieser Auflage nachgekommen zu sein, mit seinen Kindern nach Ostpreußen zurück, und der Vormund G. erhob mit obervormundschaftlicher Ermächtigung gegen W. als gegenwärtigen Besitzer des L. B.'schen Hauses die Pfandklage mit dem Antrage: „den Beklagten zu verurteilen, entweder die Forderung der Mündel mit 38647,30 M. nebst Zinsen zu bezahlen oder von dem Unterpfande ohne Vorbehalt abzutreten."

Der Beklagte bestritt die Entstehung des gesetzlichen Mündelpfandrechtes unter Berufung auf die preußische Vormundschaftsordnung vom 5. Juli 1875, wonach beim Ableben der Mutter der Vater die väterliche Gewalt behalte, eine Vormundschaft nicht eintrete und ein Mündelpfandrecht an den Liegenschaften eines Vormundes überhaupt nicht entstehe, und für die Anwendung des preußischen Rechtes auf L. R. S. 3 Abs. 3.

Das Landgericht erkannte auf Abweisung der Klage, und das Oberlandesgericht bestätigte dieses Urteil. Die Revision wurde zurückgewiesen.

Die Frage, welches Recht für die Eröffnung einer Vormundschaft über Nichtbadener das maßgebende sei, ist nach den Grundsätzen des internationalen Privatrechtes zu entscheiden, und mit Recht geht das angefochtene Urteil davon aus, daß der badische Richter zunächst die positiven Vorschriften seines Landrechtes über Kollision der Rechte zu erforschen und zur Entscheidung zu benutzen habe. Eine solche Vorschrift enthält aber L. R. S. 3 Abs. 3, welche besagt, daß „die Gesetze, welche den Zustand und die Rechtsfähigkeit der Personen bestimmen, sich auf die Inländer selbst alsdann erstrecken, wenn sie im Auslande sich aufhalten." Zu diesem sog. Personalstatute gehören auch die Gesetze, welche die Beziehungen des Vaters zu seinen Kindern, die väterliche Gewalt und die Vormundschaft, regeln. Auch diese soll daher der badische Richter auf Inländer, selbst wenn sie im Auslande ihren Aufenthalt oder Wohnsitz haben, anwenden.

Diese Vorschrift geht von der Annahme aus, daß auch der Fremde im Inlande nach seinem Personalstatute zu behandeln sei, und giebt damit diesem Rechtssatze die gesetzliche Bestätigung; jedenfalls ist derselbe in der Doktrin wie in der französischen und badischen Rechtsprechung allgemein anerkannt. Auch der Nichtbadener ist also in Beziehung auf väterliche oder vormundschaftliche Gewalt nach den Gesetzen seines Heimatstaates zu beurteilen.

Diese von der Revision nicht bestrittene Auslegung des L. R. S. 3 Abs. 3 hat aber hinsichtlich der weiteren Anwendung der Gesetze des Heimatstaates eine Streitfrage hervorgerufen, deren Lösung im Sinne des Berufungsurteiles von der Revision als unrichtig angefochten wird. Das Oberlandesgericht entscheidet den Fall, weil es das preußische Heimatsrecht des L. V. und der Kläger für anwendbar erachtet, nach § 11 der preußischen Vormundschaftsordnung vom 5. Juli 1875, wonach, solange der Vater lebt und die väterliche Gewalt ausübt, eine Vormundschaft nicht eintritt. Die Revision erklärt auf Grund des preußischen Allgem. Landrechtes das badische Familienrecht für anwendbar, weil L. V. seinen Wohnsitz in Baden gehabt habe, und weil, wie das Berufungsgericht selbst anerkenne, das preußische Privatrecht für die Beurteilung von Statusrechten den jeweiligen Wohnsitz des Familienhauptes, des Ehemannes und Vaters, für entscheidend erkläre. Letztere Ansicht ist in der französischen und belgischen Gerichtspraxis mehrfach gebilligt und zur Begründung des

Zurückgehens auf das inländische Gesetz als Entscheidungsnorm verwendet worden.

Dagegen wird dieselbe von namhaften Schriftstellern über internationales Privatrecht lebhaft bekämpft.

Das Reichsgericht hat nun zwar ebenfalls bezüglich der Erbfolge die Anwendung des Rechtes des Domizils auf Grund der Bestimmungen des Heimatrechtes des Erblassers für gerechtfertigt erklärt. — Vergl. Entsch. des R. G.'s in Civils. Bd. 20 S. 351.*) —

Im vorliegenden Falle handelt es sich aber um die richtige Auslegung des L. R. S. 3 Abs. 3 bezw. Art. 3 Abs. 2 Code civil, welche dieser Art des Verfahrens entgegensteht. Nach der angeführten Vorschrift sind die „Gesetze, welche den Zustand und die Rechtsfähigkeit der Personen bestimmen", deren Staatsangehörigkeit entsprechend in Anwendung zu bringen, also das Personalstatut, nicht das nationale Recht im allgemeinen. Das Gesetz bezeichnet nicht das Heimatrecht als dasjenige, nach welchem der bestehende Konflikt zu lösen, das maßgebende Statut erst zu bestimmen sei, sondern es entscheidet die international-rechtliche Frage selbst, und zwar dahin, daß das Personalstatut des Heimatstaates gelte. Die Meinung ist die, daß ein Ausländer einen Rechtsakt gültig schließen könne, wenn er nach seinem Heimatrechte hierzu fähig ist, ungeachtet er nach dem inländischen Gesetze hierzu nicht befähigt wäre. Der inländische Gegenkontrahent hat sich daher nur zu vergewissern, ob das nationale Recht des Ausländers, mit welchem er einen gewissen Rechtsakt vornehmen will, diesen hierzu befähigt erkläre, ohne weiter untersuchen zu müssen, ob derselbe etwa im Inlande sein Domizil, und zwar dieses nach den von dem Landesrechte des Fremden hierfür aufgestellten Erfordernissen habe, und ob nach den in dessen Heimatstaate geltenden international-rechtlichen Vorschriften das Personalstatut sich nach dem Wohnsitze bestimme. Zwar würde der badische Richter die Rücksicht, welche die badische Landesgesetzgebung den Angehörigen fremder Staaten trägt, durch die Anwendung des badischen Familienrechtes als des Rechtes des Wohnsitzes insofern nicht verletzen, als er das Motiv zur Anwendung des inländischen Rechtes dem nationalen Gesetze des Nichtbadeners entnähme; allein der inländische Richter hat der Vorschrift seines Landesgesetzes zu folgen, wenn dieses die Frage, ob das Personalstatut eines Ausländers nach dessen Domizil oder nach dessen Nationalität zu bestimmen sei, in letzterem Sinne entscheidet. Die räumlichen Grenzen des Geltungsgebietes, welche die ausländische Gesetzgebung diesem Personalstatute gesteckt hat, sind für den inländischen Richter nicht maßgebend, sie können durch die ausländische Gesetzgebung, deren Macht auf das Staatsterritorium beschränkt ist, für ihn nicht verbindlich werden, vielmehr nur durch die eigene, und diese hat dem Personalstatute des Ausländers die Geltung ohne Rücksicht auf den Wohnsitz desselben in einem anderen Lande bis zum Wechsel der Staatsangehörigkeit eingeräumt. Es liegt auch kein genügender Grund zu der Annahme vor, dies sei nur

*) Abgedruckt unter I.

bedingungsweise geschehen, nämlich für den Fall, daß der fremde Staat der Geltung des Personalstatutes seiner Angehörigen nicht selbst engere Grenzen anweise; denn der Inländer soll nach L. R. S. 3 Abs. 3 hinsichtlich seines Zustandes und seiner Rechtsfähigkeit ohne Rücksicht auf seinen Wohnsitz oder Aufenthalt unbedingt unter dem inländischen Gesetze stehen, was auf den gleichen Willen hinsichtlich des Ausländers schließen läßt. Es soll nicht im einzelnen Falle dem Richter zur Aufgabe gemacht werden, zu untersuchen, wieweit er der fremden Gesetzgebung eine Konzession zu machen habe, sondern es ist ihm für alle Fälle als Norm vorgeschrieben, daß das Personalstatut nach der Staatsangehörigkeit zu bestimmen sei. Auch die Rücksicht ist für den inländischen Richter hier nicht maßgebend, womöglich zu der gleichen Entscheidung zu gelangen, welche über den nämlichen Rechtsstreit von den Gerichten des Heimatsstaates eines Ausländers zu erwarten wäre. Die Verschiedenheit der Entscheidung ist durch die Ungleichheit der für die international=rechtlichen Fragen geltenden Gesetzesbestimmungen bedingt. Der badische Richter wird auf den in Preußen domizilierten Badener stets das badische Personalstatut anwenden, der preußische Richter das preußische Gesetz, wenn er das Domizil für die Rechtsanwendung für entscheidend hält. Ueberdies würde bei allgemeiner Anwendung der von der Revision verteidigten Ansicht auch der preußische Richter, wenn er durch den in Baden befindlichen Wohnsitz eines Preußen zur Anwendung des badischen Rechtes angewiesen ist, nach dem erwähnten Satze 3 Abs. 3 des badischen Landrechtes zu dem preußischen Personalstatute behufs Entscheidung des Rechtstreites zurückgreifen dürfen, sodaß wiederum eine Ungleichheit der Entscheidungen das Ergebnis wäre.

Ist hiernach zufolge des in Anwendung kommenden preußischen Familienrechtes eine Vormundschaft durch den Tod der Ehefrau V. über deren Kinder nicht eröffnet worden, so sind auch die an eine solche geknüpften Folgen nicht eingetreten, und fehlt dem für die minderjährigen Kinder des L. V. aufgestellten Vormunde, von welchem die gegenwärtige Pfandklage erhoben wurde, die Legitimation zu deren Vertretung.

III. Die Frage, nach welchem Recht die **rechtlichen Wirkungen eines Verlöbnisses** zu beurteilen sind, behandelt, zugleich die **Statutenkollision im Obligationenrecht** berührend, das U. v. 21. X. 87. (E. XX, 333):

Der Beklagte, welcher ebenso wie die Klägerin in Gießen geboren ist, hat mit dieser im Jahre 1881 ein Liebesverhältnis angeknüpft und dann im Jahre 1883 seinen Aufenthalt in Baden=Baden genommen. Am Pfingsten des Jahres 1884 kam es in Gießen zu einer förmlichen Verlobung unter den Parteien. Im Laufe des Jahres 1885 ist der Beklagte vom Verlöbnisse zurückgetreten und hat sich dann im Jahre 1886 mit einem anderen Mädchen verheiratet und in Kastel niedergelassen. Daraufhin erhob die Klägerin bei dem Landgerichte Mainz Klage und verlangte wegen Bruches des Verlöbnisses Schadensersatz in der Höhe von 3000 M. Das Landgericht Mainz, das von der Auffassung ausging, es sei das in Gießen geltende Recht maßgebend und nach diesem könne aus dem Verlöbnisse auf Schadensersatz wegen Nichterfüllung geklagt werden, verurteilte den Beklagten zur

Zahlung einer Entschädigung von 2000 M. Auf Berufung des Beklagten wurde dieses Urteil vom Oberlandesgerichte Darmstadt aufgehoben und die Klage abgewiesen. Das Berufungsgericht ging von der Auffassung aus, da der Beklagte zur Zeit der Verlobung seinen Wohnsitz in Baden-Baden gehabt habe und die Parteien sich nach der Verehelichung hätten dort niederlassen wollen, sei die Sache nach dem badischen Landrechte zu beurteilen, nach diesem sei aber die Klage nicht begründet. Die Revision der Klägerin wurde zurückgewiesen.

Bei der Frage, nach welchem örtlichen Rechte die Wirkungen des Verlöbnisses zu beurteilen sind, insbesondere zu entscheiden ist, ob aus demselben auf Erfüllung des Versprechens oder auf Schadensersatz wegen Nichterfüllung geklagt werden kann, ist zunächst die rechtliche Natur des Verlöbnisses maßgebend. Es kommt in erster Linie darauf an, ob dasselbe im wesentlichen als ein obligatorisches Verhältnis anzusehen ist, und deshalb dieselben Grundsätze zur Anwendung zu bringen sind, wie bei Klagen aus Verträgen, bei welchen es sich um vermögensrechtliche Leistungen handelt, oder ob das entscheidende Gewicht auf den zwischen Verlobung und Ehe bestehenden Zusammenhang zu legen und mit Rücksicht darauf die Frage vom Standpunkte des Familienrechtes aus zu beurteilen ist. Die erste Auffassung ist als die richtige anzusehen. Die Verlobung, deren Inhalt das beiderseitige Eheversprechen bildet, dient allerdings dazu, die Eheschließung vorzubereiten und wird deshalb meist im Zusammenhange mit der Ehe im Familienrechte geregelt. Auch ist für die Frage, ob aus dem Verlöbnisse eine Klage zugelassen werden soll, der Umstand von Bedeutung, ob unmittelbarer oder mittelbarer Zwang bezüglich der Eheschließung als zulässig gilt oder verlangt wird, daß dieselbe beiderseits auf einem ganz freien Entschlusse beruhe. Aber dadurch wird nichts an der Thatsache geändert, daß es sich bei der Verlobung um einen Vertrag handelt, bei dem sich die beiden Teile die Eheschließung versprechen und daß durch das Verlöbnis, sofern dasselbe überhaupt rechtliche Wirkungen hat, eine Obligation erzeugt wird, deren Inhalt die Eheschließung bildet. Soweit eine Klage aus dem Eheverlöbnis überhaupt zugelassen wird, kann dieselbe nur auf das durch das Verlöbnis begründete obligatorische Verhältnis gestützt werden, wie denn auch Klägerin in erster Linie geltend macht, die Nichterfüllung des Eheversprechens begründe die Verpflichtung zu Schadensersatz. Da die Verlobung als ein die Eheschließung vorbereitender Vertrag (pactum de contrahendo) anzusehen ist, müssen auch die allgemeinen Grundsätze, welche bezüglich der Verträge gelten, soweit nicht besondere Vorschriften bestehen, für sie maßgebend sein. Ebenso muß die Frage, ob auf Grund der übernommenen obligatorischen Verpflichtung auf Erfüllung oder auf Schadensersatz wegen Nichterfüllung geklagt werden kann, nach dem Rechte desjenigen Ortes beurteilt werden, der als der Sitz der Obligation anzusehen ist. Geht man von dieser Auffassung aus, so erscheinen die gegen die Entscheidung des Berufungsgerichtes gerichteten Angriffe als unbegründet.

Allerdings ist bezüglich der Frage, nach welchem Rechte die durch einen Vertrag begründeten Rechtsverhältnisse zu beurteilen sind, nicht ohne weiteres das Recht des Erfüllungsortes maßgebend, es kommt vielmehr in erster Linie auf den Willen der Vertragschließenden, nämlich darauf an, welchem bestimmten Rechte sich dieselben in Beziehung auf die Wirkungen des Vertrages unterwerfen wollten, bezw. welches örtliche Recht sie als das selbstverständlich anwendbare voraussetzten.

Vgl. Urteile des Reichsgerichtes vom 22. Februar 1881 und vom 8. Juli 1882, Entsch. des R. G.'s in Civils. Bd. 4 S. 246, Bd. 9 S. 225 flg.

Aber diesen Grundsatz hat das Berufungsgericht nicht verkannt, vielmehr ausdrücklich ausgesprochen, daß sowohl die ausdrückliche als die stillschweigende, aus der Natur der Obligation oder den Umständen sich ergebende Unterwerfung der Parteien unter ein bestimmtes örtliches Recht für dessen Anwendung bindend sei. Nur für den nach seiner Auffassung hier gegebenen Fall, daß eine solche Unterwerfung nicht vorliege, hat das Oberlandesgericht den Satz aufgestellt, es sei anzunehmen, daß sich die Parteien dem örtlichen Rechte desjenigen Ortes hätten unterwerfen wollen, wo die Obligation erfüllt werden, also ihre rechtliche Wirksamkeit äußern solle. Dieser Satz kann aber ebensowenig als rechtsirrtümlich angesehen werden, als die Annahme des Berufungsgerichtes, daß Baden-Baden in Beziehung auf das in Frage stehende obligatorische Verhältnis den Erfüllungsort bilde. Als solcher ist, soweit es sich um das in der Verlobung enthaltene Eheversprechen handelt, nicht der von allerlei Zufälligkeiten abhängende Ort anzusehen, an welchem die Eheschließung vor dem Standesbeamten erfolgen soll. Vielmehr erscheint derjenige Ort, an welchem die Verlobten nach der Verehelichung ihren Wohnsitz nehmen, demnach die Ehe begründen und das gemeinschaftliche häusliche Zusammenleben beginnen wollen, als maßgebend. Dieser Ort (das „domicilium matrimonii") ist derjenige, an welchem die Erfüllung des Eheversprechens gedacht und erwartet wird, an welchem das Verlöbnis nach dem Willen der Verlobten seine Wirksamkeit äußern soll. Das Berufungsgericht hat aber ausdrücklich festgestellt, die Parteien seien darüber einig gewesen, daß sie sich in Baden-Baden niederlassen wollten. Diese Feststellung genügt, um die Auffassung des Berufungsgerichtes, daß Baden-Baden als Erfüllungsort bezüglich des Verlöbnisses anzusehen sei, zu rechtfertigen. Es kommt deshalb nicht darauf an, ob das Oberlandesgericht ohne Rechtsirrtum annehmen konnte, der Beklagte habe zur Zeit der Verlobung in Baden-Baden seinen Wohnsitz gehabt, und es sei auch, soweit es sich um den Abschluß der Ehe vor dem Standesbeamten handle, Baden-Baden als der entscheidende Ort anzusehen. Ob sich, wenn man die Verlobung nicht als Vertrag und das aus derselben entspringende Rechtsverhältnis nicht als ein obligatorisches ansehen wollte, dasselbe oder ein anderes Ergebnis herausstellen, insbesondere ob dann die Staatsangehörigkeit des Beklagten maßgebend sein würde, braucht bei der gegebenen Sachlage nicht untersucht zu werden.

IV. Ueber die **Statutenkollision im ehelichen Güterrecht** hat das R. G.

grundlegend noch nicht entschieden.*) Vgl. E. XII, 309 und XXV, 342. Dag. P. XV, 619 und — nach gem. R. — das § 2. unter III abgedruckte U. v. 7. III. 82 (E. VI, 393).

V. Die **Vorschriften des C. c. über Gütertrennung** sind auch für ausländische Ehegatten, die ihren Wohnsitz in das Gebiet des rheinischen Rechtes verlegt haben, bindend. So das U. v. 7. X. 84 (E. XII, 309).

Die Eheleute A. sind unbestritten Staatsangehörige des Königreiches Württemberg, haben sich in Stuttgart verehelicht, zuerst daselbst ihren Wohnsitz und später solchen in Immenstaad, badischen Amtsbezirks Überlingen, genommen.

Durch einen am 10. Januar 1883 vor dem Gerichtsnotare in Kannstatt aufgenommenen Akt hat die Ehefrau ihren Austritt aus der ehelichen Errungenschaft erklärt und ihr 8446 M. betragendes Beibringen zurückgefordert. Der Ehemann hat dasselbe anerkannt und sich der sofortigen Zwangsvollstreckung unterworfen. Gegen die hierauf von der Ehefrau in Baden erwirkten Pfändungen bezw. die Ausfolgung der Erlöse an dieselbe hat ein badischer Gläubiger Klage erhoben, weil die Gütertrennung gemäß L. R. S. 1443 nichtig sei.

Dieser Klage ist vom Landgerichte stattgegeben und die Berufung verworfen worden. Die Revision wurde zurückgewiesen.

Nachdem die Eheleute A., wie unbestritten, ihren Wohnsitz in Immenstaad genommen und demgemäß den Mittelpunkt ihrer Rechtsverhältnisse in das Gebiet des Großherzogtums Baden verlegt haben, sind jedenfalls von den badischen Gerichten auch die außerhalb Badens von ihnen abgeschlossenen Rechtsgeschäfte nach den gleichen Grundsätzen zu beurteilen, wie die von badischen Staatsangehörigen im Auslande vorgenommenen Rechtshandlungen. Für ihr eheliches Güterrecht blieb jedoch nach den in der Wissenschaft und Rechtsprechung, insbesondere auch für das französisch-badische Recht vorherrschenden Grundsätzen — vgl. Entsch. des R. G.'s in Civils. Bd. 6 Nr. 62 S. 223 — das württembergische Recht maßgebend, und kann es im gegebenen Falle dahin gestellt bleiben, ob hierfür die Thatsache entscheidend ist, daß der erste Wohnsitz des Ehemannes in Stuttgart war oder vielmehr dessen Eigenschaft als württembergischer Staatsangehöriger.

Danach muß auch anerkannt werden, daß, wenn der Beklagten nach dem maßgebenden württembergischen Rechte die Befugnis zusteht, die Auflösung der nach dem ausländischen Rechte bestehenden Gütergemeinschaft und die Erstattung ihres Einbringens zu fordern, sie ebendiese Befugnis auch im badischen Rechtsgebiete auszuüben berechtigt ist. Dies ist um so mehr anzuerkennen, als auch das badische Recht das Institut der Auflösung der Gütergemeinschaft während bestehender Ehe kennt. —

Auch die weitere Folgerung mag im Prinzipe zugegeben werden, daß bezüglich der Art und Weise der Gemeinschaftsauflösung an sich das hierfür in Württemberg geltende Recht maßgebend wäre; dies müßte ins-

---

*) Z. D. I § 31 N. 3 S. 79 und L. V, 198 lassen das Recht des ersten Ehedomizils entscheiden.

besondere dann anerkannt werden, wenn die Anwendbarkeit des württembergischen Rechtes nicht aus der Thatsache des ehemännlichen Wohnsitzes in Stuttgart zur Zeit der Eheschließung, sondern aus der Staatsangehörigkeit des Ehemannes hergeleitet würde.

Von dieser Konsequenz, wonach also auch für die Art und Weise, für die Form der Auflösung der Gemeinschaft und Rücknahme des eheweiblichen Beibringens, das ausländische Gesetz maßgebend wäre, muß aber dann abgewichen werden, wenn die hierüber in Baden geltenden Vorschriften einen solchen zwingenden Charakter haben, daß nicht nur badischen Staatsangehörigen, sondern auch im Inlande domizilierten Ausländern, obgleich deren eheliches Güterrecht vom Gesetze ihres Heimatstaates beherrscht wird, ein Zuwiderhandeln gegen dieselben nicht gestattet sein kann. Es handelt sich also der Beklagten und ihrem Ehemanne gegenüber nicht um die Frage, ob überhaupt eine von württembergischen Ehegatten nach den Formen, wie solche das württembergische Recht gestattet, vollzogene Gütertrennung von badischen Gerichten als rechtswirksam anzuerkennen sei oder nicht; die Frage ist vielmehr nur die, ob dieselben, nachdem sie den Mittelpunkt ihrer Rechtssphäre auf das Gebiet des badischen Rechtes verlegt haben, aus dem Grunde, weil gleichwohl ihr eheliches Güterrecht nach dem Gesetze ihres Heimatstaates zu beurteilen ist, berechtigt seien, nach den Formen eben dieses Gesetzes ihre eheliche Gütergemeinschaft mit Wirkung gegen ihren badischen Gläubiger aufzulösen, obgleich das badische Gesetz in L. R. S. 1443 diese Art der Gütertrennung für ungültig erklärt.

Deshalb kommt es nicht darauf an, ob dieser L. R. S. 1443 zu den in L. R. S. 3 Abs. 1 erwähnten Polizei- und Sicherheitsgesetzen gehöre, sodaß er für ausländische Ehegatten auch dann anwendbar wäre, wenn sie in Baden keinen Wohnsitz, wohl aber einen Aufenthalt hätten. Dies wäre auch in Rücksicht auf die Entstehungsgeschichte des L. R. S. 3 (vgl. Motive in Poncelet, Recueil complet p. I. S. 28) zu verneinen und im Gegensatze zu der ausdehnenden Auslegung der französischen Schriftsteller, welcher auch das Oberlandesgericht gefolgt ist, der Satz auf Gesetze über strafbare Handlungen und Unterlassungen und Gesetze zur Sicherheit des Staates zu beschränken.

Dagegen ist aus L. R. S. 6 die Folgerung herbeizuleiten, daß Rechtsgeschäfte der im Inlande domizilierten Ausländer, dieselben mögen im Inlande oder im Auslande abgeschlossen sein, vor den inländischen Gerichten, auch wenn sie nach dem im übrigen anwendbaren ausländischen Rechte rechtswirksam wären, keine Anerkennung finden dürfen, sobald sie gegen solche inländische Gesetze verstoßen, welche die Handhabung der öffentlichen Ordnung und der guten Sitten bezwecken.

Insoweit kommt auch hier der namentlich in der deutschen Gerichtspraxis anerkannte Grundsatz in Betracht, daß das ausländische Recht, obgleich es prinzipiell entscheidend wäre, doch ausnahmsweise dann ausgeschlossen bleibt, wenn nach Geist und Zweck der Rechtsnormen des Inlandes die Anwendung des betreffenden ausländischen Rechtes zu einem

Ergebnisse führen würde, welches den absolut gebietenden oder verbietenden Normen des inländischen Rechtes widerspricht. — Es kann auch nicht als der Wille des Gesetzgebers angenommen werden, daß er den Ausländern, welche ihren Wohnsitz im Inlande genommen und damit ihre Rechtssphäre dem inländischen Rechte unterworfen haben, vor den Staatsangehörigen das Vorrecht einräumte, daß sie ihr für ein gewisses Rechtsverhältnis maßgebend gebliebenes ausländisches Recht auch solchen Normen des inländischen Rechtes gegenüber zur Geltung bringen dürfen, von welchen abzugehen dem Inländer aus höheren sozialen oder sittlichen Gründen versagt ist.

Zu den Gesetzen dieser Art gehört aber die Bestimmung im L. R. S. 1443, welche eine außergerichtliche Vermögensabsonderung für ungültig erklärt. Dieselbe hat nicht bloß den Zweck, die Unabänderlichkeit des Ehevertrages zu sichern (L. R. S. 1395), sie ist nicht in Rücksicht auf die unmittelbar Beteiligten, die Ehegatten, gegeben, sondern sie soll der Benachteiligung Dritter vorbeugen und den Kredit gegen die Gefahren schützen, welche ihm aus einer vertragsmäßigen Auflösung der Gütergemeinschaft drohen. Deshalb drückte sich auch Berlier im Exposé de motifs (Locré, Bd. 13 S. 284) dahin aus: „il est aussi du devoir du législateur de rendre la fraude plus difficile en appelant surtout la surveillance de ceux qu'elle peut blesser. Notre projet tend à ce but. Mais le complément de la garantie réclamée sur ce point par l'ordre public se trouve dans les formes mêmes qui seront employées.“

VI. Wenn eine **bewegliche Sache** unmittelbar Gegenstand eines Rechtsverhältnisses ist, insbesondere die Frage sich erhebt, ob ein Pfand- oder Vorzugsrecht an Mobilien zur Entstehung gekommen sei, entscheidet in derselben Weise das Recht der belegenen Sache, wie bei dem Erwerbe einer Hypothek an Immobilien. Als Regel wird dieser Satz ... in der französischen Jurisprudenz fast allgemein anerkannt, und es läßt, was den Art. 3 Abs. 2 C. c. angeht, die Vorschrift, daß für Immobilien, auch wenn sie von Ausländern besessen werden, das inländische Recht zur Anwendung kommen solle, nicht den Schluß zu, daß bewegliche Sachen überhaupt nach den Gesetzen, unter welchen der Eigentümer für seine Person steht, zu beurteilen seien.*) U. v. 20. X. 82. III. S. (E. VIII, 113).

VII. Die **Statutenkollision bei Schadensersatzansprüchen aus Delikten** ist erörtert im U. v. 20. XI. 88. (E. XXIII, 305):

Die zu Zürich domizilierte Klägerin, welche auf die ihr von der beklagten Firma zu Lyon über die Kreditwürdigkeit eines Kunden gegebene briefliche Auskunft diesem Waarenlieferungen gemacht hatte und dadurch in Verlust geraten war, hat letztere mit der Behauptung, daß jene Auskunft wider besseres Wissen wahrheitswidrig erteilt sei, auf Schadloshaltung belangt, und ist die Ersatzpflicht derselben auf Grund des Art. 1384 Code civil von den Vorinstanzen angenommen worden. Über die Frage, welches örtliche Recht

*) Vgl. Z. D. I § 31 N. 4—6 S. 80.

im vorliegenden Falle als maßgebend zu erachten, hat sich das Reichsgericht ausgesprochen mit folgenden Gründen:

Der erste Angriff der Beklagten geht dahin, daß bei Beurteilung der vorliegenden Sache nicht, wie vom Oberlandesgerichte geschehen, das in Lyon, dem Orte der Handelsniederlassung derselben und der Absendung des fraglichen Schreibens, geltende französische Recht zur Anwendung zu bringen gewesen, vielmehr, da das Delikt der wissentlich wahrheitswidrigen Auskunftserteilung, welches hier in Frage steht, erst mit der Empfangnahme des Briefes seitens der klägerischen Firma in Zürich vollendet worden, das am letztgenannten Orte herrschende schweizerische Recht habe maßgebend sein müssen. Dieser zuerst in der Revisionsinstanz vorgebrachte Rechtsbehelf beruht auf einer unzutreffenden juristischen Auffassung.

Im gegenwärtigen Falle liegt ein einheitliches Delikt vor, dessen Thatbestand sich örtlich an zwei verschiedene Punkte knüpft. Die Ausführung desselben hat in Lyon mit der Abfassung und Absendung des in Rede stehenden Auskunftsschreibens begonnen, in Zürich ist dieselbe mit dessen Empfangnahme vollendet und der Erfolg eingetreten. Es sind daher beide Orte als Orte der Begehung des Deliktes anzusehen, und daraus ergiebt sich, daß letzteres mit seinen hier streitigen Folgen von dem an dem einen und dem anderen Orte bestehenden Rechte beherrscht wird. Wenn somit von der Klägerin der erhobene Entschädigungsanspruch auf das in Lyon, dem Sitze der Handelsniederlassung der Beklagten, geltende französische Recht gestützt worden und das Oberlandesgericht denselben nach den Vorschriften des letzteren beurteilt hat, so steht das mit anerkannten Rechtsgrundsätzen im Einklange.

Vergl. Urteil des Reichsgerichtes II. Civilsenates vom 18. Januar 1887 Rep. 433/86.

Demgegenüber kann sich auch die Beklagte nicht auf die bezogene frühere Entscheidung des erkennenden Senates berufen, denn wenn in dem damaligen Falle, der thatsächlich wesentlich anders lag, angenommen worden ist, daß das am Orte des Empfängers des Briefes geltende Recht maßgebend sei, so ist doch dort nicht ausgesprochen und hat nicht ausgesprochen werden sollen, daß diese Annahme die ausschließliche Regel für Fälle der Art bilde.

Nach Vorstehendem entbehrt der erhobene Angriff der Begründung und mag hier — unter Absehen von einer näheren Erörterung — nur noch bemerkt werden, daß auch bei Anwendung des schweizerischen Rechtes auf den vorliegenden Fall anzunehmen sei, daß man zu einem anderen Resultate, als es sich nach den Vorschriften des französischen Rechtes ergiebt, nicht gelangen werde.

Zweiter Abschnitt.

Rechtssubjekte.

§ 2.

Physische Personen.
Insbesondere Handlungsfähigkeit der Ehefrau.

I. Über **Lebens- bezw. Todesvermutung** führt das U. v. 20. VI. 90. (E. XXVI, 365) aus:*)

Nach der richtigen und auch herrschenden Auslegung stellt Art. 135 weder eine Vermutung für das Leben noch eine solche für den Tod eines Abwesenden auf; es ist vielmehr Grundsatz, daß derjenige, welcher auf den Tod oder das Leben einen Anspruch gründet, diese Thatsache zu beweisen habe. Diesem Grundsatze gemäß, und weil niemand sich auf die Existenz eines Abwesenden zur Zeit des Todes eines gemeinsamen Erblassers berufen kann, nehmen zufolge des Art. 136 die anwesenden Erben dessen Anteil an sich. Demnach liegt demjenigen, welcher mit der Behauptung des Lebens des Abwesenden deren ausschließliche Berechtigung bestreitet, der Beweis dieser Behauptung ob.

Es besteht auch keine allgemeine Vermutung für das Fortleben, sodaß, um ein Recht auf das Dasein einer Person zu einer bestimmten Zeit zu stützen, der Beweis genügen würde, daß dieselbe irgend einmal gelebt habe.

II. Den **Unterschied der Handlungs- und Verwaltungsfähigkeit einer Ehefrau** behandelt das U. v. 13. V. 81. (E. IV, 351):

Es sind getrennt zu betrachten diejenigen Vorschriften, welche die Handlungsfähigkeit der Ehefrau betreffen, und diejenigen, welche die Verwaltungsbefugnis über ihr Vermögen regeln. — Die ersteren sind in den L. R. S. 1124, 1125 zu finden, worin die Ehefrauen in ihrer Art für unfähig erklärt sind, Verträge zu schließen, und in den L. R. S. 217, 219, 220, 221, 222, 224, welche näher bestimmen, daß eine Ehefrau, auch wenn sie in völliger Güterabsonderung lebt, ohne ehemännliche Ermächtigung keine Verträge abschließen könne. Betreffs der Verwaltung des eheweiblichen Vermögens ist das Prinzip in L. R. S. 1428 enthalten, wonach die Verwaltung auch des eigenen Vermögens der Ehefrau dem Ehemanne zusteht. Zunächst von diesem Prinzipe enthalten die L. R. S. 1449, 1536, 1538, 1576 Ausnahmen, indem danach die Ehefrau, wenn sie in völliger Gütertrennung lebt, die freie Verwaltung ihres Vermögens hat und ebenso die freie Verwaltung ihrer Paraphernalgüter, wenn Dotalehe besteht. Diese unmittelbaren Ausnahmen vom Prinzipe des L. R. S. 1428 führen allerdings zu einer mittelbaren Ausnahme auch von der Vorschrift des L. R. S. 217, allein die Beschränkung dieser

*) Übereinstimmend Z. D. I § 158 N. 1 S. 412 L. VIII, 543.

Ausnahme auf das Gebiet der Verwaltungshandlungen ergiebt sich danach von selbst.

III. **Die Beschränkung der Handlungsfähigkeit einer Ehefrau nach Art. 217 C. c. wurzelt nicht im ehelichen Güterrecht.** So das die Statutenkollision nach gemeinem Rechte entscheidende U. v. 7. III. 82. III. S. (E. VI, 393):

Die B.'schen Eheleute verheirateten sich zu Freiburg i. Br. ohne Ehepakten zu errichten, und schlugen späterhin ihren Wohnsitz in Wiesbaden auf. Hier kontrahierte die Ehefrau bei dem Bankhause B. durch Ankauf von Börsenpapieren eine Schuld. Die Firma B. erhob Klage auf Zahlung dieser Schuld und stellte unter der Behauptung, daß der Ehemann B. seine Einwilligung zur Kontrahierung der Schuld erteilt habe, den Antrag, die beklagte Ehefrau zu deren Zahlung zu verurteilen und den beklagten Ehemann für schuldig zu erkennen, die Exekution wegen dieser Schuld in das Vermögen seiner Ehefrau zu gestatten.

Der Richter erster Instanz brachte die Vorschriften des badischen Landrechtes zur Anwendung, insbesondere dessen Bestimmung, daß Ehefrauen nur unter Mitwirkung ihres Ehemannes gültig sollen kontrahieren können, und erkannte auf einen von den beiden Eheleuten über die behauptete Einwilligung seitens des Ehemannes abzuleistenden Eid. Der Berufungsrichter erkannte unbedingt zu Gunsten des Klägers, indem er davon ausging, daß über die Verpflichtungsfähigkeit der beklagten Ehefrau nicht das badische Gesetz, sondern das in Wiesbaden, dem jetzigen Domizile der beklagten Eheleute, geltende nassauische Recht zu entscheiden habe.

Das Reichsgericht hat sich der letzteren Auffassung angeschlossen und dementsprechend die Revision der Beklagten, soweit sich das Berufungsurteil auf die Klage gegen die beklagte Ehefrau bezieht, zurückgewiesen; der den beklagten Ehemann betreffende Teil des Urteiles wurde vernichtet.

Das gesetzlich eintretende Güterrecht der Ehegatten bestimmt sich nach dem Gesetze des Ortes, an welchem der Ehemann zur Zeit der Verheiratung sein Domizil hat. Die nachmalige Veränderung des Domiziles ist für das einmal begründete Güterrecht ohne Belang, dasselbe bleibt bestehen, so lange es durch die Beteiligten selbst nicht geändert wird. Für die beklagten Eheleute ist daher, da ein Prohibitivgesetz, demzufolge die Zulassung fremder Ehegüterrechte im vormals nassauischen Gebiete untersagt wäre, nicht existiert, das Güterrecht des badischen Landrechtes auch heute noch maßgebend.

Indem der Berufungsrichter von diesen nicht zu beanstandenden Sätzen ausgeht und weiterhin annimmt, daß die Bestimmung des badischen Rechtes, wonach Ehefrauen ohne Genehmigung des Ehemannes nicht gültig kontrahieren können, kein Ausfluß des ehelichen Güterrechtes sei, sondern als eine aus der alten Geschlechtskuratel fließende Beschränkung der Handlungsfähigkeit der Ehefrauen, mithin als eine den Personenstand berührende Vorschrift sich darstelle, gelangt der Berufungsrichter zu dem Resultate, daß in Ansehung des von der beklagten Ehefrau eingegangenen und zur jetzigen Klage gebrachten Rechtsgeschäftes nur das an dem dermaligen Domizile der Eheleute geltende Personenrecht zur Anwendung kommen könne.

Sachlich betrachtet muß den oben angeführten Deduktionen des Berufungsrichters durchweg beigetreten werden. Das badische Landrecht Satz 217 schreibt vor:

„Die Frau, selbst wenn sie mit ihrem Manne in keiner Gütergemeinschaft oder in einer völligen Güterabsonderung lebt, kann ohne Mitwirkung des Ehemannes nichts veräußern, schenken . . . noch durch einen Freigebigkeitsvertrag oder einen belasteten etwas erwerben." . . .

Schon aus diesem Wortlaut erhellt, daß man es hier nicht mit einer einem bestimmten ehelichen Güterrechte entsprossenen Vorschrift zu thun hat, und dieser Charakter der landrechtlichen Vorschrift, als einer über das Gebiet des ehelichen Güterrechtes hinausgreifenden und von letzterem unabhängigen Rechtsnorm, wird noch einleuchtender dadurch, daß das badische Partikularrecht an anderen Stellen die Ehefrau als „unfähig, Verträge abzuschließen", den Minderjährigen und Mundlosen gleichgestellt, auch ihnen die Fähigkeit, vor Gericht aufzutreten, für Civil- und Strafsachen abspricht.

Vgl. Bingner, Badisches Einführungsgesetz S. 174. 175.

Davon ausgegangen muß die Verpflichtungsfähigkeit der beklagten Ehefrau hinsichtlich des streitigen in Wiesbaden abgeschlossenen Vertrages nicht nach dem badischen Gesetze, sondern nach dem Rechte ihres jetzigen Domiziles, nämlich nach nassauischem Rechte, beurtheilt werden. Mit gutem Grunde wird von der neueren Doktrin und Praxis fast allgemein anerkannt, daß die Rechts- und Handlungsfähigkeit einer Person sich regelmäßig nach den Gesetzen des Wohnsitzes richtet. Zwar kann diese Fähigkeit, was Ehefrauen betrifft, auch durch die ehelichen Güterrechte modificiert werden, und insoweit dies der Fall, muß allerdings vermöge der dem Güterrechte der Eheleute innewohnenden Bedeutung, ungeachtet eines etwaigen Domizilwechsels, dasjenige Statut in Anwendung gebracht werden, nach welchem das betreffende güterrechtliche Verhältnis sich ursprünglich gestaltet hat. Allein eine derartige zum Güterrechte gehörige Modifikation ist, wie bereits bemerkt, nicht in dem Satze des badischen Landrechtes zu finden, daß Ehefrauen als solche ohne Genehmigung des Ehemannes nicht gültig mit Dritten sollen kontrahieren und vor Gericht stehen können. Diese Vorschrift beschränkt die Handlungsfähigkeit der Ehefrauen im Interesse der ehemännlichen Gewalt ohne Rücksicht auf die sonstigen vermögensrechtlichen Beziehungen, in welchen sie zu ihren Männern stehen, sie kann also nicht als ein Satz des ehelichen Güterrechtes betrachtet werden und muß dem entsprechend bei eintretendem Domizilwechsel ganz ebenso ihre Geltung verlieren, wie andere Gesetze, welche die Rechts- und Handlungsfähigkeit einer Person zu normieren bestimmt sind.

Wird nun aber dem bisherigen zufolge die Handlungsfähigkeit der beklagten Ehefrau nach dem in Nassau geltenden gemeinen Rechte beurteilt, so kann nicht der geringste Zweifel obwalten, daß sich die beklagte Ehefrau durch den mit dem Kläger abgeschlossenen Vertrag rechtsgültig verpflichten konnte und verpflichtet hat.

Noch ist zu bemerken, daß der Hinweis der Revisionskläger auf Satz 3 des badischen Landrechtes an dem vorstehend dargelegten Ergebnisse nichts zu ändern vermag. Derselbe lautet: „Die Gesetze, welche den Zustand und die Rechtsfähigkeit der Personen bestimmen, erstrecken sich auf die Inländer selbst alsdann, wenn sie im Auslande sich aufhalten.“ Dieser Satz stellt eine für die badischen Gerichte geltende und nur diese verpflichtende Direktive auf; die gemeinrechtlichen Grundsätze aber, welche in betreff der örtlichen Grenzen des Rechtes und der Kollision der Statuten in Nassau zur Anwendung kommen müssen, können selbstverständlich durch eine Vorschrift des badischen Partikularrechtes nicht für beseitigt gelten.

IV. Über den **Begriff der allgemeinen Ermächtigung von seiten des Ehemannes nach Art. 223 C. c.** führt das U. v. 25. X. 89. (E. XXIV, 340) aus:*)

Der Kläger behauptet, die Beklagte habe für ihren später in Konkurs geratenen Ehemann mit dessen Ermächtigung Solidarbürgschaft übernommen in Ansehung aller Verpflichtungen, welche demselben aus der Geschäftsverbindung mit dem Kläger auf Grund eines Vertrages vom 9. Februar 1887 erwachsen würden. In diesem Vertrage hatte sich der Ehemann der Beklagten verpflichtet, in der Zeit vom 9. Februar 1887 bis 1. Oktober 1888 gewisse Waren ausschließlich von dem Kläger zu beziehen. In der Klage hat Kläger verlangt, daß die Beklagte zur Zahlung eines Betrages von 10434 M. verurteilt werde. Die Beklagte hat Abweisung beantragt, weil die zu einer Verbürgung erforderliche Ermächtigung durch ihren Ehemann nach Art. 223 des bürgerl. Gesetzbuches als unwirksam anzusehen und deshalb auch die Bürgschaft ungültig sei. Der erste Richter hat die Beklagte verurteilt, das Berufungsgericht dagegen die Klage abgewiesen. Die Revision wurde zurückgewiesen.

Bezüglich der Sache selbst handelt es sich lediglich um die Frage, ob der Auslegung des Art. 223 des bürgerl. Gesetzbuches durch das Berufungsgericht eine rechtsirrtümliche Auffassung zu Grunde liegt. Diese Frage ist zu verneinen.

Die erwähnte Vorschrift, nach welcher eine im allgemeinen erteilte Ermächtigung der Ehefrau (autorisation générale) nur insoweit als gültig erscheint, als es sich um die Verwaltung des Vermögens derselben handelt, giebt im wesentlichen einem Gedanken Ausdruck, welcher schon in dem älteren französischen Rechte zur Geltung gelangt war. Nach demselben darf die im Gesetze vorgeschriebene Ermächtigung — abgesehen von bloßen Verwaltungshandlungen — nicht im allgemeinen erteilt werden, es muß vielmehr bezüglich jedes einzelnen Rechtsgeschäftes bezw. Rechtsstreites eine spezielle Ermächtigung erfolgen. Der Grund dieser Vorschrift ist darin zu finden, daß die eheherrliche Ermächtigung, welche, wie sich gerade aus Art. 223 deutlich ergiebt, nicht ausschließlich im Interesse des Ehemannes, sondern im Interesse beider Ehegatten oder der Ehe selbst vor-

*) Übereinstimmend Z. D. III § 472 S. 95 flg. L. III, 113, 114.

geschrieben ist, nur dann ihren Zweck erfüllen kann, wenn der Ehemann bezüglich jeder einzelnen Veräußerung bezw. Eingehung einer Verbindlichkeit bei voller Kenntnis der Sachlage und unter Würdigung der voraussichtlichen Wirkungen derselben gewissenhaft prüft, ob diese Handlung den Interessen der Ehegatten entspreche. Nach Art. 223 ist es, wie das Reichsgericht schon wiederholt ausgesprochen hat, allerdings nicht ausgeschlossen, daß der Ehemann in einem und demselben Akte die Ehefrau zur Vornahme mehrerer bestimmter Rechtshandlungen ermächtigt. Allein es wird hierbei immer vorausgesetzt, daß die abzuschließenden Rechtsgeschäfte so genau bestimmt sind, daß deren Charakter und Tragweite klar zu erkennen sind. Hiernach liegt eine allgemeine Ermächtigung im Sinne des Art. 223 des bürgerl. Gesetzbuches zwar nicht vor, wenn der Ehemann die Ehefrau durch eine und dieselbe Handlung ermächtigt, sich für mehrere genau bezeichnete Forderungen zu verbürgen. Dagegen ist eine solche gegeben, wenn die Ehefrau in allgemeiner Weise ermächtigt wird, die Haftung für alle Verbindlichkeiten zu übernehmen, welche ein Dritter einer bestimmten Person gegenüber eingehen werde. Die Sache liegt hier rechtlich ebenso, wie wenn die Ermächtigung dahingeht, daß die Ehefrau Rechtsgeschäfte anderer Art, z. B. Darlehnsverträge, Kaufverträge rc., mit einer bestimmten Person oder mit mehreren Personen nach ihrem Belieben abschließen dürfe. Der Charakter der allgemeinen Ermächtigung wird insbesondere dadurch nicht ausgeschlossen, daß die Genehmigung zur Übernahme von Bürgschaften auf diejenigen Forderungen beschränkt wird, welche sich aus der Geschäftsverbindung des Dritten mit einer bestimmten Person, z. B. einem Bankier oder sonstigem Kaufmanne, ergeben würden. Auch in derartigen Fällen wird im voraus die Ermächtigung zur Übernahme von Verbindlichkeiten erteilt, bezüglich deren Umfanges vollständige Ungewißheit besteht, deren Tragweite insbesondere der Ehemann nicht übersehen kann.

Als zweifelhaft kann es nur erscheinen, ob die dargelegten Grundsätze auch dann Anwendung zu finden haben, wenn die Ehefrau nicht ermächtigt wird, sich in Zukunft *durch mehrere Handlungen* für Forderungen zu verbürgen, die nach Anzahl und Höhe unbestimmt sind, sondern dieselbe sich mit Genehmigung ihres Ehemannes *in einem Akte* für alle Forderungen verbürgt, welche einem Dritten aus einer bestimmten Geschäftsverbindung erwachsen werden, sonach von ihr nur ein einziges Rechtsgeschäft abgeschlossen wird. Aber auch eine Ermächtigung der letzteren Art muß als eine allgemeine im Sinne des Art. 223 des bürgerl. Gesetzbuches angesehen werden. Der formale Gesichtspunkt, ob die Ehefrau nur eine einzige Rechtshandlung oder mehrere auf einander folgende Handlungen vornimmt, kann nicht entscheidend sein, sonst würde die Vorschrift des Art. 223 regelmäßig dadurch umgangen werden können, daß die Ehefrau durch Ausstellung einer einzigen Vollmacht oder eines Bürgschaftsscheines mit Zustimmung des Ehemannes ganz unbegrenzte Verbindlichkeiten übernimmt, deren Tragweite in keiner Richtung übersehen werden kann. Auch wenn die Ehefrau ermächtigt wird, durch ihre Bürgschaftsleistung für eine der Zahl und Höhe nach ganz unbestimmte Menge von Verbindlichkeiten einer anderen Person, welche sich aus beliebigen von derselben in Zukunft abzuschließenden Rechtsgeschäften ergeben können, die Haftung zu übernehmen, trifft der Grund des Gesetzes zu und liegt eine spezielle Ermächtigung, wie sie nach Art. 223 erforderlich ist, nicht vor. In derartigen Fällen darf die Ermächtigung nicht in allgemeiner Weise bezüglich einer ganz unbestimmten Zahl von Rechtsgeschäften, auf welche sich die Bürgschaft erstrecken soll, erteilt werden, sondern es muß der Ehemann in Ansehung der einzelnen Rechtsgeschäfte die Ehefrau zur Übernahme der Bürgschaft speziell ermächtigen. Auch hier kann die Ermächtigung zwar in Ansehung mehrerer Rechtsgeschäfte durch eine einzige Rechtshandlung des Ehemannes erteilt werden. Aber es ist, damit die Ermächtigung als eine spezielle angesehen werden kann, erforderlich, daß sich die Bürgschaft auf der Zahl, der Art und dem Umfange nach wenigstens einigermaßen bestimmte Rechtsgeschäfte bezieht und die Tragweite der von der Ehefrau übernommenen Verbindlichkeiten mit Rücksicht darauf vom Ehemanne klar erkannt werden kann.

Bei Entscheidung der Frage, ob diesem Erfordernisse genügt ist, oder ob es sich um Übernahme von unbegrenzten Verbindlichkeiten handelt, müssen im einzelnen Falle die thatsächlichen Verhältnisse berücksichtigt werden. Wenn die Ehefrau ermächtigt wird, sich für alle Verbindlichkeiten, welche einem Dritten aus einer bestimmten Geschäftsverbindung erwachsen werden, zu verbürgen, ohne daß sich mit Rücksicht auf die Art dieser Geschäftsverbindung oder auf der Bürgschaft beigefügte Beschränkungen erkennen läßt, welchen Umfang die voraussichtlich entstehenden Verpflichtungen erlangen werden, liegt aber nicht eine spezielle, sondern eine allgemeine Ermächtigung im Sinne des Art. 223 des bürgerl. Gesetzbuches vor. Diese Auffassung, für welche sich schon das frühere preußische Obertribunal in zwei Urteilen vom 15. Januar 1844 und 9. November 1846 ausgesprochen hat — vgl. Rheinisches Archiv Bd. 36 Abt. II S. 56 und Bd. 41 Abt. II S. 24 — ist denn auch in Frankreich in Rechtslehre und Rechtsprechung zur allgemeinen Geltung gelangt. Insbesondere hat der Kassationshof in Paris sich derselben in einem Urteile vom 12. März 1883, vgl. Sirey, Recueil Jahrg. 1885 Abt. I S. 495, angeschlossen. Der Umstand, daß die von der Ehefrau übernommene Bürgschaft sich auf die Verbindlichkeiten bezieht, welche dem Ehemanne selbst aus einer bestimmten Geschäftsverbindung erwachsen werden, ist, wie ebenfalls in Rechtslehre und Rechtsprechung anerkannt wird, nicht geeignet, die Anwendung des dargelegten Grundsatzes auszuschließen und die Ermächtigung des Ehemannes regelmäßig als eine spezielle erscheinen zu lassen. Der Ehemann wird durch seine Beteiligung nicht von der Verpflichtung entbunden, im einzelnen Falle zu prüfen und zu entscheiden, ob die nicht ausschließlich in seinem Interesse vorgeschriebene Ermächtigung zu erteilen sei, und kann auf diese Prüfung nicht in rechtswirksamer Weise verzichten. Andererseits kann auch nicht gesagt werden, daß der Ehemann in einem solchen Falle die Tragweite der von der Ehefrau übernommenen Verpflichtungen regelmäßig zu beurteilen vermöge, denn derselbe ist keineswegs in der Lage, von vornherein mit Sicherheit zu beurteilen, welche Verbindlichkeiten mit Rücksicht auf die Gestaltung der thatsächlichen Verhältnisse für ihn und folgeweise auch für seine Ehefrau erwachsen werden, bezw. welche Rechtsgeschäfte er künftig abschließen werde. Im vorliegenden Falle geben die Entscheidungsgründe des angefochtenen Urteiles zwar insoweit zu Bedenken Veranlassung, als in denselben ausdrücklich nur hervorgehoben wurde, die Ehefrau sei nicht in der Lage gewesen, zu erkennen, welche Tragweite die von ihr übernommene Verbindlichkeit habe. Aber auf diesen Punkt ist ein entscheidendes Gewicht nicht zu legen, weil sich aus den Ausführungen des Oberlandesgerichtes, wenn sie im Zusammenhange betrachtet werden, deutlich ergiebt, daß dasselbe angenommen hat, auch der Ehemann sei nicht in der Lage gewesen, diese Tragweite zu erkennen. Das Berufungsgericht hat nun thatsächlich festgestellt, daß die in Frage stehende Bürgschaft zwar zeitlich (auf einen Zeitraum von $1^1/_2$ Jahren) begrenzt gewesen sei, daß aber im übrigen, insbesondere in Beziehung auf Art, Umfang und Preis der Waren, sowie in Ansehung der Höhe der Schuld, jede Begrenzung gefehlt habe und es deshalb unmöglich gewesen sei, die Tragweite der übernommenen Bürgschaft zu beurteilen. Auf Grund dieser thatsächlichen Würdigung, welche sich als solche der Nachprüfung in der Revisionsinstanz entzieht, konnte ohne Rechtsirrtum angenommen werden, daß eine allgemeine Ermächtigung vorliege.

§ 3.

Juristische Personen.

Das R. G. hat wiederholt, freilich nicht in grundlegender Weise, entschieden, daß nach rheinisch-französischem Rechte Personenvereine mit wechselnden Mitgliedern nur dann rechts- und erwerbsfähig sind, wenn ihnen Korporationsrechte verliehen wurden. So das U. v. 3. VI. 87. (E. XVIII 349). Vgl. U. v. 4. III. 87. (R. A. 78. 3. 31).

Dritter Abschnitt.

Rechtsobjekte.

§ 4.

Bewegliche — unbewegliche Sachen.

I. Die **Immobilisierung „par destination“** setzt notwendig voraus, daß derjenige, welcher die bewegliche Sache mit seinem Grundstück verbindet, auch Eigentümer der beweglichen Sache sei. Nur der Eigentümer einer beweglichen Sache kann dieselbe mit dem Grundstücke, wie der Art. 524 C. c. am Schlusse sagt, „à perpétuelle demeure“ verbinden. So das U. v. 28. X. 90. (E. XXVII, 317).

II. **Bewegliche Sachen, welche der Eigentümer eines Grundstückes zum Zwecke der Benutzung desselben darauf gebracht hat, verlieren den ihnen hierdurch gegebenen Charakter als unbewegliche Sachen, wenn sie als bewegliche Sachen gepfändet und unter Trennung vom Grundstücke zwangsweise verkauft werden.***) Diesen Rechtssatz und seine Consequenzen im Verhältnis zu den Hypothekengläubigern stellt das R. G. in dem U. v. 15. IV. 87. (E. XVII, 323) auf.

Die Beklagten K. und Gen. haben gegen ihre Schuldnerin, die mitbeklagte Wittwe G., auf dem derselben gehörigen Kröllenhofe Pfändungen vornehmen lassen, welche sich nicht bloß auf die im Hause befindlichen Mobilien, sondern auch auf das zum Grundstücke gehörige Vieh und Ackergeräte erstreckten. Die Klägerin, welcher ein Unterpfandsrecht an dem genannten Hofe zusteht, hat sich den erwähnten Pfändungen angeschlossen, bei dem Verteilungsverfahren aber ein Vorzugsrecht geltend gemacht und gegen den Teilungsplan, nach welchem die Befriedigung der Gläubiger nach der Reihenfolge der stattgehabten Pfändungen erfolgen sollte, Widerspruch erhoben. Die Widerspruchsklage, in welcher Anerkennung des Vorzugsrechtes verlangt worden war, wurde abgewiesen, weil Klägerin von dem ihr nach § 690 C. P. O. zustehenden Rechte, sich der Pfändung der Zubehörstücke zu widersetzen, nicht rechtzeitig Gebrauch gemacht habe. Auch der bei der Verhandlung gestellte eventuelle Antrag der Klägerin, aus der Mobilarmasse den zu ihrer Befriedigung erforderlichen Betrag auszuscheiden und der Immobilarmasse zu überweisen, wurde zurückgewiesen. Die Berufung, welche Klägerin gegen dieses Urteil einlegte, wurde am 20. Oktober 1886 vom Oberlandesgerichte zu Köln verworfen, weil der Klägerin ein Recht des Widerspruches gegen die Mobilarpfändung überhaupt nicht vor einer vor ihr vorgenommenen Immobilarbeschlagnahme zugestanden habe. Deren Revision wurde zurückgewiesen.

Der Art. 524 des bürgerlichen Gesetzbuches bestimmt allerdings, daß diejenigen Gegenstände, welche der Eigentümer eines Grundstückes „pour le service et l'exploitation de ce fonds" auf dasselbe gebracht hat, vermöge ihrer Bestimmung als unbewegliche Sachen anzusehen seien. Aber diese Vorschrift trifft nur solange zu, als die Gegenstände der ihnen vom Eigentümer gegebenen Bestimmung gemäß mit dem Grundstücke verbunden bleiben. Dieselben erlangen ihre Eigenschaft als bewegliche Sachen sofort wieder, wenn die erwähnte Verbindung aufgehoben wird, insbesondere, wenn sie getrennt von dem Grundstücke verkauft und infolge dieser Verfügung vom Grundstücke entfernt worden sind. Dies ist aber im vorliegenden Falle geschehen, da die Zubehörstücke, auf deren Erlös sich der Streit unter den Parteien bezieht, als bewegliche Sachen gepfändet und gemäß §§ 716 flg. C. P. O. verkauft worden sind, infolge dessen sich aber nicht mehr auf dem in Frage stehenden Grundstücke befinden. Bei dieser Sachlage kann es dahingestellt bleiben, ob die Klägerin, wie der erste Richter angenommen hat, auf Grund der ihr zustehenden Hypothek an sich befugt

---

*) Vgl. Z. D. II § 258 S. 115; I § 170 S. 450.

gewesen wäre, der Mobilarpfändung zu widersprechen und den Verkauf der gepfändeten Gegenstände auf dem im § 690 C. P. O. vorgesehenen Wege zu verhindern, oder ob dieselbe, wie das Berufungsgericht ausgeführt hat, erst durch die Beschlagnahme des Grundstückes selbst das Recht erlangt haben würde, gemäß § 690 gegen die Zwangsvollstreckung auf dem Wege der Klage insoweit Widerspruch zu erheben, als die Pfändung der ihrer Hypothek unterworfenen Gegenstände in Frage stand. Auch wenn man sich auf den von dem ersten Richter eingenommenen Standpunkt stellt, kann die Klägerin heute nicht mehr geltend machen, daß es sich um den Erlös von unbeweglichen Sachen handele, auf welche sich ihre Hypothek erstrecke, und daß ihr deshalb an diesem Erlöse ein Vorzugsrecht zustehe, oder derselbe aus der Mobilarmasse auszuscheiden und der Immobilarmasse zuzuweisen sei. Der Klägerin würde, wenn sie den im § 690 C. P. O. vorgesehenen Weg hätte betreten wollen, § 710 dieses Gesetzbuches nicht im Wege gestanden haben, da sich Abs. 1 dieser Vorschrift nur auf solche Pfandvorzugsrechte, welche an den beweglichen Sachen als solchen zustehen, nicht aber auf die Hypothek an einem Grundstück bezieht, auf Grund deren der Hypothekargläubiger den Anspruch erhebt, der getrennten Veräußerung der zum Grundstücke gehörigen Zubehör, insbesondere deren Verkauf auf Grund einer Mobilarpfändung widersprechen zu dürfen.

Die Klägerin hat aber von einer derartigen Befugnis keinen Gebrauch gemacht. Sie hat gegen die Pfändung, der sie sich sogar selbst anschloß, und gegen den Verkauf der gepfändeten Gegenstände keinerlei Widerspruch erhoben, vielmehr erst bei dem Verteilungsverfahren das ihr angeblich zustehende Vorzugsrecht auf den Erlös geltend gemacht. Infolge des stattgehabten Verkaufes und der Trennung vom Grundstücke haben nun aber die vom Eigentümer auf dieses verbrachten Gegenstände ihre Eigenschaft als unbewegliche Sachen verloren. Der Erlös aus denselben war somit nach den Vorschriften der Civilprozeßordnung (§§ 758 flg.) unter die pfändenden Gläubiger zu verteilen. Der Klägerin stand außer dem ihr nach § 709 C. P. O. zukommenden Pfändungspfandrechte ein weiteres Vorzugsrecht an dem Erlöse der verkauften beweglichen Sachen nicht zu. Die Auffassung, daß dem Hypothekargläubiger, obgleich sich seine Hypothek nicht mehr auf die verkaufte Zubehör erstrecke und von ihm bezüglich derselben ein „droit de suite“ nicht mehr beansprucht werden könne, doch noch ein Vorzugsrecht auf den Erlös (droit de préférence) zustehe, erscheint, soweit es sich um die Vorschriften des bürgerlichen Gesetzbuches handelt, als unhaltbar. Da die verkauften Sachen durch den Verkauf bezw. die Trennung vom Grundstücke ihre Eigenschaft als Zubehör verloren haben, waren dieselben von da ab in jeder Beziehung, besonders auch, soweit die Verteilung des Erlöses in Frage steht, als bewegliche Sachen zu behandeln. Auch ist nicht abzusehen, aus welchen Gründen der Hypothekargläubiger, dem an beweglichen Sachen als solchen keinerlei Recht zusteht (Art. 2119 des bürgerlichen Gesetzbuches), bei der Verteilung des Erlöses aus denselben ein Vorzugsrecht soll geltend machen dürfen. In Rechtslehre und Rechtsprechung ist denn auch diese Auffassung nur in sehr vereinzelten Fällen zur Anwendung gebracht worden. Durch § 710 C. P. O. und § 1 des preußischen Gesetzes vom 4. März 1879 wird hieran nichts geändert. Ersterer bezieht sich, wie bereits hervorgehoben wurde, überhaupt nur auf Vorzugsrechte, welche an den beweglichen Sachen als solchen bestehen. Beide Vorschriften wollen jedenfalls nicht ein Vorzugsrecht für den Fall einräumen oder aufrechterhalten, daß das dem Hypothekargläubiger als solchem zustehende Vorzugsrecht erloschen ist, sondern setzen ein zu Recht bestehendes Vorzugsrecht voraus. Ein solches steht aber der Klägerin nach den Vorschriften des rheinischen Rechtes nicht zu. Ebensowenig ist der Erlös aus den als bewegliche Sachen verkauften Zubehörstücken zur Immobilarmasse zu rechnen.

§ 5.

Dem Privatverkehre entzogene Sachen.

I. Über die bestrittene Frage, welches **Rechtsverhältnis an den nicht schiff- und flößbaren Flüssen** unter Herrschaft des Code civil bestehe, führt grundlegend das U. v. 20. XI. 84. (E. XII, 341) aus:*)

Hier kommt vor allem die von zahlreichen Rechtslehrern, namentlich auch von Laurent, Bd. 6. Nr. 15 flg., vertretene Annahme, daß die Uferbesitzer als Eigentümer des Bettes und Wasserlaufes der genannten Flüsse anzusehen, in Betracht.

Dieser Annahme aber tritt von vorneherein das Bedenken entgegen, daß begrifflich das Bett, welches von dem Flusse gebildet und beherrscht, als ein Accessorium desselben und nicht der Ufergrundstücke sich darstellt, so lange dasselbe vom Wasser bedeckt wird, einer Aneignung nicht fähig ist, und erst, wenn es trocken gelegt, hervortritt, als selbständige Sache Gegenstand des rechtlichen Verkehrs wird, der Wasserlauf in seiner Kontinuität aber als Gegenstand des Eigentumes, das heißt der ausschließlichen Herrschaft eines einzelnen, nicht gedacht werden kann. Die Annahme eines den Uferbesitzern zustehenden Flußeigentumes läßt sich denn auch aus den einschlagenden gesetzlichen Bestimmungen nicht herleiten.

Während das römische Recht alle flumina perennia als res publicae, welche dem öffentlichen Gebrauche dienten, betrachtete — Windscheid, § 146 — wurden unter Herrschaft des älteren französischen Rechtes infolge des Einflusses der Lehnsverfassung die schiff- und flößbaren Flüsse als Eigentum des Königs, die nicht schiff- und flößbaren dagegen als den seigneurs haut justiciers gehörend angesehen. Nachdem nun die Lehnsverfassung mit den daran sich knüpfenden Rechten durch die Revolutionsgesetzgebung aufgehoben war, fiel das Eigentum der Flüsse überhaupt, namentlich auch der letzteren, der Nation — dem domaine national — zu. Die legislativen Gewalten der Zeit des Zwischenrechtes sind nun nicht dazu gelangt, dieses Eigentum näher zu bestimmen und zu reguliren, es kam nur zu Entwürfen, in welchen aber

*) Übereinstimmend Z. D. I § 175 N. 6 S. 463.

der öffentlich-rechtliche Charakter der nicht schiff- und flößbaren Flüsse anerkannt war.

Angesichts dieses bisherigen Rechtszustandes bedarf es nun, um annehmen zu können, daß der Code civil das Eigentum der genannten Flüsse den Ufernbesitzern zugewiesen habe, eines bestimmten und unzweideutigen Ausdruckes des dahin gerichteten gesetzgeberischen Willens. An einem solchen Ausdrucke fehlt es aber im Gesetze durchaus, und auch in den legislatorischen Vorarbeiten ist ein ausreichender Anhalt für das Vorhandensein eines solchen Willens nicht zu finden.

Das Gesetz hat den Uferbesitzern einzelne bestimmte Gebrauchs- und Nutzungsrechte an den nicht schiff- und flößbaren Flüssen verliehen, aber das alles so, daß sowohl mit Rücksicht auf die Art, wie dasselbe in verschiedenen einzelnen Bestimmungen die Rechtsstellung der Uferbesitzer normiert, als auch nach dem Inhalte und der Entstehungsgeschichte dieser Bestimmungen, die Annahme eines Eigentumes derselben ausgeschlossen erscheint.

Zunächst gewähren die Artt. 556, 557 Code civil dem Uferbesitzer das Recht auf die alluvion. Hierbei handelt es sich aber nicht um eine Accession des Flußbettes, sondern um einen Zuwachs der Ufergrundstücke, beruhend auf dem natürlichen Prinzipe, daß bei der Chance, in welcher die Adjazenten sich befinden, ihr Eigentum durch den Wasserlauf vermehrt oder gemindert zu sehen, der Vorteil demjenigen zukommt, welcher auch dem Schaden ausgesetzt war.

Sodann weisen die Artt. 560, 561 a. a. O. die Inseln, welche in dem Bette der schiff- und flößbaren Flüsse sich bilden, bezw. in den nicht schiff- und flößbaren Flüssen entstehen, und zwar die ersteren dem Staate, diese dagegen den Uferbesitzern zu. Die Bestimmung des Art. 560 weicht vom römischen Rechte, welches die insula in flumine nata, ohne einen Unterschied zu machen, als Eigentum der Uferbesitzer anerkannte, ab. Bei der Beratung dieses Artikels im Staatsrate motivirte Regnaud de St. Jean d'Angely, an die Äußerung von Treilhard anknüpfend, daß nach der Annahme des conseil das Bett der schiff- und flößbaren Flüsse zum domaine national gehöre, daher notwendig die Inseln das Los der Hauptsache teilen müssen, die Vorschrift des Entwurfes als durch die Bestimmung der genannten Flüsse für die Schifffahrt und Flößerei, welche von Privateigentümern solcher Inseln beeinträchtigt werden könnten, geboten, indem er hinzufügt: „mais le conseil a constamment décidé, que la nécessité d'établir la flottaison donnait à la nation la libre disposition de tout ce que renferment les rivières flottables et navigables." Tronchet, dem Grundsatze des Artikels zustimmend, hob dabei hervor, daß, was die Inseln in den nicht schiff- und flößbaren Flüssen angehe, letztere Objekte von so geringer Bedeutung seien, „qu'il n'y a peut-être aucun intérêt à les disputer aux particuliers." Im Sinne von Regnaud sprechen sich denn auch der Berichterstatter im Tribunat und der Redner vor dem gesetzgebenden Körper aus. Der von Treilhard angeführte Grund war unzutreffend, weil einerseits an den Gegenständen, welche zum domaine public gehören, der Staat ein Eigentum im privatrechtlichen Sinne nicht hat, ihm vielmehr kraft seines Hoheitsrechtes das regime und die Verwaltung derselben zusteht, andererseits die Inseln, welche in den schiff- und flößbaren Flüssen sich bilden, zum domaine privé des Staates gehören, das heißt fiskalisches Eigentum sind.

Hiernach entbehrt der Schluß, welchen man aus den genannten Gesetzesvorschriften ziehen will, daß, weil nach Art. 560 der Eigentümer des Flußbettes Eigentümer der Inseln sei, der Art. 561 aber den Uferbesitzern das Eigentum der Inseln in den nicht schiff- und flößbaren Flüssen zuweise, die Annahme sich rechtfertige, daß das Gesetz denselben auch das Eigentum an dem Flußbette zuschreibe, jeder ausreichenden Grundlage. Von keiner Seite ist denn auch bei der Beratung im Staatsrate eine Äußerung gemacht, welche darauf deutete, daß die Bestimmung des Art. 561 a. a. O. auf der Annahme eines den Uferbesitzern am Flußbette zustehenden Eigentumes beruhe. Damit zerfällt aber ein für letztere wesentliches, auch von der Klägerin hervorgehobenes Argument.

Während der Code civil — Artt. 641 und 643 — denjenigen, welcher auf seinem Grundstücke eine Quelle hat, als Eigentümer derselben bezeichnet und ihn berechtigt erklärt, dieselbe nach Belieben zu benützen — user à sa volonté, — so heißt es in Art. 644, daß der Angrenzer eines fließenden Wassers sich dessen zur Berieselung seiner Grundstücke bedienen kann — peut s'en servir — und der Eigentümer eines von einem solchen Wasser durchflossenen Grundstückes dasselbe bei seinem Vorbeilaufe benützen darf, — peut même en user — unter der Verpflichtung, das Wasser, wo sein Grundstück aufhört, dem regelmäßigen Laufe zurückzugeben, und die für den Lauf und die Benutzung desselben bestehenden polizeilichen Verordnungen zu beobachten. Hier tritt der Gegensatz zwischen dem Rechte des Grundeigentümers an einer Quelle und dem Rechte desselben an dem fließenden Wasser klar hervor, sodaß letzteres sowohl nach dem Wortlaute als dem Inhalte der gesetzlichen Bestimmungen als ein beschränktes, der Konkurrenz anderer Uferbesitzer und dem polizeilichen Regime unterworfenes Benutzungsrecht sich darstellt.

Über den unklaren Satz des Art. 645: „doivent concilier l'intérêt de l'agriculture avec le respect du à la propriété", vgl. Demolombe, a. a. O. S. 109 und Revue critique III. S. 982.

Wenn sodann das Staatsratsgutachten vom 30. Pluviôse XIII das Recht der Fischerei in den nicht schiff- und flößbaren Flüssen, welches auch von den Gemeinden in Anspruch genommen war, den Uferbesitzern unter der Verpflichtung, sie nach den gesetzlichen Vorschriften und den bestehenden örtlichen Reglements auszuüben, zugewiesen hat, so ist das nicht etwa in Anerkennung eines den Uferbesitzern zustehenden Flußeigentumes geschehen, sondern aus Billigkeitsgründen, weil letztere die Inkonvenienzen, welche sich an die Nähe eines solchen Flusses knüpfen, sowie die Lasten der Reinigung und Unterhaltung zu tragen haben, wobei ausdrücklich hervorgehoben wird, daß ihre Befugnis aufhört, wenn ein derartiger Fluß für schiffbar erklärt wird, wie denn auch das Gesetz vom 22. Januar 1808 in diesem Falle den Uferbesitzern eine Entschädigung nur für die Anlage des Leinpfades zuspricht.

Hierher gehört denn auch, daß sowohl nach französischem Rechte — Art. 103 des Gesetzes vom 3. Frimaire III —, als nach § 8 des preußischen Gesetzes vom 21. Januar 1839 das Flußbett grundsteuerfrei ist.

Durchaus unvereinbar mit der Annahme eines Eigentumes des Uferbesitzers ist endlich Art. 563 Code civil, welcher, abweichend vom römischen Rechte, bestimmt, daß, wenn ein Fluß, sei er schiff- und flößbar oder nicht, sein bisheriges Bett verläßt und ein neues bildet, den Eigentümern der okkupierten Grundstücke das verlassene Flußbett je nach Verhältnis als Entschädigung zufällt.

Vgl. Locré, a. a. O. S. 129: „l'équité milite surtout pour ceux, que le changement de cours du fleuve dépouille de leur propriété."

Hätte der Gesetzgeber die Angrenzer des verlassenen Flußbettes als Eigentümer desselben gedacht, so konnte er die Bestimmung des Art. 536 a. a. O., ohne daß dieselben nicht wenigstens anderweit entschädigt wurden, unmöglich treffen.

Was endlich die Argumentation betrifft, welche Laurent a. a. O. Nr. 16 und 21 an die Artt. 537—539, 713, 714 flg. Code civil knüpft, so ist in dieser Beziehung folgendes hervorzuheben. Der Art. 538, welcher den Art. 2 des § 1 des Gesetzes über die Nationaldomänen vom $\frac{\text{22. November}}{\text{1. Dezember}}$ 1790 fast wörtlich wiedergiebt, zählt allerdings nur die schiff- und flößbaren Flüsse zu den Gegenständen des domaine public. Daraus folgt aber nicht — ebensowenig wie es bei der zuletzt genannten Gesetzesbestimmung der Fall war —, daß der Gesetzgeber den Gedanken gehabt habe, daß mit Art. 538 die nicht schiff- und flößbaren Flüsse stillschweigend dem Privateigentum der Uferbesitzer zugewiesen sein sollten. Dazu hätte es doch wohl, wie bereits bemerkt, einer ausdrücklichen Gesetzesvorschrift bedurft. Daß der Art. 714, von welchem weiter unten die Rede ist, nur die Substanz des Art. 538 wiedergebe, will nicht einleuchten; wenn man aber mit Laurent davon ausgeht, daß mit Rücksicht auf die von ihm bezogenen Bestimmungen und deren Stellung im Code die Annahme begründet erscheine, daß alles dasjenige, was nicht Gegenstand des Privateigentumes sei oder sein könne, zum domaine public des Staates oder der Gemeinden gehöre, so drängt sich der Schluß auf, daß dann auch jene Flüsse — und es ist das eine namentlich auch von den belgischen Gerichten vertretene Ansicht — zum domaine public gerechnet werden müssen.

Nach der bisherigen Ausführung erscheint die Annahme des Oberlandesgerichtes, daß unter Herrschaft des Code civil den Uferbesitzern an den nicht schiff- und flößbaren Flüssen kein Eigentum zusteht, begründet. Was aber die positive Konstruktion des bezüglich derselben bestehenden Rechtsverhältnisses betrifft, so ist diese, wie es auch in der rheinisch-französischen Jurisprudenz geschieht, auf den Art. 714 Code civil zu stützen. Hiernach gehören die genannten Flüsse zu den Sachen, welche in niemandes Eigentum stehen und dem allgemeinen Gebrauche dienen.

Da nun an diesen Flüssen, zu welchen ganz ansehnliche Wasserläufe gehören, nicht nur die Eigentümer der unmittelbar anstoßenden Grundstücke ein Interesse haben, vielmehr an dieselben auch die berechtigten Interessen eines weiteren Kreises von Personen, von denen sie zu Zwecken der Kommunikation, der Bewirtschaftung ihres Eigentumes ꝛc. benutzt werden, sich knüpfen, so erscheint das System des Code, welcher den Uferbesitzern nicht das Eigentum, sondern nur bestimmte Nutzungsrechte an den bezeichneten Flüssen verleiht und diese im übrigen dem allgemeinen Gebrauche überläßt, auch vom legislatorischen Standpunkte aus wohl gerechtfertigt.

Die im vorstehenden entwickelte Auffassung, welche auch die Autorität einer Anzahl angesehener Rechtslehrer für sich hat, ist, wie in der Rechtsprechung der rheinischen Gerichte, so auch in der französischen Judikatur, namentlich auch der des Pariser Kassationshofes durchaus vorherrschend.

II. Ueber die **Benutzungsrechte** der Eigentümer von **an einer öffentlichen Straße** belegenen Hausgrundstücken vgl. das § 11 unter IV. abgedruckte U. v. 13. II. 83. (E. X, 271).

Vierter Abschnitt.

Wirkungen des Zeitablaufes.

§ 6.

Verjährung.

I. Der Rechtssatz „**quae temporalia sunt ad agendum, perpetua sunt ad excipiendum**“ gilt nicht im Herrschaftsgebiet des Art. 1304 C. c. U. v. 13. VI. 84. (E, XII 333):

Dieser Rechtsatz, welcher in der l. 5 § 6 Dig. de doli mali et metus exc. 44, 4 seinen Ursprung hat, und nach der dort gegebenen Begründung voraussetzt, daß der Exzipient im Wege der Klage nicht vorgehen konnte, vielmehr den Angriff des Gegners zu erwarten gezwungen war, findet in den für die vorliegende Frage in Betracht kommenden Vorschriften des rheinisch-französischen Rechtes keinen Boden. Nach den Grundsätzen desselben steht demjenigen, welcher die Nichtigkeit eines Vertrages geltend zu machen berechtigt ist, regelmäßig auch das Mittel der Klage zu. War das aber der Fall, und läßt derselbe dann die gesetzliche Verjährungsfrist unbenutzt verstreichen, so ist das Anfechtungsrecht erloschen, und die Möglichkeit, dasselbe ferner noch durch eine Einrede zur Geltung zu bringen, ausgeschlossen. Für die entgegengesetzte Annahme kann man sich auch nicht mit Grund auf den Wortlaut des Art. 1304

a. a. O. berufen. Wenn derselbe sagt, daß in allen Fällen, wo nicht eine kürzere Frist vorgeschrieben sei, l'action en nullité ou en rescission d'une convention, zehn Jahre dauere, so ist das nicht in dem Sinne zu verstehen, daß in der genannten Frist nur die Klage verjähre, über jene hinaus aber für alle Zeit eine Einrede bestehen bleibe, denn eine solche Annahme würde mit den Grundsätzen über die Wirkungen der Verjährung, welche der Code civil aufstellt und auch das Gebiet des Art. 1304 beherrschen, nicht im Einklange stehen (Artt. 2119, 1234 a. a. O.). Jene Gesetzesvorschrift ist vielmehr in dem Sinne aufzufassen, daß das Recht, die Nichtigkeit geltend zu machen, mit Ablauf der zehnjährigen Verjährungsfrist erlischt, ohne daß hierbei darauf etwas ankommt, wie dieses Recht im gegebenen Falle prozessualisch verfolgt wird, ob im Wege der Klage oder der Rekonvention oder endlich im Wege der Einrede, denn auch derjenige, welcher die Nichtigkeit mittels einer Einrede im Prozesse geltend macht, ist demandeur en nullité; reus excipiendo fit actor.

Schon der Art. 134 der Ordonnanz vom August 1539 hatte bestimmt, daß es den mit 25 Jahren großjährig gewordenen, wenn sie das Alter von 35 Jahren erlangt hätten, nicht mehr zustehen solle, auf Grund der Minderjährigkeit, „déduire ou poursuivre la cassation des contrats en demandant ou en défendant . . . . pour aliénation de biens faite sans décret ou autorisation de justice, ou pour lésion, déception ou circonvention.“

Daß nun Art. 1304 a. a. O. in gleichem Sinne abgefaßt worden, wofür der Bericht des Tribunats entscheidend spricht (Locré, Bd. 12 S. 492 flg.), darüber vergleiche die eingehenden Ausführungen von Laurent, Bd. 19 Nr. 58 und Marcadé, Bd. 4 Nr. 879 flg. Wie sich namentlich aus besagtem Berichte ergiebt, beruht die bezogene Gesetzvorschrift auf der Annahme einer stillschweigenden Genehmigung, „un laps de temps sans réclamation doit faire présumer la ratification.“ In Übereinstimmung hiermit ist denn auch in Art. 1115 Code civil ausgesprochen, daß ein Vertrag wegen Zwanges nicht mehr angefochten werden kann, si . . . ce contrat a été approuvé, soit expressement soit tacitement, soit en laissant passer le temps de la restitution fixé par la loi. Daß es aber mit diesem Grunde des Gesetzes nicht vereinbar ist, nach Ablauf der Verjährungsfrist die Geltendmachung der Nichtigkeit im Wege der Einrede zuzulassen, bedarf keiner näheren Ausführung. Hiernach wären dem Rechtssatze, quae temporalia sunt etc. in Übereinstimmung mit dem Oberlandesgerichte, soviel es das Gebiet des Art. 1304 a. a. O. betrifft, die Anerkennung grundsätzlich zu versagen.

Der bezogene Rechtssatz würde aber auch dann im vorliegenden Falle eine Anwendung nicht finden können, wenn man sich der besonders von Demolombe, Troplong, Aubry und Rau, Bd. 8 S. 424 und 425 Note 2—6; Zachariä-Puchelt*), Bd. 4 S. 582 und 583

*) Vgl. Z. D. IV S. 599, 615.

Note 1—3 vertretenen, und in der französischen Rechtsprechung herrschenden Auffassung anschließen wollte, nach welcher diesem Satze unter der Voraussetzung, daß der Vertrag, von dem es sich handelt, nicht vollzogen und eine Besitzveränderung nicht eingetreten ist, somit, wie angenommen wird, die praktische Veranlassung zur Anstellung der Nichtigkeitsklage im gegebenen Falle fehlte, Geltung zukommt.

II. **Durch die Streitverkündung tritt eine Unterbrechung der Verjährung nicht ein.** So das U. v. 13. XI. 83. (E. X, 291):

Anlangend das rheinische bürgerliche Gesetzbuch, handelt es sich um eine nach Aufhebung des Code de proc. civile erhobene Klage und um eine in dem dadurch entstandenen Prozesse erfolgte Streitverkündung, weshalb dermalen der Ausdruck des Art. 2244 Code civil „citation en justice" aus der Reichs-Civilprozeßordnung zu erläutern ist.

Übrigens war auch nach der früheren rheinisch-französischen Doktrin und Praxis die Tragweite jener Bestimmung keine so ausgedehnte, als die Revisionsklägerin behauptet, indem immerhin ein Akt erfordert wurde, der auf Grund eines Anspruches eine Ladung vor Gericht enthält, wobei man allerdings der gewöhnlichen Klage andere Akte gleichstellte, insbesondere die Garantieklage (demande en garantie). Dem früheren rheinisch-französischen Prozeßrecht war die deutsch-rechtliche Streitverkündung unbekannt; denn die Garantieklage ist davon wesentlich verschieden, weil sie eine wirkliche Geltendmachung des Regreßanspruches vor Gericht enthielt, wovon bei der Streitverkündung keine Rede ist. Die Erhebung der Garantieklage hatte auch Litispendenz zur Folge, welche die Verjährung suspendiert (Art. 2247 Code civil), während die Streitverkündung bei dem Mangel einer Ladung jedenfalls keine Rechtshängigkeit erzeugte (§§ 235, 239 C. P. O.).

Um diesen Einwand zu beseitigen, ist von der Revisionsklägerin geltend gemacht worden, es sei nach der Reichs-Civilprozeßordnung nicht ausgeschlossen, daß der Streitverkünder mit der Streitverkündung nach Maßgabe des § 70 C. P. O. auch eine Ladung zu dem Termine zustellen lasse. Allein dies ist nur eine faktische, keine rechtliche Möglichkeit, und wenn der Streitverkünder davon Gebrauch machen würde, so stände dies mit dem Wesen der Streitverkündung nach §§ 69—71 C. P. O. in vollstem Widerspruche, indem die Streitverkündung nur eine gerichtliche Benachrichtigung über die Möglichkeit eines Anspruches des Streitverkünders an den Streitverkündeten („Grund der Streitverkündung"), sowie über die Lage des Rechtsstreites, also auch von der Anberaumung eines Termines enthält, nicht aber darin der Anspruch selbst geltend gemacht wird, also eine Ladung des Streitverkündeten um so mehr ausgeschlossen erscheint, als davon in § 70 keine Rede und die Ladung mit der in § 71 dem Streitverkündeten gewährten Freiheit vereinbar ist.

Vgl. Entsch. des R. G.'s in Civils. Bd. 4 Nr. 99 S. 363.

Die mit der Streitverkündung verbundene Ladung wäre daher rechtsungültig und gemäß Art. 2247 Code civil zur Unterbrechung der Verjährung nicht geeignet.

III. Über den **Titel als Erfordernis der zehnjährigen Verjährung (Ersitzung)** führt das U. v. 10. IV. 85. (E. XIV, 304) aus:*)

Nach rheinisch-französischem Rechte erfordert die zehnjährige Ersitzung (Art. 2265 Code civil) als zwei selbständig nebeneinander stehende Bedingungen einen rechtmäßigen Titel, welcher die objektive Grundlage derselben bildet, und daran anknüpfend „guten Glauben" (vgl. Art. 550 a. a. O.). Ein Putativtitel, wie ihn das römische Recht zuläßt (vgl. Windscheid, Pandekten § 178), erscheint ausgeschlossen. Als ein rechtmäßiger Titel kann nun grundsätzlich nur der gelten, welcher im gegebenen Falle — abgesehen von den seiner Wirksamkeit entgegenstehenden Mängeln — das Eigentum des Grundstückes, von dem es sich handelt, übertragen haben würde. Dies setzt aber voraus, daß sich der Titel auf dieses Grundstück beziehen, das Objekt der Ersitzung auch das Objekt des Titels sein muß, was im Bestreitungsfalle derjenige, welcher einen Titel als Grundlage der Ersitzung anruft, zu beweisen hat. So steht dem Erwerber eines Grundstückskomplexes, z. B. eines Gutes, einer Meierei u. s. w., der Nachweis zu, daß ein einzelnes Immobile, welches nicht in dem Erwerbsakte ausdrücklich aufgeführt ist, einen Bestandteil desselben bildet, und deshalb als in ersterem mit inbegriffen anzusehen ist. Unbedenklich kann aber derjenige, dessen Titel nur auf einen Teil des von ihm besessenen Grundstückes sich erstreckt, auf diesen die Ersitzung des darin nicht begriffenen Teiles des letzteren nicht stützen. Das Oberlandesgericht hat nun thatsächlich festgestellt, daß der streitige Terrainstreifen in dem Kaufakte vom 16. Juli 1869, von dem es sich handelt, nicht Gegenstand der Übertragung gewesen ist, und es entbehrt daher, wie das Berufungsurteil mit Recht annimmt, die hier geltend gemachte Ersitzung der erforderlichen objektiven Grundlage des Titels.

IV. Über **die Verjährung bei der redhibitorischen Klage (Art. 1648 C. c.)** vgl. das § 30 unter V. abgedruckte U. v. 3. II. 85. (E. XII, 352).

---

*) Vgl. L. XXXII, 399, 400.

Zweiter Teil.

Sachenrecht.

Erster Abschnitt.

Besitz.

§ 7.

I. Den **Begriff der „possession paisible“** behandelt das U. v. 16. XII. 87. (E. XX, 345).*)

Der Berufungsrichter geht mit Recht davon aus, daß der Art. 23 Code de procédure civile, weil er materielles Recht enthält, durch die neuen Prozeßgesetze nicht aufgehoben, und daß er aus dem Art. 2229 des bürgerl. Gesetzbuches zu erläutern ist. Dieser stellt nun unter den Erfordernissen des Verjährungsbesitzes auf, daß er ein nicht unterbrochener (non interrompue) und ein ruhiger (paisible) sein müsse. Richtig ist, daß im Sinne des Gesetzes (Art. 2243) der Besitz nur dann als ein unterbrochener angesehen werden kann, wenn dem Besitzer der Besitz der Sache mehr als ein Jahr lang entzogen worden ist, was hier unzweifelhaft nicht zutrifft. Allein es fragt sich, ob neben dem Erfordernisse, daß der Besitz „non interrompue“ sei, derselbe auch, um den Schutz des Gesetzes zu genießen, „paisible“ in dem Sinne sein müsse, daß der Besitzer, wenn er auch nicht des Besitzes beraubt wird, doch auch nicht in ernstlicher Weise in seinem Besitze von dem Gegner beunruhigt (troublé) sein dürfe. Die Entscheidung dieser Frage hängt von der rechtlichen Bedeutung des Ausdruckes „possession paisible“ ab.

In Bezug auf diese Bedeutung gehen die Ansichten der Autoren auseinander. Während die Einen aufstellen, daß unter „paisible“ nichts Anderes zu verstehen sei, als „non violente“, daß also der Art. 2229 mit diesem Erfordernisse weiter nichts habe vorschreiben wollen, als was auch der Art. 2233 besage, daß der Besitz nicht durch gewaltsame Handlungen erlangt sein dürfe, behaupten die Anderen, daß das fragliche Wort zwar einesteils die Bedeutung habe, daß der Besitz kein gewaltsamer sein dürfe, daß es aber anderenteils ein ferneres Erfordernis des Besitzes aufstelle, dahin gehend, daß er ein ruhiger, d. h. ein nicht durch öftere Angriffe und wiederholte Störungen eines Anderen troublirter

*) A. M. L. XXXII, 280.

sein dürfe; einem derartigen beunruhigten Besitze versage das Gesetz die Vermutung des Eigentumes und deshalb den Schutz des Besitzes.

Vgl. Troplong, Prescription Bd. 1 N. 350; Marcadé zu Artt. 2229—2334 N. 4 (Bd. 12 S. 117); Laurent, Bd. 32 N. 280; Cremieux, Actions possessoires N. 272 flg.

Die erstere Ansicht muß für die richtige gehalten werden. Die im Art. 2229 aufgeführten Erfordernisse des Verjährungsbesitzes erhalten ihre nähere Erläuterung und Bestimmung in den nun folgenden ferneren Artikeln, und diese Stellung der einzelnen Artikel im Gesetzbuche gestattet schon die Annahme, daß der Art. 2233 gerade eine nähere Definition des Ausdruckes „paisible“ habe geben wollen. Abgesehen hiervon aber kann man nicht annehmen, daß das Gesetz, indem es die Erfordernisse des Verjährungsbesitzes aufstellte, einem Besitzer, welcher selbst einen fehlerfreien Besitz erlangt hatte, die Vorteile dieses Besitzes dadurch habe entziehen wollen, daß ein unberechtigter Dritter, wenngleich erfolglos, durch wiederholte Angriffe seinen Besitz zu beunruhigen versuchen sollte.

II. **Der Besitzer, welcher sich auf Art. 2279 C. c. beruft, braucht nicht in gutem Glauben zu sein.** So das U. v. 16. X. 91. (E. XXVIII, 381):*)

Was den Art. 2279 B. G. B. betrifft, so verkennt das Oberlandesgericht, daß nach dieser Bestimmung jeder Besitzer einer beweglichen Sache kraft dieses Besitzes dem Dritten gegenüber als Eigentümer gilt, und daß er jede Klage des Dritten auf Herausgabe der Sache mit der Hinweisung auf seinen Besitz abwehren kann, sofern nicht der Dritte einen persönlichen obligatorischen Anspruch auf diese Herausgabe gegen ihn geltend zu machen in der Lage ist. Das Oberlandesgericht sagt ferner mit Unrecht, daß der Art. 2279 nur den Besitzer schütze, welcher in gutem Glauben sei. Das ist nicht die Lehre des französischen Rechtes. Wenn auch namhafte Autoren, z. B. Laurent, Bd. 32 N. 559 flg., diese Ansicht aufstellen, so kann sie doch nicht als richtig anerkannt werden und entspricht auch nicht der gegenwärtig herrschenden Auffassung in Doktrin und Rechtsprechung. Vielmehr muß davon ausgegangen werden, daß das Gesetz, indem es ohne nähere Modifikation den Satz ausspricht: „en fait de meubles la possession vaut titre“, nicht hat unterscheiden wollen zwischen einem Besitzer in gutem und einem solchen in bösem Glauben. Dies stimmt auch überein mit den Grundsätzen, welche das französische Recht von dem Besitze überhaupt aufstellt, indem die Wirkungen desselben im allgemeinen nicht von dem guten oder bösen Glauben des Besitzers abhängig gemacht werden. Es kann hiernach der Umstand allein, daß der dritte Besitzer sich im bösen Glauben befindet, denjenigen, welcher ein besseres Recht an der Sache zu haben glaubt, nicht berechtigen, die Herausgabe der Sache von dem Dritten zu verlangen.

III. Bezüglich des **Ersitzungsbesitzes** vgl. das § 6 unter III. abgedruckte U. v. 10. IV. 85. (E. XIV, 304).

*) Übereinstimmend Z. D. I § 215a N. 2 S. 606.

Zweiter Abschnitt.

Eigentum.

§ 8.

Umfang des Eigentumes.

I. Die **Prinzipien des Nachbarrechtes** nach gemeinem Rechte gelten auch im Gebiete des rheinischen Rechtes. U. v. 13. XII. 83. (E. XI, 342).*)

Zunächst ist die Frage zu prüfen, ob der in L. R. S. 544 aufgestellte absolute Eigentumsbegriff überhaupt eine andere Beschränkung als durch Gesetze und Verordnungen gestattet, ob insbesondere das s. g. Nachbarrecht vom französischen Rechte anerkannt ist, d. h. ob die Rücksicht auf den Nachbar dem Eigentümer gewisse Beschränkungen bei Ausübung seines Rechtes auferlegt.

Unter dem Namen von Legalservituten hat das französische bürgerliche Gesetzbuch dem Eigentume verschiedene Beschränkungen auferlegt, und zwar auch solche der Eigentümer gegen einander (L. R. S. 651), ohne aber zur Aufstellung eines allgemeinen Prinzipes zu gelangen, obwohl der vom Berufungsgerichte herangezogene L. R. S. 674 für gewisse, an sich erlaubte Anlagen eine Vorschrift enthält, welche dem Eigentümer verbietet, durch diese Anlagen seinem Nachbar Schaden zuzufügen.

Daraus darf gefolgert werden, daß dem französischen Civilrechte die Lehre des Nachbarrechtes nicht widerstrebt.

Dies würde für das Großherzogtum Baden, wo nach § 3 des II. Einführungsediktes zum Landrechte (vgl. L. R. S. 4 b) das römische Recht subsidiäre Geltung hat, genügen, um auf das gemeine Recht zu rekurrieren, in welchem das Nachbarrecht in einer Reihe von Gesetzesstellen anerkannt ist.

Allein dies Prinzip muß auch für das französische Civilrecht angenommen werden. Gerade weil jeder Grundeigentümer das gleiche absolute Recht zur Benutzung seines Eigentumes hat, müssen sich die Nachbarn gegenseitig Rücksicht tragen, indem der eine das Erträgliche sich gefallen läßt und der andere sich solcher Handlungen auf seinem Grundstücke enthält, welche in unstatthafter Weise auf das Eigentum des anderen einwirken. Schon Pothier hat dies gelehrt, indem er der Definition des Eigentumes die Beschränkung beifügte „sans donner néanmoins atteinte au droit d'autrui“ (Traité du domaine de propriété Nr. 13) und indem er in dem zweiten Anhange zum Traité du contrat de société Nr. 235 flg. von den Verpflichtungen aus der Nachbarschaft handelt und die römischrechtlichen Bestimmungen anwendet. Das Prinzip ist auch in der neuen französischen Doktrin und Praxis allgemein anerkannt, und seine Anwendung auf den vorliegenden Fall unterliegt keinem Bedenken, weil es sich um eine schädliche Immission von Wasser aus dem einen in das andere

*) Übereinstimmend Z. D. I § 194 N. 3 S. 522, 523. L. VI, 136 flg.

Grundstück handelt, für welche auch die Analogie des L. R. S. 674 direkt verwertet werden kann.

Vgl. Entsch. des R. G.'s in Civils. Bd. 6 S. 219; Bd. 8 S. 305.

Eine solche Immission sich gefallen zu lassen, ist der Nachbar nicht verpflichtet, und er kann mit der negatorischen Klage vom anderen fordern, daß dieser die Immission von Wasser unterlasse und beseitige, schon aus dem Grunde, weil die Immission objektiv widerrechtlich ist. In dieser Beziehung ist es also unerheblich, ob der Eigentümer die Immission gewollt hat oder nicht, ob sie auf einer an sich berechtigten oder auf einer unberechtigten Benutzung des Eigentums beruht, und ob sie als Folge einer Handlung vorhergesehen werden, also mindestens zur Verschuldung zugerechnet werden kann.

II. **Verletzung der Normen des Nachbarrechtes** erzeugt die **Klage auf Ersatz zukünftigen Schadens** selbst in dem Falle, wenn auf Einstellung des schädigenden Betriebes geklagt werden kann. So das U. v. 29. IV. 90. (E. XXVI, 352).

In einem Schuppen des Beklagten ist eine Dampfsägerei angelegt, deren Betrieb ein so bedeutendes Geräusch und Erschütterungen verursacht, daß die Besitzerin des anstoßenden Wohnhauses in hohem Grade belästigt, der Aufenthalt für die Mieter unerträglich und die Ertragsfähigkeit des Hauses erheblich vermindert wird. Dieselbe klagte bei dem Landgerichte zu Metz mit dem Antrage, das Gericht wolle den Besitzer der Anlage verurteilen, insolange die mit dem Dampfsägebetriebe verbundenen Belästigungen fortdauerten, der Klägerin einen jährlichen Schadenersatz von 150 M. zu bezahlen. Das Landgericht erkannte im wesentlichen nach dem Klagantrage; auf Berufung des Beklagten wurde das Urteil aufgehoben und auf Klagabweisung erkannt. Das Reichsgericht hob auf Revision der Klägerin das Berufungsurteil auf.

Der Berufungsrichter hat in Anschließung an das Urteil des II. Civilsenates — vgl. Entsch. des R. G.'s in Civils. Bd. 11 S. 345 — die Klage abgewiesen, weil der Ersatz zukünftigen Schadens nur unter gewissen Voraussetzungen, jedenfalls aber dann nicht durch Klage gefordert werden dürfe, wenn die Klage auf Beseitigung des schadenbringenden Betriebes gegeben sei. Der Senat hat indessen von dieser Rechtsauffassung abgehen zu müssen geglaubt.

Grundsätzlich ist zwar nicht zu bestreiten, daß die Anordnung von Vorbeugungsmaßregeln für die Zukunft nicht zu den Aufgaben der Gerichte gehört, für die Beurteilung des Klagebegehrens vielmehr der im Augenblicke der Klagerhebung vorliegende Thatbestand maßgebend ist. Die fortschreitende Rechtsentwickelung hat jedoch aus Gründen der Zweckmäßigkeit, insbesondere zu dem Zwecke, der Vervielfältigung der Prozesse entgegenzutreten, diese Schranken für eine Reihe von Fällen durchbrochen. Die Civilprozeßordnung gestattet in § 231 die alsbaldige Feststellung eines Rechtsverhältnisses, obwohl dessen Wirkungen erst in der Zukunft eintreten, und trifft in den §§ 671, 687 Fürsorge für den Fall, daß die Vollstreckung eines Urteiles von dem durch den Gläubiger zu beweisenden Eintritt einer Thatsache abhängt. In gleicher Weise gestatten das Haftpflichtgesetz, das Berggesetz § 137 und die Gewerbeordnung § 26 die Verurteilung zum Ersatze desjenigen Schadens, welcher unter gewissen Voraussetzungen erst in Zukunft eintreten wird. Allerdings kann eine Entschädigung nicht für den Fall gefordert werden, daß der Beklagte in der Zukunft eine unrechte That (Artt. 1382 flg. des bürgerl. Gesetzbuches) erst begehen werde. Im vorliegenden Falle waren aber die schadenbringende Ursache und der schädigende Erfolg im Augenblicke der Klagerhebung schon vorhanden. Wenn auch das Bestehen der Dampfmaschine und sonstigen Einrichtungen auf die Besitzung der Klägerin keine Wirkungen ausübte, so bestanden diese Anlagen doch nur zu dem Zwecke, um betrieben zu werden und Nutzen zu bringen, und sie sind thatsächlich sowohl vor, als nach der Klagerhebung betrieben worden. Die Klage richtet sich daher nicht sowohl gegen eine künftige unrechte That des Beklagten, als gegen die voraussehbare Fortsetzung eines bereits vorhandenen Zustandes und kann in dieser Beschränkung nicht für unzulässig erachtet werden.

Die fernere Ausführung des Berufungsurteiles, daß ein Schadensersatz nicht gefordert werden könne, wo die negatorische Klage auf Beseitigung gegeben sei, stellt sich allerdings als die Folge des von der Rechtsprechung und Wissenschaft anerkannten Grundsatzes dar, daß ein Beschädigter überall den Ersatz zu fordern nicht berechtigt sei, wo ihm die Möglichkeit zur Abwehr des Schadens gegeben ist. Daß aber dieser Satz auf schadenbringende, gewerbliche Anlagen keine unbedingte Anwendung finden soll, wird zu Gunsten des Gewerbsfleißes und der allgemeinen Wohlfahrt durch § 26 der deutschen Gewerbeordnung ausdrücklich bestimmt. Einer mit obrigkeitlicher Genehmigung errichteten, gewerblichen Anlage gegenüber kann der Besitzer eines benachbarten Grundstückes, welchem nach dem bestehenden Rechte zur Abwehr der benachteiligenden Einrichtungen die Privatklage gegeben wäre, niemals die Einstellung des Betriebes fordern, sondern er hat nur eine Klage auf Verbesserung der Einrichtungen und, wo solche nicht ausführbar ist, auf Schadloshaltung. Diese Bestimmung wurde, wie die Verhandlungen des Reichstages ergeben, für notwendig erachtet, weil es mit dem allgemeinen Wohle unvereinbar sei, daß der möglicherweise nur in geringem Maße benachteiligte Grundstücksbesitzer die Einstellung eines Betriebes fordern dürfe, welcher Tausenden von Arbeitern Unterhalt gewähre.

Im vorliegenden Falle handelt es sich nun allerdings nicht um eine obrigkeitlich genehmigte Anlage; nach den von dem Berufungsurteile angeführten, für Elsaß-Lothringen geltenden Bestimmungen war eine Genehmigung der Behörde für die in Frage stehende Dampfsägerei überhaupt nicht erforderlich. Dessenungeachtet kann die Entschädigungsklage nicht für unzulässig erachtet werden, weil der Beklagte kein Interesse, daher auch kein Recht hat, sich auf die Möglichkeit der negatorischen Klage zu berufen; denn es steht ihm frei, durch Einstellung des Betriebes den Klagegrund für das Begehren des künftigen Schadens und damit die Klage selbst zu beseitigen. Übrigens wäre es auch in einem solchen Falle dem Beschädigten, welcher sich unter Verzicht auf das weitergehende Recht mit dem Schadensersatze begnügen will, keineswegs benommen, seinen Zweck auf einem Umwege zu erreichen, indem er ein Urteil auf Betriebseinstellung erwirken und im Falle der Nichterfüllung Ersatz des Schadens fordern könnte.

Hiernach erschien ein Abgehen von der früheren Entscheidung umsomehr geboten, als dieselben Gründe, welche zum Erlasse des § 26 der Gewerbeordnung geführt haben, auch in Fällen vorliegen können, in welchen eine Anlage der Genehmigung der Behörde nicht bedarf. Auch die französischen Gerichte und Schriftsteller haben sich für die Zulässigkeit einer Schadensklage gegenüber gewerblichen Anlagen einstimmig ausgesprochen, ohne zwischen dem obrigkeitlich genehmigten und dem nicht genehmigten Betriebe zu unterscheiden.

Das angefochtene Urteil war daher aufzuheben und die Sache zur weiteren Verhandlung und Entscheidung über den Umfang und die Höhe des Ersatzanspruches in die Berufungsinstanz zurückzuverweisen.

III. Darin, daß infolge der Benutzung des Eigentums nach seinem vollen Inhalt dem Nachbargute Vorteile entzogen werden, welche ihm bis dahin zu statten kamen, kann ein unerlaubtes Hinübergreifen in das fremde Eigentum nicht erkannt werden. U. v. 9. XI. 80. (E. II, 368).

IV. Der Anlieger eines Flusses darf sein Eigentum gegen Überschwemmung durch Schutzvorrichtungen sichern, auch wenn dadurch benachbartem Eigentume Schaden zugefügt wird. U. v. 29. XII. 82. (E. VIII, 304).

Die badische Eisenbahnbauverwaltung hatte im Jahre 1865 zum Schutze einer Eisenbahnstrecke auf dem ihr gehörenden Grund und Boden längs der Breg einen Flügeldamm errichten lassen; bei einem im Jahre 1877 eingetretenen Hochwasser haben die über die Ufer getretenen Wassermassen der Breg eine auf dem rechten Ufer gelegene Wiese der Klägerin, sowie einen am linken Ufer gelegenen, derselben gehörenden Damm beschädigt. Nach dem Gutachten Sachverständiger wurde angenommen, daß die Wiese der Klägerin auch schon vor Errichtung des Flügeldammes den Beschädigungen durch Hochwasser ausgesetzt gewesen sei, daß aber durch Errichtung des Dammes die schädlichen Wirkungen sich verdoppelt hätten.

Beide Instanzen haben den Beklagten zum Schadensersatze und zur Herstellung derjenigen baulichen Vorkehrungen verurteilt, welche nach dem Gutachten von Sachverständigen zum Schutze des Wehres und Eigentumes nötig sind. Das Reichsgericht hat die Klage nicht für begründet erachtet.

Nach dem unbestrittenen Sachverhalte und dem Gutachten der Sachverständigen ist die von dem Beklagten zum Schutze seines Eigentumes getroffene Vorrichtung nicht im Flußbette errichtet, übt auch keinen Einfluß auf den natürlichen Ablauf des Wassers im Flußbette, sondern verhindert nur, daß das Eigentum des Beklagten Überschwemmungsgebiet werde, wie es beim ungehemmten Ablaufe des das Bett überfließenden Wassers nach Osten geschehen würde; auch wird das Eigentum der Klägerin durch diesen Damm, welcher die Ausbreitung des Wassers nach Nordosten abhält, nur dann, wenn das Hochwasser eine gewisse Höhe erreicht, in größerem Maße beschädigt, als es ohne dessen Errichtung der Fall wäre. Demnach kann die erhobene Klage nur als begründet erscheinen, wenn entweder aus den allgemeinen Rechtsgrundsätzen über das Eigentum oder aus einer besonderen gesetzlichen Bestimmung sich ein Verbot gegen den Eigentümer herleiten ließe, sein Eigentum gegen die Überschwemmung durch einen Fluß zu schützen, sofern durch die Schutzvorrichtung dem benachbarten Eigentume Schaden zugefügt wird. Ein solches Verbot folgt aber zunächst nicht aus den Grundsätzen über das s. g. Nachbarrecht. Dehnt man diese noch so weit aus, so kann doch nur ein solcher Gebrauch des Eigentumes untersagt sein und zur Negatorienklage oder zur Klage auf Schadensersatz Anlaß geben, durch welchen unmittelbar oder mittelbar in fremdes Eigentum hinübergegriffen, dasselbe durch Immissionen irgend einer Art gestört oder beschädigt wird. Der Beklagte leitet nun aber nichts in das Eigentum der Klägerin hinüber, sondern er drängt nur das vom Flußbette überströmende Wasser zurück, er ändert nichts am Laufe des Wassers im Flußbette, sondern verhütet blos dessen Ausbreitung auf seinem Grund und Boden, er schützt sich gegen eine ihm drohende Gefahr. Der Umstand aber, daß das Eigentum der Klägerin der gleichen Gefahr ausgesetzt ist, und diese vermindert wäre, wenn der Beklagte sich nicht schütze, kann dessen Vorgehen nicht zu einem widerrechtlichen Eingriffe in das klägerische Eigentum machen; denn es besteht keine Rechtspflicht, den Schutz eigenen Eigentumes zu unterlassen, weil durch diesen Schutz die aus dem gemeinsamen Notstande hervorgehende Gefahr für den Nachbar größer wird.

Auch durch eine besondere Gesetzesbestimmung ist die von dem Beklagten errichtete Schutzwehr nicht verboten. Der Landrechtsatz 644 kann hier nicht in Betracht kommen, da er nur die Art und Weise normiert, wie der Anstößer an einem fließenden Wasser oder derjenige, dessen Eigentum von demselben durchströmt wird, solches benutzen darf.

Der Landrechtsatz 640 aber, auf welchen das Berufungsgericht das entscheidende Gewicht legt, handelt, wie sich aus der Geschichte seiner Entstehung ergiebt und auch allgemein anerkannt ist, nur von s. g. Ursprungswasser und legt dem niedriger gelegenen Grundstücke die Dienstbarkeit auf, dasselbe so aufzunehmen, wie es im natürlichen Laufe ohne besondere Vorrichtung auf dasselbe abfließt, wogegen (vgl. L. R. S. 702) der Eigentümer des oberen (herrschenden) Grundstückes diese Dienstbarkeit nicht erschweren darf. Insoweit ist derselbe allerdings dem römischen Rechte, nämlich der l. 1 §§ 10, 13 Dig. de aqua et aquae pluviae arc. 39, 3, entnommen; allein es fehlt jeder Anhalt dafür, daß das ganze, zum Teil auf den Eigentümlichkeiten der römischen Landwirtschaft und Bodenverhältnisse beruhende Institut der actio aquae pluviae arcendae in das Gesetzbuch hineingetragen worden sei. Wollte man aber auch auf das gemeine Recht zurückgreifen, so lägen in der l. 2 § 9 cit., wie sie von der Mehrheit der Schriftsteller ausgelegt wird, und in der l. 1 Cod. de alluvionibus 7, 41 ganz bestimmte Aussprüche vor, wonach eine

Schutzanlage gegen Ueberschwemmung durch einen Fluß oder reißenden Bach (torrens) gestattet sein soll, wenn dieselbe nur in der Absicht, Schaden von sich abzuwenden, nicht in der Absicht, dem Nachbar zu schaden, errichtet worden ist. Auch die französische Doktrin ist darüber einig, daß der Eigentümer sich gegen Ueberschwemmungen durch Bäche und Flüsse durch Schutzwehren auf seinem Grund und Boden schützen dürfe, wenngleich dem Nachbar Schaden zugefügt wird; es besteht namentlich in dieser Hinsicht kein Widerspruch zwischen Demolombe und Laurent; letzterer sagt vielmehr in Bd. 6 Nr. 139 S. 188 und in Bd. 7 Nr. 358 S. 425, 426 das gleiche, was der erstere in Bd. 6 Nr. 30 aufstellt. Was aber in der vom Berufungsgerichte besonders hervorgehobenen Stelle aus Laurent (Bd. 7 Nr. 293 S. 349) unter „travaux offensifs" gemeint sei, ergiebt sich aus dem Citate in Note 1 daselbst. Es wird nämlich auf Dalloz s. v.° propriété Nr. 578, 3 verwiesen, wo es heißt; „Que le propriétaire riverain d'une rivière, même non navigable ni flottable, ne peut construire dans le lit habituel de la rivière, pour préserver sa propriété, des travaux, qui deviendraient nuisibles au propriétaire de la rive opposée." Das angezogene Urteil des Appellhofes von Nimes vom 27. Juli 1829 betrifft einen Fall, wo der Ufernachbar sowohl am Ufer, auf seinem Eigentume, als auch noch 20 m breit in den Fluß hinein einen Damm errichtet; durch das Urteil erster Instanz war die ganze Anlage verboten worden, der Appellhof hat aber nur bezüglich der Anlage im Flusse bestätigt; es heißt in den Gründen: „qu'en cette partie ces ouvrages sont reconnus offensifs pour les propriétaires de la rive opposée à celle sur laquelle ils ont été faits, et doivent, pour la suite, être détruits; mais attendu que ces ouvrages ne sont offensifs que sur cette longueur de 20 mètres, que cependant le tribunal . . . en a mal à propos ordonné la destruction sur une plus grande partie" etc. Da auch keine andere Gesetzesvorschrift besteht, durch welche das Eigentum des Beklagten in der von der Klägerin behaupteten Weise eingeschränkt wird, so war das angefochtene Urteil wegen Verletzung der Landrechtsätze 544, 640, 644, 1382 aufzuheben und sofort in der Sache auf Abweisung der Klage zu erkennen, die hiernach unbegründet erscheint. . . .

V. Über **Eigentumsteilung** führt das U. v. 25. X. 89. (E. XXIV, 340) aus:

Es besteht keine gesetzliche Vorschrift, welche die vertragsmäßige Schaffung eines in der Weise geteilten Eigentums verbietet, daß dem Einen die Oberfläche, einem Anderen ganz oder teilweise der darunter befindliche Grund und Boden gehöre. Daß eine derartige Teilung dem Begriffe des Eigentums nicht widerspreche, folgt aus Art. 553 C. c., wo gegen die Vermutung, daß die im Innern eines Grundstücks errichteten Anlagen dem Eigentümer der Oberfläche gehören, der Gegenbeweis und der Beweis der Ersitzung des Eigentums an einem unterirdischen Baue zugelassen wird.

§ 9.

Miteigentum.

I. **Das rechtliche Verhältnis der Miteigentümer** zu einander*) behandelt das U. v. 22. II. 89. (P. XX, 265).

Bei Erbteilungen sind die Miterben verpflichtet, sich die Früchte bezw. Zinsen, welche sie nach dem Tode des Erblassers bezogen haben, zum Zwecke der Gleichstellung anrechnen zu lassen. Art. 829, 833, 856 B. G. B. Dieser Grundsatz findet aber keine Anwendung auf das zwischen gewöhnlichen Miteigentümern bestehende Verhältnis. Der einzelne Miteigentümer ist nicht verpflichtet, in Ansehung der von ihm bezogenen Nutzungen den andern Miteigentümern Rechnung zu legen und denselben eine Vergütung zu gewähren, wenn er aus seinem Rechte einen größeren Vorteil gezogen hat als diese.

Jeder Miteigentümer kann die gemeinschaftliche Sache kraft seines Miteigentumsrechts benutzen und denjenigen Nutzen aus derselben ziehen, den ihm diese Benutzung nach seinen besonderen Verhältnissen gewähren kann. Er ist in dieser allerdings insoweit beschränkt, als er die Rechte der übrigen Miteigentümer auf gleichmäßige Benutzung achten und berücksichtigen muß. Hat derselbe diese Schranken eingehalten, so braucht er nicht deshalb den andern Mitberechtigten eine Vergütung zu gewähren, weil er die Sache in höherem Umfange ausnutzen konnte als diese. Haben sich die Eigentümer eines Hauses in die Benutzung desselben thatsächlich geteilt, so kann hiernach nicht von einem derselben eine Herausgabe oder Vergütung aus dem Grunde beansprucht werden, weil sich das von ihm benutzte Hausanteil hätte teurer vermieten lassen, als die übrigen Teile.

II. Über die **Eigentumsverhältnisse am Schatze** führt das U. v. 12. I. 91. (I. Strafsenat) (R. A. 82. 2. 117) aus:

Der Wortlaut des Art. 716 C. c., wonach der auf fremdem Grund und Boden gefundene Schatz zur Hälfte dem Finder, zur anderen Hälfte dem Grundeigentümer gehört, kann einen Zweifel darüber nicht aufkommen lassen, daß im Augenblicke des Findens der Finder und der Grundeigentümer, letzterer auch ohne von dem Erwerbe etwas zu wissen, Miteigentümer des Schatzes je zur Hälfte werden. So wenig wie der Wortlaut des Gesetzes gibt die Vorgeschichte desselben zu Zweifeln in dieser Beziehung Veranlassung; denn in der französischen Jurisprudenz war von jeher die Anschauung herrschend, daß die Stellen der römischen Rechtsquellen, welche dem Code civil als Vorbild gedient haben, in dem Sinne zu verstehen seien, daß der Finder seine Hälfte iure inventionis, der Grundeigentümer die seinige iure accessionis erwerbe, und es ist hier nicht weiter von Interesse, daß neuere deutsche Schriftsteller entgegen der herrschenden Lehre (vgl. z. B. Windscheid § 184 N. 10) die römischen Rechtsquellen in dem Sinne verstehen, als

*) Vgl. Z. D. I § 197 S. 540 flg.

würde der Finder als Okkupant Eigentümer des ganzen Schatzes mit der Verpflichtung jedoch, die Hälfte davon herauszugeben.

III. Das **Vindikationsrecht der Miteigentümer** vor Teilung der Erbschaft verneint das § 50 unter II abgedruckte U. v. 21. X. 84. (E. XII, 339).

Dritter Abschnitt.

Servituten.

§ 10.

Nießbrauch.

I. Die **Nutznießung an einer kündbaren**, hypothekarisch gesicherten **verzinslichen Forderung** berechtigt den Nutznießer zur Einziehung des Kapitals. So das U. v. 5. VI. 83. (E. IX, 310).

Der Kläger hatte durch Testament die lebenslängliche Nutznießung an einer verzinslichen Darlehnsforderung erlangt, welche der Beklagte schuldet und die auf dessen Haus hypothekarisch eingetragen ist. Gegenüber der Klage auf Rückzahlung hatte der Beklagte bestritten, daß dem Kläger als Nutznießer das Recht auf Einklagung und Erhebung des Kapitales kraft Gesetzes zustehe.

Zunächst entsteht die Frage, ob eine Berechtigung des Klägers zur Einklagung und Einziehung der Darlehnsschuld schon als Nutznießer kraft Gesetzes anzunehmen sei? Ausdrücklich ist diese Frage im Gesetze nicht entschieden. Zu deren Verneinung hat man sich darauf berufen, daß nach L. R. S. 584 der Nutznießer eines verzinslichen Kapitales zwar die Zinsen erheben dürfe, darauf aber sein Recht sich beschränke, weil er gemäß L. R. S. 578 die Pflicht habe, den Gegenstand der Nutznießung in unverändertem Stand und Wesen zu erhalten; der Gegenstand einer Forderung sei nämlich das Recht auf Zahlung der Summe, welche der Schuldner dem Gläubiger schuldig ist, also müsse der Nutznießer eben dies Recht dem Eigentümer der Forderung erhalten und nach Beendigung der Nutznießung restituieren, und dürfe weder die Zahlung des Kapitales annehmen, noch solche fordern, indem er sonst die Forderung zerstören und das Recht verbrauchen würde, welches er zu erhalten verpflichtet sei. Sodann verwandle der Nutznießer eigenmächtig seine Nutznießung an einer Forderung in den Quasiususfruktus an dem empfangenen Gelde, einer verbrauchbaren Sache (L. R. S. 587). Überdies enthalte jenes Recht des Nutznießers die größte Gefahr für den Eigentümer, denn nach Einziehung der geschuldeten Summe könne der Nutznießer beliebig über das Geld verfügen, es verschwenden und verbrauchen, oder ohne alle Sicherung wieder anlegen. Hinsichtlich einer hypothekarisch gesicherten Forderung, wie sie hier in Frage steht, wird noch weiter geltend gemacht, daß zufolge L. R. S. 2157 der Nutznießer die Bewilligung zur Löschung des Pfandbucheintrages zu erteilen nicht befugt sei, also der Schuldner, wenn er an den Nutznießer ohne Mitwirkung des Eigentümers zahlen müsse, gegenüber dem letzteren wegen des fortbestehenden Pfandeintrages in Gefahr sei, nochmals zahlen zu müssen.

Indessen verdient doch die entgegengesetzte, auch in Praxis und Doktrin neuerdings vorherrschende Meinung den Vorzug. Der L. R. S. 584 besagt nicht, daß der Nutznießer nur das Recht habe, die Zinsen zu erheben, und der nämliche L. R. S. 578, welcher die Pflicht zur Erhaltung der Substanz ausspricht, giebt dem Nutznießer das Recht, das fremde Eigentum gleich dem seinigen zu genießen. Das Recht des Eigentümers einer kündbaren Forderung besteht aber ganz wesentlich darin, das Kapital vom Schuldner anzunehmen und zu fordern, also gehört dies auch zu den Befugnissen des Nutznießers, welcher sich damit nicht zum Eigentümer macht, sondern nur den Gegenstand seines Nutznießungsrechtes ändert; denn auch der Quasiususfruktus ist in L. R. S. 587 als Art der Nutznießung anerkannt. Diese Umwandlung des Gegenstandes der Nutznießung aus einem nicht verbrauchbaren Forderungsrechte in eine verbrauchbare körperliche Sache erscheint als notwendige Konsequenz der Eigentümlichkeit der Nutznießung an einer kündbaren Forderung, da deren Einziehung und Einklagung dem Nutznießer gewährt werden muß, wenn nicht sein Genußrecht selbst gegenstandslos werden soll, was stets der Fall wäre, dafern nicht er, sondern der Eigentümer das Kapital in Empfang nähme.

Die dem Eigentümer drohenden Gefahren können zwar nicht geleugnet werden, allein andererseits ist auch der Nutznießer gefährdet, wenn der Eigentümer das Kapital einzieht; und für die erstere Gefahr, welche mehr oder minder mit jeder Nutznießung verbunden ist, hat das Gesetz Abhilfe geschaffen, indem der Nutznießer der Regel nach verpflichtet ist, dem Eigentümer Sicherheit zu bestellen (L. R. S. 601).

Der Einwand aus L. R. S. 2157 erledigt sich damit, daß in dieser Gesetzesstelle die Bewilligung zur Löschung einer Eintragung im Hypothekenbuche gestattet wird, wenn sie ausgeht von einer Partei, die dabei beteiligt und hierzu fähig ist. Das letztere betrifft nämlich die nach allgemeinen Prinzipien zu beurteilende Dispositionsfähigkeit, und beteiligte Partei ist nicht bloß der Gläubiger, sondern jeder, welcher rechtsgültig die Zahlung des eingetragenen Kapitales annehmen und darüber quittieren kann, also auch der Nutznießer einer hypothekarischen Forderung infolge der richtigen Ansicht über seine Befugnis zur Einziehung und Einklagung des Kapitales.

Selbstverständlich kann übrigens die fragliche Befugnis dem Nutznießer durch den Titel seiner Nutznießung ganz oder teilweise entzogen sein, allein dies ist eine Ausnahme von der Regel, welche von dem Beklagten geltend zu machen wäre, sofern sie sich nicht aus den Verhandlungen ergiebt. Daran fehlt es im vorliegenden Falle.

II. Über die **Befreiung von der Bürgschaftsleistung** des mit einem Nießbrauch Bedachten durch den Erblasser handelt grundlegend das § 58 abgedruckte U. v. 5. I. 83. (E. VIII, 323).

§ 11.

Grunddienstbarkeiten.

I. Derjenige, welcher das Recht erworben hat, in geringerer als der durch die Art. 678, 679 C. c. vorgeschriebenen Entfernung **Aussichtsfenster** zu haben, hat zugleich das Recht, dem Nachbar das Verbauen der Aussicht zu untersagen.

Diesen Rechtsatz hat im Anschluß an die Entscheidung des R. O. H. G. Bd. 18 S. 249 das R. G. wiederholt ausgesprochen,*) in der Erwägung, wie das U. v. 21. IV. 85. (E. XIII, 305) besagt,

daß der Besitz von Aussichtsfenstern in geringerer als der vom Gesetze gestatteten Entfernung sich nach den Prinzipien des Code civil nicht bloß als der Besitz der Freiheit von einer dem Nachbargrundstücke zustehenden gesetzlichen Dienstbarkeit, sondern vielmehr als der Besitz einer eigenen Dienstbarkeit, derjenigen des Aussichtsrechtes, kennzeichnet;

daß nämlich aus dem in dieser Materie den Code beherrschenden droit coutumier und den Artt. 557, 544 hervorgeht, daß der Inhalt und Umfang des Eigentumes an sich in den in den Artt. 649 flg. angegebenen Richtungen beschränkt worden ist, und dem weder entgegensteht, daß die in den gedachten Artikeln aufgeführten Beschränkungen als „servitudes établies par la loi" zusammengestellt, noch daß bei den Beratungen über das Gesetz diese Ausdrücke gebraucht worden sind;

daß, was die gesetzliche Terminologie betrifft, einerseits Rechtsverhältnisse in solcher Weise bezeichnet sind, auf welche — wie beispielsweise Artt. 653—657, 658—661, 663, 666 — der Begriff der Servitut nicht paßt, und andererseits nicht einzusehen wäre, warum die Artt. 688, 689 das Aussichtsrecht für eine kontinuierliche und offene Dienstbarkeit, insbesondere die Fenster als die sichtbare Anlage einer solchen erklären, welche durch Ersitzung erworben werden kann, wenn gerade in dem zumeist vorkommenden Falle, daß Fenster entgegen der Vorschrift des Art. 678 Code civil bestehen, das Aussichtsrecht nicht als Servitut erworben, auch die Anlage der Fenster nicht an sich für die Anwendung der Artt. 692 flg. entscheidend sein sollte;

daß bei den Beratungen zwar von servitudes établies par la loi die Rede war, aber auch andere Ausdrücke, wie „modification du droit de propriété" gebraucht worden sind (Locré, Bd. 8 S. 374).

II. Den rechtlichen **Charakter der Aussichtsgerechtigkeit** behandelt das U. v. 30. IV. 86. (E. XV. 328).**)

Die Revision macht, unter Bezugnahme auf die in Frankreich herrschende Doktrin und Judikatur geltend, daß die fraglichen Fenster am Hause der Klägerin Aussicht nur auf ein mit keiner Öffnung versehenes Dach gewährt hätten, und deshalb ein Aussichtsrecht durch Ersitzung

*) Vgl. Z. D. II. § 244 N. 14 S. 69. L. VIII, 61 flg.

**) Übereinstimmend L. VIII, 44. A. M. Z. D. II § 244 N. 3 S. 67.

nicht habe erworben werden können. Die Gründe, welche für diese Ansicht geltend gemacht werden und im wesentlichen darin bestehen, daß in einem solchen Falle der Nachbar, weil nicht gestört, an Entfernung der Fenster kein rechtliches Interesse und daher kein Klagerecht habe, und daß unter „vues" nur solche zu verstehen seien, welche Aussicht in das Innere des Nachbargutes gewähren, sind jedoch nicht zutreffend und beruhen auf Verkennung des rechtlichen Charakters der in Frage stehenden Dienstbarkeit. Wie nämlich die gesetzliche Beschränkung des Eigentumes darin besteht, daß man keine Aussichtsfenster haben darf, wenn nicht die Mauer, in welcher sie angebracht sind, in grader Linie 1,9 m und in schräger Richtung 0,6 m entfernt ist, so besteht das diese Beschränkung aufhebende Dienstbarkeitsrecht in der Anlage (im Haben) solcher Fenster, in geringerer als der gedachten Entfernung, und weil das Vorhandensein eines solchen Aussichtsfensters ihren Inhalt bildet, ist diese Dienstbarkeit eine offene und ständige. Wenn auch die Fenster dazu bestimmt sind, Aussicht zu gewähren, so ist doch der Bestand der Servitut völlig unabhängig davon, daß dieselben auch hierzu benutzt werden. Daraus folgt, daß schon das Anbringen solcher Fenster sich als ein Eingriff in das Nachbareigentum darstellt und demnach dessen Klage auf Entfernung (Negatorienklage) begründet ist, ohne Rücksicht darauf, ob die Fenster nach dem Inneren seines Eigentumes oder nur nach einem Dache oder einer geschlossenen Mauer Aussicht gewähren. Der letztere Umstand kann nur in der Beziehung von Erheblichkeit sein, ob außer der Entfernung der Fenster auch noch Schadensersatz gefordert werden könne. Was die Bestimmung der Fenster, bezw. das Interesse des Eigentümers des herrschenden Grundstückes betrifft, so kommt es diesem nur auf die Aussicht, nicht auf die Einsicht in das Nachbargut an und jene hat er — und zwar in der Regel in erhöhtem Maße — auch dann, wenn das Fenster auf ein Dach geht. Demnach kann er auch in diesem Falle eine Beeinträchtigung seiner Dienstbarkeit gegenüber dem Art. 701 Code civil geltend machen. Die Revision konnte hiernach einen Erfolg nicht haben.

III. Die gesetzliche Vermutung, nach welcher die **Scheidemauer** als gemeinschaftlich anzusehen ist, kann ausschließlich durch die Merkmale welche im Art. 654 C. c. aufgeführt sind, widerlegt werden.*)

So entschieden durch U. v. 3. XII. 89 (E. XXIV, 355) in der Erwägung,

daß nach Art. 653 Code civil die gesetzliche Vermutung des Miteigentumes von Mauern zwischen Gebäuden und eingeschlossenen Grundstücken nur widerlegt werden kann, wenn das Alleineigentum durch Titel oder Merkmale bewiesen wird;

daß die Kläger zur Beseitigung der gesetzlichen Vermutung Urkunden aus den Jahren 1732, 1767 und 1784 vorgelegt haben, der Berufungsrichter aber beim Mangel aller sicheren Anhaltspunkte über den früheren Zustand der Örtlichkeit denselben keine Beweiskraft beilegt und diese ohne

---

*) Übereinstimmend Z. D. II § 239 N. 4 S. 50. L. VII, 536.

Rechtsirrtum getroffene Beweiswürdigung der Nachprüfung in der Kassationsinstanz entzogen ist;

daß, wie der Berufungsrichter ferner auf Grund der Ortsbesichtigung thatsächlich feststellt, im vorliegenden Falle keines der im Art. 654 angeführten Zeichen des Miteigentumes vorhanden ist;

daß der Berufungsrichter den Beweis des Alleineigentumes der Kläger aus anderen bei der Ortsbesichtigung festgestellten Merkmalen entnimmt, indem er davon ausgeht, der bezogene Artikel enthalte nur Beispiele und dürfe nicht einschränkend ausgelegt werden, dieser Auslegung des Gesetzes jedoch nicht beizutreten ist;

daß nämlich schon die Zusammenstellung der beiden Artikel für die einschränkende Auslegung spricht, indem der erstere einen Gegenbeweis durch Merkmale verlangt, der zweite aber besagt, welche im einzelnen genau beschriebenen Merkmale zur Erbringung des Beweises geeignet seien, ohne daß dabei, wie in den Artt. 663, 671 und 674, auf das Herkommen Bezug genommen wird;

daß sich aus der gesetzlichen Vermutung des Art. 653 ebenso wie aus den die Erwerbung des Miteigentumes erleichternden Vorschriften der Artt. 660, 661 die Absicht des Gesetzgebers erkennen läßt, die Gemeinschaftlichkeit zu begünstigen, indem derselbe davon ausgeht, es liege im richtig verstandenen Interesse der Eigentümer und folgeweise auch im öffentlichen Interesse, die nutzlose Verwendung der Bodenfläche, sowie die Kosten der Errichtung und Unterhaltung einer zweiten Mauer zu vermeiden, wo schon durch eine Mauer der Zweck vollständig erreicht werde;

daß diese Auffassung auch in der Entstehungsgeschichte des Gesetzes ihre Bestätigung findet;

daß zwar, wie mit dem Berufungsurteile angenommen werden muß, die Quelle der bezüglichen Bestimmungen in dem Gewohnheitsrechte zu finden ist, aus dem Umstande aber, daß in den Coutumes von Paris, der Normandie und von Orléans die Merkmale des Miteigentumes nicht limitativ aufgeführt werden, keineswegs der Schluß gezogen werden darf, daß auch der Code civil in Art. 654 nur Beispiele habe anführen wollen;

daß nämlich in Frankreich zur Zeit der Abfassung des Gesetzbuches neben dem römischen Rechte, welchem die Vermutung des Miteigentumes fremd ist, zahlreiche Gewohnheitsrechte bestanden, welche miteinander nicht zu vereinigen waren und sich sogar widersprachen, indem einige derselben die gleichen Merkmale als Zeichen des Alleineigentumes bezeichneten, welche von anderen als Beweise für das Miteigentum angeführt wurden;

daß daher die Absicht des Gesetzgebers nur dahin gegangen sein kann, und wie der Tribun Albisson in seinem Berichte, vgl. Locré, Législation Bd. 8 S. 382, hervorhebt, dahin gegangen ist, die vielfachen widersprechenden Vorschriften des alten Rechtes durch eine einfache und lichtvolle Theorie zu ersetzen;

daß dieser Zweck nur erreicht werden konnte, wenn der Gesetzgeber, wie in Art. 654 geschehen, unter Beseitigung der Vermutungen des alten Rechtes, die zur Widerlegung der gesetzlichen Vermutung geeigneten Merkmale genau und erschöpfend bestimmte, und der genannte Albisson diesem Gedanken Ausdruck gab, indem er in seinem Berichte,

vgl. Locré a. a. O. Bd. 8 S. 388,

besagt, „der Vorschlag drückt dem vermuteten Miteigentume das Siegel des Gesetzes auf", und weiter „der Artikel bestimmt genau (détermine précisement) die Merkmale des Miteigentums";

daß nach dieser Auslegung des Gesetzes, welcher die fast einstimmige Lehre der Schriftsteller und die Rechtsprechung zur Seite steht, die streitige Giebelmauer bis zu der Höhe, in welcher beide Gebäude von derselben Vorteil haben, als gemeinschaftlich zu erachten ist;

daß allerdings die gesetzliche Vermutung des Art. 653 keine Anwendung finden würde, wenn die Giebelmauer in ihrem gegenwärtigen Zustande bereits vor Einführung des Code civil bestanden hätte, in diesem Falle vielmehr das Eigentumsverhältnis nach dem früheren Rechte zu beurteilen wäre, da das Gesetz keine rückwirkende Kraft hat und wohlerworbene Rechte nicht berührt;

daß Kläger allerdings behaupten, ihr Haus habe schon im vorigen Jahrhunderte bestanden und bilde den Gegenstand der vorgelegten Urkunden, der Berufungsrichter aber diesen Urkunden keine Beweiskraft beilegt und ein anderer Beweis über das Bestehen des Hauses vor Einführung des bürgerl. Gesetzbuches nicht erboten wird.

IV. Über die **Rechte der Adjacenten an einer öffentlichen städtischen Straße** führt das U. v. 13. II. 83. (E. X, 271) aus:*)

Durch die in den Jahren 1879 und 1880 zum Zwecke der Überführung der Köln-Mindener Eisenbahn bewerkstelligte bedeutende Erhöhung der Grafenberger Chaussee zu D. waren dem an derselben gelegenen Hausgrundstücke der Eheleute E. erhebliche Nachteile entstanden, und ist die deshalb erhobene Entschädigungsklage, nachdem sie in erster Instanz abgewiesen war, von dem Oberlandesgerichte zugesprochen worden. Das Reichsgericht hat auf Grund der thatsächlichen Feststellung des letzteren, daß die genannte Chaussee bereits zur Zeit ihrer erfolgten Höherlegung den Charakter einer städtischen Straße hatte, die eingelegte Revision zurückgewiesen.

Die Straßen der Städte und Ortschaften, auf deren Anlage die äußere Existenz und Entwickelung derselben beruht, sind zur Bebauung mit Häusern bestimmt, für welche sie wiederum das notwendige Verbindungs- und Verkehrsmittel bilden, sodaß Häuser und Straßen der Natur der Sache nach sich gegenseitig bedingen. Faßt man die Entstehung der letzteren ins Auge, so liegt darin, daß von der zuständigen Verwaltung ein bestimmtes Terrain oder ein bereits bestehender Weg zur städtischen Straße erklärt wird, die Aufforderung, unter den bestehenden gesetzlichen und speziell lokalen Bedingungen Häuser an derselben zu errichten, wobei der Vorteil, welchen die Straße den Adjazenten gewährt, als die Gegenleistung sich darstellt. So wird zwischen der Gemeinde und den jener Aufforderung entsprechenden Grundeigentümern, welche mit ihren Bauten an die Lage

---

*) Übereinstimmend L. VII, 130 flg.

und Richtung der Straßen gebunden sind und regelmäßig für die Instandsetzung bezw. Erhaltung derselben Lasten zu tragen haben, ein stillschweigendes Vertragsverhältnis begründet, welches gegenseitige Rechte und Verbindlichkeiten erzeugt, und die Annahme eines rein prekären Verhältnisses auf seiten der Adjazenten ausschließt. Hierbei macht es denn auch, wie das Oberlandesgericht zutreffend erwägt, keinen Unterschied, wenn im gegebenen Falle ein Haus bereits früher, ehe die Straße den städtischen Charakter erlangte, bestanden hat, da dasselbe mit dem Augenblicke, wo letzteres geschah, in den dadurch begründeten Rechtsnexus eintrat und an den Vorteilen und Lasten desselben teilnahm.

Allerdings steht nun eine solche Straße im öffentlichen Eigentum — domaine public, — und ist mit Rücksicht auf ihre Bestimmung, dem allgemeinen Gebrauche zu dienen, extra commercium.

Dieser Umstand schließt aber, wie in der Jurisprudenz anerkannt ist, nicht aus, daß an derselben, soweit sie mit ihrer Bestimmung vereinbar, private Benutzungsrechte, welche sich juristisch als Servituten charakterisieren, — Artt. 637, 686 Code civil — bestehen können. Hieraus folgt nun, daß, wenn auch den Hauseigentümern gegen Dispositionen, welche im öffentlichen Interesse an der Straße vorgenommen werden, ein Widerspruch nicht zusteht, dieselben doch für solche Veränderungen, welche eine Aufhebung oder erhebliche Beschränkung ihrer Benutzung zur Folge haben, zu einem Entschädigungsanspruche berechtigt sind (Art. 701 a. a. O.). Dieser Satz gilt unbedenklich namentlich auch dann, wenn, wie im gegenwärtigen Falle, eine Eisenbahngesellschaft mit Genehmigung der zuständigen Behörden zu den Zwecken ihres Bahnbaues Nivellementsveränderungen, welche das Benutzungsrecht der Adjazenten verletzen, zur Ausführung bringt.

Die vorstehende Ausführung entspricht der in der rheinisch-französischen Doktrin und Rechtsprechung konstant herrschenden Auffassung.

Vierter Abschnitt.

Privilegien und Hypotheken.

§ 12.

Privilegien.

Die Frage, ob das **Privileg des Vermieters** sich auch auf solche von dem Mieter eingebrachte Sachen erstreckt, welche Eigentum eines Dritten sind*) entscheidet das U. v. 6. III. 88. (E. XX, 355).

Der Beklagte R. ließ im Jahre 1885 bei den Brüdern E. und R. Sch., welche von ihm das in Köln gelegene Wilhelmstheater gemietet hatten, wegen einer ihm aus dem Mietvertrage zustehenden Forderung eine Reihe von Gegenständen pfänden. Kläger behauptet, er sei Eigentümer eines Teiles der gepfändeten Sachen und verlangte in der Klage Anerkennung seines Eigen-

*) Vgl. Z. D. II § 261 S. 124.

tumes, Aufhebung der Pfändung und Verurteilung des Beklagten zur Herausgabe der dem Kläger gehörenden Gegenstände. Der Beklagte hat sich auf das ihm nach Art. 2102 Ziff. 1 des bürgerl. Gesetzbuches zustehende gesetzliche Pfandrecht berufen. Von dem Kläger wurde dagegen aus verschiedenen Gründen bestritten, daß ein solches Pfandrecht bestehe. Durch Urteil des Landgerichtes Köln wurde die Klage zurückgewiesen. Auf Berufung des Klägers wurde das Urteil des Landgerichtes dahin abgeändert, daß der Beklagte bezüglich der von dem Kläger behaupteten Mitteilung seiner Eigentumsrechte einen ihm aufgegebenen richterlichen Eid zu leisten habe. Die Revision wurde verworfen.

Da das Eigentum des Klägers an den von dem Beklagten gepfändeten Gegenständen, deren Herausgabe in der Klage auf Grund des von dem Kläger bei dem Verkaufe gemachten Eigentumsvorbehaltes verlangt wird, nicht bestritten ist, würde die Klage begründet sein, wenn das von dem Beklagten auf Grund des Art. 2102 Ziff. 1 des bürgerl. Gesetzbuches in Anspruch genommene gesetzliche Pfandrecht sich nicht auf die von dem Mieter in die gemieteten Räumlichkeiten eingebrachten, dem Kläger gehörenden Gegenstände erstreckte, oder die erwähnte Vorschrift durch § 7 des preuß. Ausführungsgesetzes zur Konkursordnung vom 6. März 1879 aufgehoben wäre. Es war deshalb in erster Linie zu prüfen, ob die Ausführungen des Berufungsgerichtes in dieser Beziehung als zutreffend erscheinen. Diese Frage mußte aber bejaht werden. Daß nach Art. 2102 Ziff. 1 des bürgerl. Gesetzbuches das gesetzliche Pfandrecht des Vermieters auch diejenigen von dem Mieter eingebrachten Gegenstände, welche Eigentum eines Dritten sind, ergreift, sofern der Vermieter zur Zeit des Einbringens von diesem Verhältnisse keine Kenntnis hat, sondern annimmt, der Mieter sei Eigentümer dieser Gegenstände, ist nicht zweifelhaft und ergiebt sich insbesondere aus dem Art. 2102 Ziff. 4 Abs. 3 des bürgerl. Gesetzbuches. Was aber den § 7 des preuß. Ausführungsgesetzes zur Konkursordnung anbelangt, so bestimmt derselbe nur, daß die Vorschriften des § 41 der Konkursordnung und des § 6 des Ausführungsgesetzes auch außerhalb des Konkursverfahrens auf das Verhältnis der durch diese Bestimmungen den Faustpfandgläubigern gleichgestellten Gläubiger zu anderen Gläubigern des Schuldners entsprechende Anwendung finden, regelt sonach nur das Verhältnis unter den verschiedenen Gläubigern, bezüglich dessen auch außerhalb des Konkursverfahrens die für dieses geltenden Bestimmungen maßgebend sein sollen. Die durch das bürgerliche Recht gewährten Pfand- und Zurückbehaltungsrechte werden dagegen, wie auch in den Motiven zu § 7 des Ausführungsgesetzes ausdrücklich hervorgehoben wurde, gleichviel ob dieselben dem Schuldner oder Dritten gegenüber wirksam sind, durch die erwähnte Vorschrift des Ausführungsgesetzes nicht berührt. Insbesondere gilt dies, wie das Reichsgericht auch schon in einem Urteile vom 8. Dezember 1882,

vgl. Entsch. des R. G.'s in Civils. Bd. 8 S. 99 flg.,

ausgesprochen hat, in Ansehung des Verfolgungsrechtes, das dem Verpächter und dem Vermieter nach den Bestimmungen des rheinischen Rechtes

(Art. 2102 Ziff. 1 des bürgerl. Gesetzbuches) hinsichtlich der ohne seine Bewilligung anders wohin gebrachten Sachen zusteht. Soweit es sich um die Ausübung der dem Vermieter auf Grund seines Pfandrechtes zustehenden Rechte gegenüber dem Schuldner oder Dritten ein Eigentumsrecht an den eingebrachten Sachen geltend machenden Personen handelt, wird die Anwendung des Art. 2102 Ziff. 1 des bürgerl. Gesetzbuches durch § 7 des preuß. Ausführungsgesetzes zur Konkursordnung hiernach nicht ausgeschlossen. Eine solche Anwendung steht aber hier in Frage. Der Kläger macht nicht Rechte geltend, welche ihm als Gläubiger der Mieter zustehen, sondern hat lediglich auf Grund seines Eigentumsrechtes die Aufhebung der Pfändung und die Herausgabe der gepfändeten Sachen verlangt. In dieser Beziehung müssen aber die Bestimmungen des Art. 2102 des bürgerl. Gesetzbuches ebenso maßgebend sein, wie wenn er sich in den Besitz der dem Pfandrechte des Vermieters unterworfenen Gegenstände gesetzt hätte und der heutige Beklagte ihm gegenüber die in Art. 2102 Abs. 6 des bürgerl. Gesetzbuches vorgesehenen Befugnisse ausgeübt hätte.

§ 13.

Hypotheken.

I. Die sog. **Teilhypothek** wird hinfällig, wenn bei der Versteigerung die gemeinschaftliche Liegenschaft einem Dritten zugeschlagen worden ist. So ausgeführt im U. v. 6. XI. 88. (E. XXII, 375) mit folgender Begründung:

Dem rheinischen bürgerlichen Gesetzbuche liegt, wie insbesondere aus den Artt. 883, 2205, 2114, 2118, 1476, 1872 gefolgert werden muß, die Rechtsanschauung zu Grunde, daß dem Miteigentümer nicht das Recht zustehe, die gemeinschaftlichen Liegenschaften für seinen Anteil unbedingt mit Hypotheken zu belasten, daß dies vielmehr nur unter der Bedingung geschehen könne, daß er dieselben bei der einstigen Auseinandersetzung erwerben werde. Das Gesetz verfolgt unverkennbar den Zweck, die Unzuträglichkeiten zu vermeiden, welche infolge der Haftung für Gewährleistung und der Rückgriffe notwendigerweise entstehen müßten, wenn auf den im Besitze eines Dritten befindlichen Grundstücken zu den Anteilen der früheren Miteigentümer alle von diesen herrührenden vertragsmäßigen, richterlichen und gesetzlichen Hypotheken lasten blieben.

II. Bezüglich der **Inhaberhypothek** führt das U. v. 3. VI. 87. (E. XVIII, 350) aus:

Die erfolgte Pfandverschreibung ist eine reine Inhaberhypothek, und eine solche ist dem französischen und dem badischen Rechte unbekannt. Das Gesetz (Artt. Code civil und L. R. S. 2116, 2117) kennt nur gesetzliche, richterliche und bedungene Unterpfandsrechte, von welchen die beiden ersten zweifellos nicht vorliegen. Das bedungene Unterpfandsrecht setzt zu seiner Entstehung einen Vertrag voraus, damit aber einen bestimmten Berechtigten, welcher das vom Eigentümer der Liegenschaft ihm gewährte Pfandrecht ausdrücklich oder stillschweigend angenommen hat. Dagegen sollte im vorliegenden Falle das Forderungsrecht wie das accessorische Pfandrecht durch Herstellung von Partialobligationen geschaffen werden, welche jedem künftigen Inhaber derselben diese Rechte zusprechen, also durch einen einseitigen Akt des Schuldners, vermöge dessen jeder künftige Besitzer des Papieres nicht vermöge der ihm von seinem Vorgänger übertragenen Rechte, sondern als solcher zur Geltendmachung der Forderung und des Pfandrechtes berechtigt sein sollte. Diese Art der Unterpfandsbestellung vermag nach der positiven Gesetzgebung nicht die Wirkungen der Vertragshypothek hervorzubringen, wobei unerörtert bleiben kann, ob in Baden vor dem Gesetze vom 5. Juni 1860 (R. Bl. N. 30) Schuldverschreibungen auf den Inhaber von Privaten wirksam ausgestellt und in Umlauf gesetzt werden konnten. Indem das Gesetz einen Vertrag voraussetzt, schreibt es auch für den Eintrag im Pfandbuche die Bezeichnung des Gläubigers in L. R. S. 2148 Nr. 1 (wie in Art. 2148 Nr. 1 Code civil) vor, eine Verordnung, welcher bei der Inhaberhypothek nicht entsprochen werden kann und im vorliegenden Falle nicht entsprochen ist. Ebenso konnte in der Schuld- und Pfandurkunde, deren Errichtung nach badischem Rechte dem Pfandeintrage nachfolgt (§ 26 des II. Einführungsediktes vom 22. Dezember 1809) ein anderer Gläubiger als die künftigen Inhaber der auszugebenden Partialobligationen nicht benannt werden. Von dem Erfordernisse eines bestimmten ersten Berechtigten hängt aber die Möglichkeit ab, gemäß L. R. S. 2157 die Ausstreichung des Unterpfandes zu erwirken, wie die zur Erlassung der im Vollstreckungsverfahren vorgeschriebenen Bekanntmachungen an die mit eingetragenen Unterpfandsrechten versehenen Gläubiger und die Durchführung des gesetzlich geregelten Entledigungsverfahrens der L. R. S. 2183 flg., durch welches der dritte Erwerber einer verpfändeten Liegenschaft dieselbe von allen darauf ruhenden Vorzugs- und Unterpfandslasten befreien kann.

III. Die Frage, ob sich das **gesetzliche Pfandrecht der Ehefrau auf die zur Gütergemeinschaft gehörigen Liegenschaften** erstreckt, sofern die Frau auf die Gütergemeinschaft nach deren Auflösung verzichtet,*) behandelt das U. v. 11. V. 83. (E. IX, 307).

Die Eheleute B. hatten während bestehender Ehe fünf zur ehelichen Gütergemeinschaft gehörige Liegenschaften verkauft und über den noch ausstehenden Kaufpreis ist das Verteilungsverfahren (Art. 2186 Code civil, Elsaß-Lothr. Ges. v. 30. Mai 1880) eröffnet. Nachdem seither erfolgten Tode des Ehemannes B. hat die Ehefrau bei der Auseinandersetzung mit den Erben des Mannes die Anerkennung einer großen Ersatzforderung erlangt und auf die eheliche Gütergemeinschaft verzichtet (Artt. 14– 53 flg. 1492 flg. a. a. O.). Die Cessionare und Subrogatare der Frau B. haben deren gesetzliches Unterpfandrecht gegenüber anderen Gläubigern im Verteilungsverfahren geltend gemacht und dasselbe wurde anerkannt aus folgenden Gründen:

Es handelt sich um die Ausdehnung des gesetzlichen Unterpfandrechtes der Ehefrau auf zur Gütergemeinschaft gehörige Liegenschaften, und

*) Vgl. zu III und IV Z. D. II § 264 N. 22 S. 144.

das Berufungsgericht hat solche im Anschlusse an die herrschende Theorie und Praxis im vorliegenden Falle für zulässig erklärt, weil die Witwe B. auf die Gütergemeinschaft verzichtet hat. Auch mit dieser Beschränkung ist die fragliche Ansicht nicht unbedenklich.

Als Gegenstand des gesetzlichen Unterpfandrechtes bezeichnen die Artt. 2121, 2135 Nr. 2 Code civil die Immobilien des Ehemannes, wozu die Gemeinschaftsliegenschaften nicht gehören, wie sich aus Artt. 1401 Nr. 2, 3, 1402, 1470 Nr. 1 a. a. O. ergiebt, wo die Liegenschaften des Ehemannes (les propres du mari) von den Gemeinschaftsliegenschaften (conquêts oder acquêts) sorgfältig unterschieden werden. Sodann wird die in Art. 1421 ausgesprochene Verfügungsgewalt des Ehemannes über das Gemeinschaftsvermögen durch die Ausdehnung des gesetzlichen Unterpfandes der Ehefrau fast beseitigt. Während der Art. 1421 Abs. 2 a. a. O. dem Ehemanne das Recht gibt, die Gemeinschaftsliegenschaften ohne Mitwirkung seiner Frau zu verkaufen, zu veräußern und zu verpfänden, wird er durch das gesetzliche Unterpfandsrecht der Frau wesentlich beschränkt, indem der neue Erwerber von Eigentum oder Unterpfandsrecht an einer Gemeinschaftsliegenschaft keine Sicherheit dafür hat, daß nicht die Ehefrau nach Auflösung der Gütergemeinschaft mit der Unterpfandsklage ihre Ersatzforderungen nach Art. 2166 a. a. O. auf die betreffende Liegenschaft geltend macht. Dies hat in der Praxis dazu geführt, daß solche Rechtsgeschäfte des Ehemannes hinsichtlich der Gemeinschaftsliegenschaften in der Regel nur dann vollzogen werden können, wenn die Ehefrau dabei mitwirkt oder sonst ihre Zustimmung erklärt. Danach bedarf also der Ehemann in Wahrheit der Mitwirkung seiner Frau, obwohl ihn das Gesetz ausdrücklich davon befreit.

Nimmt man, wie es vielfach geschieht, ein ruhendes Miteigentum der Ehefrau am Gemeinschaftsvermögen an, so läßt sich gegen die herrschende Ansicht noch weiter einwenden, daß zufolge Art. 2114 a. a. O. niemand an seiner eigenen Liegenschaft ein Unterpfandsrecht besitzen kann.

Indessen sprechen doch überwiegende Gründe für die herrschende Meinung.

Die Frau, welche auf die Gütergemeinschaft verzichtet, verliert gemäß Art. 1492 a. a. O. jede Art von Recht an dem Gemeinschaftsvermögen. Dieses ganze Vermögen gehört also dem Ehemanne und ist zufolge des in Art. 883 a. a. O. ausgesprochenen, für alle Teilungen und für die eine Teilung vertretenden Akte gültigen, allgemeinen Prinzipes (vgl. Art. 1872 a. a. O.) der deklarativen Wirkung der Teilung so anzusehen, als ob es der Ehemann unmittelbar und allein erworben habe. Demnach erscheinen die Gemeinschaftsliegenschaften als solche, welche dem Ehemanne von Anfang an gehört haben, und die Ehefrau ist allen Verfügungen fremd, welche der Mann allein darüber getroffen hat.

Damit widerlegt sich der Einwand aus Artt. 2121, 2135 a. a. O., denn die in Frage stehenden Liegenschaften erscheinen in Anwendung jenes Prinzipes als Immobilien des Ehemannes seit der Erwerbung.

Dem Argument aus Art. 1421 a. a. O. ist entgegenzuhalten, daß es in gleicher Weise auf die dem Ehemanne allein gehörigen Liegenschaften anwendbar wäre, da diese von ihm zweifellos ohne Mitwirkung der Ehefrau veräußert und verpfändet werden können, trotzdem aber der neue Erwerber regelmäßig die Mitwirkung oder Einwilligung der Ehefrau verlangen wird, um sich gegen die pfandrechtlichen Ansprüche derselben zu schützen. Diese faktische Beschränkung der Verfügungsgewalt des Ehemannes ist eben in beiden Fällen eine Folge des Systemes des bürgerlichen Gesetzbuches, wonach den Ehefrauen durch das gesetzliche Unterpfandsrecht ein weitgehendes Sicherungsmittel gewährt ist.

Ob der Ehefrau an dem Gemeinschaftsvermögen ein ruhendes Miteigentum oder nur ein Eventualrecht zusteht, kann dahingestellt bleiben, denn auch, wenn das erstere anzunehmen wäre, würde aus Art. 883 a. a. O. sich ergeben, daß infolge des Verzichtes der Frau auf die Gemeinschaft das Miteigentum derselben verschwindet und der Ehemann mit rückwirkender Kraft als der ursprüngliche Erwerber und Eigentümer anzusehen ist.

Im vorliegenden Falle hat nun die Ehefrau, jetzige Witwe B., bei dem Verkaufe der fünf Liegenschaften an R. mitgewirkt und hierin liegt allerdings ein stillschweigender Verzicht der Ehefrau auf ihr gesetzliches Unterpfandsrecht. Es fragt sich aber, ob dieser Verzicht (wie der badische Zusatz 2180a bestimmt) allgemeine Gültigkeit hat oder ob seine Wirkung auf den neuen Erwerber, dessen Rechtsnachfolger und Gläubiger zu beschränken ist. Bei dem Mangel einer gesetzlichen Vorschrift kann nach französischem Civilrechte nur das letztere angenommen werden, womit auch die allgemeine Meinung übereinstimmt.

Jeder Verzicht unterliegt seiner Natur nach einer strengen Auslegung, und erscheint der Verzicht als Teil eines Vertrages, so ist seine Wirkung auf die Kontrahenten und deren Rechtsnachfolger beschränkt (Artt. 1101, 1122 Code civil). Der fragliche Verzicht erfolgt zum Zwecke des Verkaufes und zur Sicherung des Käufers, sowie seiner Rechtsnachfolger gegen die Ansprüche der Ehefrau aus ihrem Unterpfandsrechte, läßt also das Unterpfandsrecht der Ehefrau gegenüber anderen Gläubigern unberührt, weshalb sie dasselbe gegen diese im Verteilungsverfahren zum Zwecke der Purgation auf den noch ausstehenden Kaufpreis der betreffenden Liegenschaft geltend machen kann.

Vgl. Entsch. des R. G.'s in Civils. Bd. 7 Nr. 86 S. 299.*) Das gleiche Recht gebührt den in gesetzmäßiger Weise subrogierten Gläubigern oder Cessionaren der Ehefrau.

Auch in dieser Beziehung hat also das Berufungsgericht das Gesetz richtig angewendet.

IV. **Erstreckt sich das gesetzliche Pfandrecht der Ehefrau auch auf den noch ausstehenden Kaufpreis einer ehemännlichen Liegenschaft?** Diese Frage entscheidet grundlegend das U. v. 6. X. 82. (E. VII, 300).

Die Klägerin hatte sich am 2. Juli 1873 mit S. L. verehelicht, im Jahre 1881 Vermögensabsonderung erwirkt und bei der Auseinandersetzung der Gemeinschaft auf diese verzichtet. Ihre Beibringensforderung beträgt

---

*) Abgedruckt unter IV.

17 273 M. Der Ehemann hatte mit dem Beklagten J. L. in einem Gesellschaftsverhältnisse gestanden, dessen Gegenstand der An- und Verkauf von Grundstücken war. Bei der Auflösung der Gesellschaft wurden dem S. L. Kaufpreise von solchen Grundstücken zugewiesen, welche teils S. L. auf seinen Namen gekauft und allein weiter verkauft, teils J. L. gekauft und verkauft hatte, und endlich Kaufpreise, welche aus Verkäufen rückständig waren, welche die S. L.'schen Eheleute abgeschlossen hatten. J. L. erwirkte nun wegen einer Forderung an S. L. Beschlag auf diese ausstehenden Kaufpreise, die Ehefrau des letzteren erhob Klage, weil sie wegen ihres gesetzlichen Pfandrechtes den Vorrang vor J. L. beanspruchte; das Landgericht hat der Klage stattgegeben, das Oberlandesgericht dieselbe abgewiesen, und die von der Klägerin eingelegte Revision wurde zurückgewiesen.

Es handelt sich im vorliegenden Falle nicht um die Lokation von Vorzugs- und Unterpfandsgläubigern bei einer Zwangsversteigerung von Liegenschaften oder aus Anlaß eines Konkurses, auch nicht um die Verteilung des Erlöses oder Wertes aus Anlaß eines in Gemäßheit der Landrechtssätze 2181 flg. 2193 flg. eingeleiteten Verfahrens; die Revisionsklägerin spricht vielmehr ein Vorrecht auf den ausstehenden Kaufpreis von Liegenschaften an, welche teils vom Revisionsbeklagten allein, teils von diesem und ihrem Ehemanne, teils von letzterem allein unter ihrer Mitwirkung, und zwar vor Auflösung der zwischen J. L. und S. L. bestandenen Gemeinschaft aus freier Hand verkauft worden waren. Ihr Anspruch setzt daher voraus nicht nur, daß ihr an den fraglichen Grundstücken ein Pfandrecht zugestanden habe und solches auch nicht erloschen sei, sondern auch, daß dasselbe auf die ausstehenden Kaufpreise übergegangen sei und ihr an diesen einen Vorrang vor anderen Gläubigern ihres Ehemannes begründe.

Die letztere Voraussetzung trifft aber jedenfalls nicht zu; auf eine Gesetzesbestimmung, welche den Übergang des Pfandrechtes von der Liegenschaft auf den Preis ausspräche, vermag sich die Klägerin nicht zu berufen, und dies kann auch nicht aus allgemeinen Grundsätzen hergeleitet werden.

Wenn eine verpfändete Liegenschaft gerichtlich zur Veräußerung gebracht wird, so muß der Erwerber dagegen gesichert werden, daß er nach Zahlung des Kaufpreises in Gemäßheit gerichtlicher (notarieller) Verweisung keiner weiteren Verfolgung eines Vorzugs- oder Pfandgläubigers ausgesetzt sei; es muß daher bewirkt werden, daß sämtliche auf dem Kaufobjekte lastenden Vorzugs- und Unterpfandsrechte geltend gemacht und, soweit möglich, aus dem Erlöse getilgt, soweit dies aber nicht möglich, auch ohne Befriedigung gestrichen werden. Deshalb findet in diesen Fällen eine öffentliche Bekanntmachung, Zulassung sämtlicher bevorrechteter Gläubiger zur Geltendmachung ihres Anspruches auf vorzugsweise Befriedigung und zwar bis zur Zahlung des Steigpreises nach Anweisung der zuständigen Behörde statt (vgl. §§ 42 flg., insbesondere §§ 73, 74 des badischen Einführungsgesetzes zu den Justizgesetzen; französ. Gesetz vom 21. Mai 1858). Wenn bei einer freiwilligen Veräußerung der Erwerber die Befreiung des Grundstückes von den darauf ruhenden Lasten herbeiführen will, so hat er gemäß der Landrechtssätze 2186, 2195 den Preis oder den Wert anzubieten und zu bezahlen. Das Gemeinsame aller dieser Fälle ist die Befreiung der Liegenschaft von den zur Zeit der Erwerbung darauf lastenden Privilegien und Hypotheken, d. h. die wirkliche oder fiktive Zahlung der Schulden, für welche das Grundstück haftet (Landrechtssatz 2114 Abs. 1). Hat aber ein außergerichtlicher Verkauf stattgefunden und ist kein Purgationsverfahren eingeleitet worden, so besteht neben der persönlichen Haftung des Erwerbers für den Kaufpreis die Haftung der Liegenschaft für die Pfandschuld fort und wird die letztere Haftung durch Bezahlung des Kaufpreises nicht aufgehoben. Während also beim gerichtlichen Verkaufe und beim Purgationsverfahren der Preis, bei letzterem unter Umständen der geschätzte Wert der Liegenschaft, als zur Zahlung der auf derselben lastenden Schulden bestimmt erscheint, werden durch einen außergerichtlichen Verkauf ohne Purgationsverfahren diese Schulden der Liegenschaft nicht berührt, der Kaufpreis mag gezahlt oder noch rückständig sein, der Preis hat daher keinen anderen Charakter als den einer Forderung des Verkäufers an den Käufer. Forderungen können aber nicht Gegenstand von Hypotheken sein (Landrechtssatz 2118), sondern sind ein Teil des Mobilarvermögens des Verkäufers. Daß die auf dem verkauften Grundstücke lastende Hypothek auf den Kaufpreis übergegangen sei, kann auch nicht aus der angeblichen Rechtsregel: „pretium succedit in locum rei, res in locum pretii" gefolgert werden. Dieser Satz gilt im badischen Rechte nur in bestimmten, nicht auszudehnenden Fällen, und zwar entweder dahin, daß pretium in locum rei und res in locum pretii — Landrechtssatz 132 — succediere oder dahin, daß nur pretium in locum rei — Landrechtssätze 747, 766, 1433 — oder endlich dahin, daß res in locum rei — Landrechtssatz 1407 — succediere. Überdies folgt daraus, daß die Sache fortdauernd verhaftet bleibt, daß die erwähnte Rechtsregel gar nicht zur Anwendung kommen kann, da gar nicht ein Übergang des auf der Sache lastenden Rechtes auf den Kaufpreis, sondern vielmehr eine Haftung der Liegenschaft und des Preises angenommen würde. Das wäre aber keine Succession, sondern eine Kumulierung; es würde dem Pfandrechte an der Liegenschaft ein weiteres am Kaufpreise hinzugefügt.

Würde der ausstehende Kaufpreis rechtlich die veräußerte Liegenschaft darstellen, so müßte man auch annehmen, daß die gesetzlichen Verbote und Beschränkungen betreffs der Verfügungen über Immobilien (z. B. Landrechtssätze 457, 458) für denselben gelten, daß der ausstehende Kaufpreis einer Liegenschaft, den ein Ehegatte zur Zeit des Eheabschlusses zu fordern hat, nicht in die Gütergemeinschaft falle, daß der Ehemann nicht ohne Bewilligung der Ehefrau (Landrechtssatz 1428 Abs. 3) über einen von dieser eingebrachten Kaufpreis verfügen könne; diese Folgerungen können aber nicht anerkannt werden (vgl. Landrechtssätze 1433, 1450). Nach all diesem ist der Anspruch der Klägerin schon um deswillen hinfällig, weil ihr selbst dann kein Pfandrecht an den ausstehenden Kaufschillingen zustände, wenn sie auch ein solches an der veräußerten Liegenschaft hätte.

V. Über den **Umfang der Mündelhypothek** führt aus das U. v. 15. III. 89. (E. XXIII, 316):

Nach L. R. S. 2121, 2135 Ziff. 1 steht den Minderjährigen für ihre aus der Vormundschaft herrührenden Ansprüche an den Vormund ein vom Beginne der Vormundschaft datierendes gesetzliches Unterpfandrecht an dessen Liegenschaften zu. Dieses Pfandrecht ist nicht nur für diejenigen Summen gewährt, welche der Vormund wirklich eingezogen hat, sondern auch für diejenigen, welche er hätte einziehen sollen, und selbst für solche, die er im Laufe der Vormundschaft aus von dieser unabhängigen Entstehungsgründen den Mündeln persönlich schuldig geworden ist, da er auch für diese als Vormund verantwortlich geworden, sie also nicht blos als Schuldner, sondern auch als Vormund zu erstatten verbunden ist.

VI. **Das richterliche Pfandrecht** beruht, — so führt das U. v. 22. VI. 82. (P. XV, 36) aus — auf dem Urteile und nicht auf der Eintragung desselben zum Unterpfandbuche. Daraus folgt, daß das Pfandrecht hinweggefallen und der Eintrag gegenstandslos geworden ist, wenn das eingetragene Urteil durch die Aufhebung infolge eingelegter Rechtsmittel sein Dasein verloren hat.

Durch einen Vertrag kann das rechtskräftig aufgehobene, also nicht mehr bestehende Urteil nicht mehr ins Dasein gerufen und ein vertragsmäßiges Unterpfandsrecht nur durch Beobachtung der hierfür im Gesetz vorgeschriebenen Förmlichkeiten geschaffen werden. Das richterliche Pfandrecht beruht kraft gesetzlicher Vorschrift auf dem Urteil, kann also nicht, nachdem dieses aufgehoben worden ist, durch den Parteiwillen vertragsmäßig hergestellt werden.

VII. Über **vorherigen Verzicht auf das richterliche Pfandrecht** führt das U. v. 26. II. 86. (E. XV, 311) aus:

Nach Art. 2123 C. c. entsteht aus gerichtlichen Erkenntnissen eine gerichtliche Hypothek, durch welche alle gegenwärtigen und später erworbenen Liegenschaften des Schuldners betroffen werden. Diese Vorschrift beruht auf der Autorität, welche das Gesetz der richterlichen Entscheidung beilegt, sie gehört der öffentlichen Ordnung an, und eine vorherige Verabredung, nach welcher die gerichtliche Entscheidung der ihr vom Gesetze beigelegten Wirkung entkleidet werden soll, würde nach Art. 1133 wirkungslos sein. Die Verzichtleistung im Sinne des Art. 2180 N. 2 setzt eine bestehende Hypothek voraus; denn sie hat nach dem Gesetze deren Erlöschung zur Folge.

VIII. **Die Gültigkeit einer Credithypothek** — so führt grundlegend das U. v. 22. XI. 83. (R. A. 74. 3. 101) aus — kann auch nach französischem Rechte nicht bezweifelt werden. Da aber die Hypothek vermöge ihrer accessorischen Natur das Bestehen einer Prinzipalobligation voraussetzt, so kann sie für eine künftige Forderung nur dann rechtsgültig bestellt werden, wenn ein obligatorisches Band besteht, vermöge dessen derjenige, welcher sich das Pfandrecht einräumen läßt, **verpflichtet** ist,*) den Credit zu bewilligen und Gläubiger zu werden.

§ 14.
Eintragung der Privilegien und Hypotheken.

Die Erneuerung einer Hypotheken-Inskription ist, was ihren Inhalt betrifft, nicht mit derselben Strenge zu beurteilen, wie die erste Eintragung.**) U. v. 3. VII. 83. (E. X, 303).

Unbestritten handelt es sich hier um Erneuerungen von Inskriptionen, welche auf deren erste bereits im Jahre 1836 erfolgte Eintragung zurückweisen. Das Oberlandesgericht geht nun mit der Klägerin von der Rechtsansicht aus, daß eine Erneuerung die Natur einer neuen Einschreibung habe, und daher allen nach Artt. 2148, 2153 Code civil wesentlichen Erfordernissen einer solchen bei Strafe der Nichtigkeit genügen, namentlich auch die Angabe des Datums und der Natur des Titels enthalten müsse, und nimmt ferner an, daß der Mangel dieser letzteren Angabe im vorliegenden Falle auch dadurch nicht geheilt werden könne, daß die fraglichen Eintragungen sich als Erneuerungen früherer Inskriptionen bezeichneten, in welchen jene Angabe enthalten sei.

Diese Auffassung muß in Übereinstimmung mit den Ausführungen der Beklagten als rechtsirrtümlich erachtet werden. Das Gesetz, welches von der Erneuerung der Inskription in Art. 2154 a. a. O. spricht, enthält über deren Erfordernisse keine ausdrückliche Bestimmung, und geht ersichtlich davon aus, daß dieselbe, weil sie eine Erneuerung ist und sich als solche zu erkennen gibt, auf die erste Inskription als ihre Quelle und Ergänzung sich zurückbezieht. Es ist denn auch in der französischen Rechtslehre und Judikatur die herrschende Ansicht, daß eine solche Erneuerung bezüglich ihres Inhaltes nicht mit der gleichen Strenge, wie die erste Inskription zu beurteilen sei.

Demgegenüber kann auch der praktische Grund, welchen das Oberlandesgericht geltend macht, daß der Hypothekenauszug über die in den letzten zehn Jahren gegen den Schuldner genommenen Eintragungen dazu angethan sein müsse, die Gläubiger über dessen hypothekarische Belastung zu unterrichten, und denselben nicht zugemutet werden könne, die Hypothekenregister nach dem Inhalte älterer abgelaufener Eintragungen zu durchforschen, als entscheidend nicht erachtet werden, da die Gläubiger immerhin, sobald es sich um Erneuerungen handelt, wenn sie bezüglich der Gültigkeit und des Ranges des in Frage stehenden hypothekarischen Rechtes vergewissert sein wollen, auf die erste Eintragung zurückzugehen gezwungen sind.

Hiernach würde, wenn man auch, was hier nicht zu entscheiden ist, mit dem Oberlandesgerichte davon ausgehen wollte, daß der angegebene

---

*) Für die Frage, wann eine solche Verpflichtung in rechtsunwirksamer Weise von einer reinen Potestativbedingung abhängig gemacht ist, vgl. das § 21 unter I abgedruckte U. v. 1. III. 89 (R. A. 80. 3. 80).

**) Vgl. Z. D. II § 281 N. 16 S. 214.

Mangel die Richtigkeit einer ersten Eintragung nach Art. 2148 Code civil zur Folge haben müßte, grundsätzlich doch nichts entgegenstehen, im Falle es sich um die Erneuerung einer Inskription handelt, zu der Annahme der Aufrechterhaltung derselben zu gelangen. In dieser Beziehung kommt nun hier wesentlich folgendes in Betracht.

Allerdings ist in vorliegenden Erneuerungen nicht, wie es der Vorschrift des Art. 2148 Nr. 3 a. a. O. entspricht, das Datum und die Natur des Titels, auf welchem sie beruhen, speziell angegeben; es geht aber aus dem Inhalte derselben hervor, daß hier eine zuerst am 19. Januar 1836 auf die bezüglichen Grundstücke zu Gunsten des Fiskus eingetragene Rente, welche mit dem zwanzigfachen Betrage ablösbar ist, in Frage steht, und damit ist zur Genüge, ohne daß es anderweiter Ermittelungen bedurfte, ersichtlich gemacht, daß es sich um eine Überlassung fiskalischer Grundstücke gegen eine vorbehaltene Rente handelt, welche zu Anfang des Jahres 1836, wenn nicht schon früher, an den Schuldner oder dessen Rechtsvorgänger stattgefunden hat. Hiernach enthalten, abgesehen davon, daß der erste Richter die Notorietät der hier fraglichen Grundstücksverhältnisse feststellt, die in Rede stehenden Erneuerungen das zur Information der Vertreter der Klägerin über die Natur und das Alter der fiskalischen Forderung und deren dingliche Qualität Erforderliche. Daß ein Interesse an einer näheren Bezeichnung des Datums des Titels vorgelegen habe, wird nicht behauptet, die Klägerin legt überhaupt mit nichts dar, daß und wie sie durch den Inhalt der Erneuerungen über die hypothekarische Lage des Schuldners etwa in Unklarheit oder Irrtum versetzt sei, macht vielmehr lediglich eine rein formelle Nichtigkeit geltend, die nach dem Ausgeführten der Begründung entbehrt.

§ 15.

Erlöschen der Privilegien und Hypotheken.

I. **Die Löschung der Inskription bewirkt für sich allein keine Aufhebung des Pfandrechts.**

Diesen Rechtssatz mit seinen Consequenzen entwickelt das U. v. 24. VI. 84. (E. XII, 320).

Die Inskription hat den Zweck und die Bedeutung, ein durch das Gesetz begründetes Vorzugsrecht oder ein durch Gesetz, Urteil oder Vertrag entstandenes Pfandrecht zu wahren, d. h. demselben die Geltendmachung gegen dritte Erwerber (droit de suite, L. R. S. 2166) und den Vorrang gegen andere Gläubiger (droit de préférence, L. R. S. 2106, 2134) zu verschaffen und zu sichern. Derjenige, welcher das Eigentum oder ein Pfandrecht an einer Liegenschaft erwirbt, nachdem ein Vorzugs- oder Pfandrecht auf dieselbe eingetragen und damit offenkundig gemacht ist, muß davon ausgehen und kann zunächst nichts anderes erwarten, als daß dieses Recht gegen sein Eigentum verfolgt oder seinem Pfandrechte vorgehen werde. Es geschieht deshalb demjenigen, welcher sich auf eine solche nachstehende Eintragung beruft, kein Unrecht, wenn ihm gegenüber der späteren

Streichung der vorgehenden Inskription keine größere Wirkung beigelegt wird, als der Streichung selbst zukommt, d. h. wenn er deren Anfechtbarkeit gegen sich gelten lassen muß.

Die Löschung der Inskription für sich allein bewirkt keine Aufhebung des Pfandrechtes (L. R. S. 2180), sondern nur die seiner Wirksamkeit gegen dritte Personen; ist nun aber die Löschung anfechtbar, sodaß die Wiederherstellung der Eintragung des ungeachtet derselben fortbestehenden Pfandrechtes begründet erscheint, so kann jedenfalls den zwischen der früheren Inskription und deren Löschung geschehenen Eintragungen gegenüber diese Löschung nur als dasjenige, was sie in Wirklichkeit ist, nämlich als ein anfechtbarer Akt, rechtlich in Betracht kommen. Derjenige, welcher infolge der späteren Eintragung seines Rechtes von vornherein dem vor ihm Eingetragenen nachzustehen hatte, kann sich auf das durch die Streichung dieses früheren Eintrages geschaffene thatsächliche Verhältnis, daß ihm diese frühere Eintragung nicht mehr vorgeht, nicht berufen, wenn und soweit dieses thatsächliche Verhältnis durch Anfechtung beseitigt werden kann.

Diese Ausführungen ergeben sich auch aus dem Prinzipe der Publizität, deren Zweck doch nur darin besteht, daß jeder, welcher Eigentum oder Pfandrecht erwerben will, sich aus den öffentlichen Büchern über das Dasein bereits vorhandener Belastungen des Grundstückes unterrichten und sich danach vorsehen kann; diesem Zwecke widerspricht es aber nicht, wenn jemand die Richtigkeit oder Anfechtbarkeit der Löschung eines Eintrages gegen sich gelten lassen muß, welcher für ihn bereits zu der Zeit offenkundig war, als er die Eintragung seines Rechtes bewirkt hatte.

II. Das **Erlöschen der Hypotheken durch Konsolidation** behandeln die im § 29 unter I abgedruckten Entscheidungen vom 22. VI. 86. (E. XVI, 277) und 20. V. 92. (E. XXIX, 307).

Dritter Teil.

Obligationenrecht.

Erster Abschnitt.

Die Obligationen im Allgemeinen.

Erstes Kapitel.

Erfordernisse der Gültigkeit der Verträge.

§ 16.

Einwilligung.

a. Simulation.

Über die **Wirkung der Simulation gegenüber einem Dritten**, der auf Grund des nach außen ernsthaft abgeschlossenen Rechtsgeschäftes ein Recht erworben hat, führt das U. v. 1. XI. 87. (E. XX, 340) aus:

Es ist als Grundsatz anzuerkennen, wie er auch für das gemeine Recht vertreten wird, daß man sich einem Dritten gegenüber jedenfalls dann nicht auf die Simulation berufen kann, wenn dieser Dritte im Vertrauen auf die Ernstlichkeit des Willens, mit welchem die Eingehung eines Rechtsgeschäftes erklärt worden ist, gehandelt hat und nun dadurch beschädigt werden soll, daß der eine Teil der (scheinbaren) Kontrahenten die Simulation geltend macht. Für den Dritten konnte nur die Willenserklärung, wie sie vorliegt, maßgebend sein; daß dieselbe nicht ernstlich gewollt sei, ist eine ihm fremde Thatsache. Er würde mit Unrecht Schaden leiden, wenn durch diese ihn nicht berührende Thatsache ein Anspruch beseitigt werden könnte, welchen er auf Grund des nach außen vorbehaltslos erklärten Willens von einer der Parteien erworben hat, welche sich als Kontrahenten dargestellt haben; andererseits geschieht aber demjenigen kein Unrecht, wenn diesem Dritten gegenüber an der Thatsache festgehalten wird, daß er äußerlich einen Willen erklärt hat, er steht nur für die Folgen seines eigenen Handelns ein, welches einem Dritten keinen Nachteil bringen darf. Daß dieser Grundsatz auch für das rheinische bürgerl. Gesetzbuch anzuerkennen sei, ergiebt eine richtige Auslegung des Art. 1321. Dieser steht zwar im Abschnitte vom Urkundenbeweise, allein er enthält mehr als eine bloße Beweisvorschrift, sein Zweck ist, wie auch die Wissenschaft anerkennt: „de garantir d'un dommage injuste ceux-là que cet acte simulé pourrait induire en erreur."

Daher können nach der richtigen Ansicht die contre-lettres einem Dritten auch dann nicht entgegengehalten werden, wenn sie sicheres Datum haben. „Qu'importe — bemerkt Laurent, Bd. 19 Nr. 191 — que la contre-lettre acquière date certaine, il n'est pas moins vrai, qu'il existait un acte public sur la foi duquel des créanciers chirographaires avaient traité; ils auraient été trompés si l'on avait pu leur opposer une convention qu'ils devaient ignorer." Diese Grundsätze führen notwendig zu dem Schlusse, daß ein Dritter überhaupt nicht in Schaden dadurch versetzt werden dürfe, daß ihm gegenüber die Simulanten des rechtlichen Vorganges, auf Grund dessen er kontrahiert hat, behauptet wird. Hieran ändert auch § 380 C. P. O. nichts, da diese Beweisvorschrift nur in den Fällen zur Anwendung kommen kann, in welchen das materielle Recht nicht entgegensteht.

b. Verträge zu Gunsten Dritter.

I. Findet auf einen unter Herrschaft des rheinischen Rechtes abgeschlossenen **Lebensversicherungsvertrag zu Gunsten eines Dritten** Art. 1121 C. c. mit den aus demselben sich ergebenden rechtlichen Folgen, insbesondere bezüglich der **Widerruflichkeit** Anwendung?

Diese Frage*) behandelt grundlegend das U. v. 22. IV. 92. (E. XXIX, 322).

Zufolge Police vom 30. Juli 1885 hatte G. B. bei der Gesellschaft „Germania" in New-York durch Vermittelung der Generalagentur zu C. sein Leben in Höhe von 30000 M. versichert, wobei vereinbart war, daß wenn derselbe vor dem 30. Juli 1905 mit Tode abgehen sollte, die Auszahlung der Versicherungssumme an seine überlebende Ehefrau, sonst an seine anderweitigen Rechtsnachfolger in dem Hauptbüreau zu Berlin geschehen solle.

Nachdem über das Vermögen des G. B. im Jahre 1889 der Konkurs eröffnet war, widerrief der Verwalter die erwähnte, zu Gunsten der Ehefrau des G. B. getroffene Verfügung und erhob Klage gegen letztere auf Herausgabe der in ihrem Besitze befindlichen Police, erweiterte sodann, als G. B. gestorben war, den Klagantrag dahin, zu erkennen, daß er allein zur Erhebung der Versicherungssumme berechtigt sei, wogegen die Beklagte ein ausschließliches Recht auf letztere aus der Police für sich in Anspruch nahm.

Von den hervorgehobenen, im Prozesse streitigen Fragen hat das Reichsgericht gegen die Rechtsauffassung der Vorinstanz die erstere bejaht und die andere verneint aus folgenden Gründen:

Anlangend . . . die streitige Versicherungssumme, so kann auch hier die angegriffene Entscheidung, wie sie motiviert ist, nicht zu Rechte bestehen. Dieselbe beruht auf der Annahme, daß die in dem vorliegenden Versicherungsvertrage von G. B. zu Gunsten seiner Ehefrau getroffene Verfügung jederzeit widerruflich gewesen sei, daß dem Verwalter des Konkurses desselben ein gleiches Widerrufsrecht zugestanden habe, und, nachdem dieses von letzterem geltend gemacht worden, ein Anspruch der Beklagten auf die streitige Versicherungssumme nicht anerkannt werden könne.

---

*) Vgl. zu § 16b. Z. D. § 346 N. 16, 16a S. 466, 467. L. XV, 568 flg.

An die Spitze der Erörterung ist hier der keinem Bedenken unterliegende Satz zu stellen, daß ein unter der Herrschaft des rheinisch-französischen Rechtes zu Gunsten eines Dritten abgeschlossener Lebensversicherungsvertrag grundsätzlich der Regel des Art. 1121 Code civil unterliegt, und alle aus letzterem sich ergebenden Rechtssätze auf denselben Anwendung finden. Hiernach erwirbt mit dem Abschlusse eines solchen Vertrages der Dritte ein unmittelbares, persönliches Recht auf die Versicherungssumme gegenüber der Versicherungsgesellschaft. Die genannte Summe, welche nicht als ein Bestandteil des Vermögens des Versicherungsnehmers erscheint, wird mit dem Tode desselben fällig und ist von der Gesellschaft dem Dritten zu zahlen. Eines Beitrittes des letzteren zu dem Vertrage bedarf es gesetzlich nicht; hat dieser aber von der zu seinen Gunsten erfolgten Stipulation Gebrauch machen zu wollen erklärt — eine Erklärung, für welche das Gesetz keine besondere Form vorschreibt, — so ist ein Widerruf seitens des Versicherungsnehmers ferner unzulässig.

Demgegenüber hat nun das Oberlandesgericht ausgeführt, daß es gleichgültig sei, ob das preußische Allgemeine Landrecht oder das rheinisch-französische Recht als für die Beurteilung des vorliegenden Vertrages maßgebend zu erachten sei, daß nämlich nach letzterem das Rechtsverhältnis zwischen dem Versicherungsnehmer und dem Dritten sich nicht allein aus Art. 1121 Code civil bestimme, vielmehr auch hier, wie es dem Wesen und der Natur des Lebensversicherungsvertrages entspreche, nur ein grundsätzlich widerrufliches Recht des Dritten anzunehmen sei, welches namentlich durch anderweitige Verfügung des Versicherungsnehmers, z. B. Cession, Rückkauf u. s. w., außer Kraft trete. Diese letztere Ausführung erscheint aber verfehlt. Zunächst ist es, wie nicht weiter auszuführen, durchaus willkürlich, die Vorschrift des Art. 1121 Code civil teilweise anzuwenden und zugleich den demselben eigentümlichen, für das Recht des Dritten besonders bedeutenden Schlußsatz beiseite zu lassen. Was sodann für die Behauptung, daß die Widerruflichkeit eines Lebensversicherungsvertrages der vorliegenden Art sich aus dem Wesen desselben mit Notwendigkeit ergebe, angeführt wird, beruht auf einer einseitigen Betonung der Interessen des Versicherungsnehmers, wobei die Stellung des Dritten völlig unberücksichtigt bleibt; und es sind das Momente, die gegenüber der positiven Vorschrift des Art. 1121 Code civil für die richterliche Beurteilung jedenfalls nicht entscheidend sein können.

Das Oberlandesgericht hat endlich noch versucht, zur Stütze seiner Annahme in betreff der Widerruflichkeit der fraglichen Stipulation die Vorschrift des Art. 1096 Code civil heranzuziehen. Dabei ist aber übersehen, daß letzterer eine Schenkung voraussetzt, durch welche dem einen Ehegatten aus dem Vermögen des Anderen ein Vorteil zufließt, der Beschenkte mit dem von dem Schenker aus seinem Vermögen Hingegebenen bereichert wird. Faßt man nun auch die mehr besprochene Stipulation vom Gesichtspunkte einer Liberalität auf, so fehlt es doch immer an der erwähnten wesentlichen Voraussetzung. Nach dem oben

Entwickelten erwarb die Beklagte durch den vorliegenden Versicherungsvertrag ein unmittelbares persönliches Recht gegen die Gesellschaft auf die Versicherungssumme; letztere hat niemals einen Bestandteil des Vermögens v. G. B. gebildet, und mit der Zahlung derselben erhält die Beklagte nichts, was aus dem Vermögen des letzteren herausgegangen ist. Die Anwendung des Art. 1096 Code civil erscheint also hier ausgeschlossen.

II. Ist eine **Lebensversicherung zu Gunsten nicht bestimmter Personen, z. B. der Erben,** abgeschlossen, so gehört die Versicherungssumme zum Vermögen bzw. Nachlaß des Versicherungsnehmers. So entschieden durch U. v. 20. V. 84. (E. XI, 174).

Der französische Kassationshof nimmt in feststehender Rechtsprechung, welche sich insbesondere bezüglich der Lebensversicherungen zu Gunsten Dritter gebildet hat, an, daß Art. 1121 Code civil, insofern er ausnahmsweise auch der Stipulation zu Gunsten Dritter rechtliche Wirkung giebt, dabei nur Fälle im Auge habe, wo zu Gunsten bestimmter Personen stipulirt wird, also auf Fälle keine Anwendung finde, wo Personen begünstigt werden sollen, die zur Zeit unbestimmt sind oder noch nicht existieren (personnes futures ou encore incertaines). Er folgert hieraus, daß in Fällen, wo bei Lebensversicherungen bestimmte Personen, an welche nach dem Tode des Versicherten die Versicherungssumme zu zahlen sei, nicht bezeichnet seien, das Recht auf die Versicherungssumme einen Teil des Vermögens des Versicherungsnehmers und nach seinem Tode einen Teil seines Nachlasses bilde. Das Reichsgericht schließt sich besagter, insbesondere auch für das Gebiet des badischen Landrechtes als richtig anzuerkennenden Ansicht an.

III. Über die **freigebige Verfügung in Form der Stipulation zu Gunsten eines Dritten** führt das U. v. 26. VI. 83. (E. X, 279) aus:

> M. verkaufte seiner Schwester durch Akt unter Privatunterschrift ein Landgut mit der Bestimmung, daß der Kaufpreis nach Ablauf eines Jahres gezahlt, oder falls Verkäufer binnen dieser Zeit sterbe, die fünfprozentigen Zinsen seinem Bedienten Th. bis zu dessen Lebensende entrichtet werden sollten. Nachdem der Verkäufer vor Ablauf der Zahlungsfrist gestorben war, ließ Th. den Verkaufskontrakt einregistrieren und klagte gegen die Schwester und einzige Erbin des M. auf Ausstellung eines vollstreckbaren Titels und Sicherstellung der Rente. Beklagte wurde in beiden Instanzen klaggemäß verurteilt und ihre Revision zurückgewiesen.

Die in dem Kaufvertrage vom 12. Oktober 1877 von dem Verkäufer M. zu Gunsten seines Dieners Th. getroffene Verfügung stellt sich, wie die Vorinstanzen mit Recht annehmen, ihrem klaren Wortlaute nach als eine in Gemäßheit des Art. 1121 Code civil zu Gunsten eines Dritten gemachte Stipulation dar und entspricht der in der angeführten Gesetzesstelle bezeichneten Voraussetzung ihrer Gültigkeit, indem sie die Bedingung einer Stipulation bildet, welche der Verkäufer für sich selbst gemacht hat. Mit Unrecht bestreitet Revisionsklägerin die rechtliche Wirksamkeit dieser Verfügung, weil dieselbe eine freigebige Zuwendung darstelle und daher nur in der Form des Schenkungsvertrages mittels einer notariellen Urkunde errichtet werden könne (Art. 931 a. a. O.). Allerdings kann es nicht für zulässig erklärt werden, die strengen Formen des Gesetzes zu umgehen und die Absicht des Gesetzgebers dadurch zu vereiteln, daß eine Schenkung in der Form eines von den Kontrahenten nicht wirklich gewollten Vertrages, eines bloßen Scheingeschäftes eingekleidet werde.

Vgl. Entsch. d. R. G.'s in Civils. Bd. 8 Nr. 80 S. 307.

Aber das Gesetz verbietet keineswegs, die Absicht einer freigebigen Zuwendung in der Form eines lästigen, wenn nur ernstlich gemeinten Vertrages zur Ausführung zu bringen; die rechtliche Wirksamkeit solcher Verfügungen wird vielmehr vom Gesetze insbesondere für den Fall der Bestellung einer Leibrente zu Gunsten eines Dritten ausdrücklich anerkannt (Art. 1973 a. a. O.), und der angeführte Art. 1121 bietet unzweideutig das Mittel dar, eine solche den Formen der Schenkung nicht unterliegende freigebige Zuwendung zu machen.

Zwischen den in Gemäßheit des Art. 1121 a. a. O. gemachten Zuwendungen, welche übrigens nicht immer freigebige sein müssen, und den eigentlichen Schenkungen besteht aber nicht nur in betreff der Form, sondern auch der materiellen Voraussetzung ihrer Wirksamkeit ein wesentlicher Unterschied. Die Erklärung, eine Schenkung zu machen, ist ohne die Annahme des Beschenkten nichts Anderes, als ein bloßes Anerbieten und verliert jede Bedeutung, wenn der Schenkgeber vor der Annahmeerklärung stirbt, da alsdann die notwendige Voraussetzung — das Zusammentreffen des beiderseitigen Willens — unmöglich geworden ist (Art. 931, 932 a. a. O.).

Wenn aber der Stipulant gemäß Art. 1121 in einem lästigen Vertrage oder bei einer Schenkung eine Verfügung zu Gunsten eines Dritten trifft, so erlangt dieser sofort einen, wenn auch resolutiv bedingten, rechtlichen Anspruch; einer Annahme von seiner Seite bedarf es nur zu dem Zwecke, um einen bis dahin statthaften Widerruf des Stipulanten auszuschließen. Im vorliegenden Falle war die Verpflichtung, dem Kläger eine Leibrente zu bestellen, den Ankäuferinnen des Landgutes als eine Bedingung des Kaufvertrages, eine Last auferlegt; durch die Annahme derselben erwuchs daher für sie nicht nur die Verpflichtung, dem Verkäufer den Kaufpreis zu bezahlen, sondern auch eventuell dem Kläger die Leibrente zu bestellen, falls der Verkäufer nicht vor der Annahmeerklärung von dem Widerrufsrechte Gebrauch machen würde. Beklagte ist nun zwar durch den Tod des Verkäufers und ihrer Schwester die einzige Erbin des Stipulanten geworden, und es erlosch daher durch Konfusion (Art. 1300 a. a. O.) jede Verbindlichkeit, welche ihr dem Verkäufer gegenüber oblag, nicht aber auch die Verpflichtung, welche für sie dem Vertrage gemäß dem Kläger gegenüber bestand. Durch den Erbgang trat sie in alle Rechte und Pflichten des Stipulanten ein; sie konnte daher ebenso wie dieser die Verfügung zu Gunsten des Dritten bis zu dessen Annahmeerklärung jederzeit widerrufen; hat sie aber von dieser Befugnis keinen Gebrauch gemacht, so wurde sie durch die Annahmeerklärung des Dritten ebenso unwiderruflich gebunden, wie wenn diese Erklärung ihrem Erblasser gegenüber erfolgt wäre.

Nach der Feststellung des angefochtenen Urteils hat nun Kläger die Schuldurkunde in Besitz genommen und am 16. März 1878 gegen Entrichtung der gesetzlichen Gebühren eintragen lassen, hiermit aber den Willen, von der Zuwendung Gebrauch zu machen, in unzweideutiger Art zu erkennen gegeben, und ist dieser Vorgang auch zur Kenntnis der Beklagten gelangt, welche nicht behauptet, vorher die Verfügung widerrufen zu haben. Dieselbe bestreitet nun zwar die rechtliche Wirksamkeit der bezeichneten Willensäußerung, weil sie keine Annahmeerklärung im Sinne von Art. 932 Code civil darstelle, und jedenfalls ohne den Austausch der Erklärung über den beiderseitigen Willen ein rechtliches Band zwischen den Parteien nach der allgemeinen Vorschrift des Art. 1108 a. a. O. nicht habe zustande kommen können. Diese Ausführung findet jedoch ihre Widerlegung in der bereits erörterten Bedeutung des Art. 1121 a. a. O. Das rechtliche Band zwischen den Parteien wurde schon durch die Perfektion des Vertrages mit M. geknüpft; dasselbe bedurfte zu seiner Wirksamkeit nicht der nur für die eigentliche Schenkung erforderlichen ausdrücklichen Annahme; es wurde unwiderruflich in dem Augenblicke, als der Bedachte seinen Willen erklärt hatte, von der Stipulation Gebrauch machen zu wollen (de vouloir en profiter), und dieser Willensausdruck zur Kenntnis der Beklagten gelangt war. Nach der thatsächlichen, für die Revisionsinstanz maßgebenden Feststellung ist diesem Erfordernisse vor der Widerrufserklärung genügt.

§ 17.

Gegenstand der Verträge.

Den Umfang des Verbotes, über die Erbschaft eines Lebenden Verträge zu schließen, behandelt das U. v. 30. IV. 86. (E. XV, 325):*)

Durch Ehevertrag vom 1. Februar 1849 wendete Sp. seiner Braut (Klägerin) sein ganzes Vermögen, soweit er darüber verfügen dürfe, auf den Todesfall zu. Am 21. Januar 1856 wurde auf Klage der Frau die Ehe geschieden. Sp. starb im Jahre 1884 und setzte Seitenverwandte zu Erben ein. Gegen diese Testamentserben erhob die geschiedene Ehefrau Klage, indem sie Herausgabe des ganzen Nachlasses verlangte. Die Beklagten wendeten ein, daß die Klägerin durch notarielle Akte vom 11. Mai 1855 und 30. Januar 1856 auf die Erbeinsetzung im Ehevertrage verzichtet habe. Dieser Einwand wurde aber von den Vorinstanzen verworfen und die eingelegte Revision zurückgewiesen.

In drei verschiedenen Bestimmungen — Art. 791, 1130, 1600 — hat der Code civil das Verbot, über die Erbschaft eines Lebenden Verträge zu schließen, namentlich auf dieselbe zu verzichten, ausgesprochen. Der Code civil geht hierbei noch über das römische Recht — l. 30 Cod. 2, 3 — hinaus, indem er den Abschluß derartiger Verträge auch mit

*) Übereinstimmend Z. D. II § 345 S. 462 L. XV, 225; XVI, 103 flg.

Zustimmung des Erblassers nicht gestattet. Abgesehen nun von Motiven, die in zweiter Linie stehen, — z. B. der Schutz weiblicher Erbberechtigten (Locré, Bd. 10 S. 255), die Aufrechterhaltung der gesetzlichen Gleichheit bei Erbteilungen (Locré, a. a. O. S. 299) — ist übereinstimmend mit der römischen Auffassung, daß es schändlich sei, sollicitum esse de vivi hereditate, die wesentliche und für die Beurteilung des Charakters und der Tragweite dieses Verbotes maßgebende ratio des Gesetzes, daß solche Verträge, den guten Sitten und der öffentlichen Ehrbarkeit — honnêteté publique — zuwiderlaufen.

Dieses vom Gesetzgeber ganz allgemein ausgesprochene und wiederholt betonte Verbot findet nun, wie das Oberlandesgericht mit Recht annimmt, bei den verschiedenen Arten der Erbfolge, mögen sie auf Gesetz, Testament oder Vertrag beruhen, in gleicher Weise Anwendung, und namentlich trifft, wie der Wortlaut der Artt. 791, 1130 a. a. O. so auch die ratio derselben bei der durch Vertrag begründeten Anwartschaft auf eine Erbschaft zu. Durch den Umstand, daß letztere — die institution contractuelle — eine nur im Heiratskontrakte zulässige Ausnahme bildet, wird jenes Verbot ersichtlich nicht berührt. Solche Vertragserbeinsetzungen stehen, so lange die Ehe dauert, zugleich unter dem Schutze des Art. 1395 Code civil; ist aber die Ehe durch eine Scheidung aus bestimmter Ursache aufgelöst, so bleibt auch ferner, was die dem unschuldigen Teile gemachten Zuwendungen auf den Todesfall betrifft (Art. 300 a. a. O.), das Verbot der genannten Gesetzesbestimmungen wirksam.

Wenn nun demgegenüber von den Beklagten geltend gemacht wird, daß der angeführte Grund des gesetzliches Verbotes auf den vorliegenden Fall, wo es sich um das Verhältnis zwischen geschiedenen Ehegatten handle, nicht passe, so ist das nach dem Vorstehenden als begründet nicht anzuerkennen, und ebenso kann es auch auf die Frage, ob nicht, wenn es sich de lege ferenda handle, Fälle der vorliegenden Art von dem Verbote auszunehmen sein möchten, ersichtlich hier nicht ankommen.

Der Code civil, welcher den gegenwärtigen Fall beherrscht, hat, wie hervorgehoben, das in Rede stehende Verbot ganz allgemein und wiederholt ausgesprochen; er läßt eine Ausnahme davon nach keiner Richtung zu und bietet auch für eine einschränkende Auslegung desselben nirgends einen Anhalt. Daß namentlich in der Vorschrift des Art. 279 Code civil, welcher dem Gebiete der ganz exzeptionell gestalteten Ehescheidung mit wechselseitiger Einwilligung angehört, ein solcher Anhalt nicht gefunden werden kann, hat das Berufungsurteil zutreffend ausgeführt.

Daß aber Verträge und Verzichtleistungen, welche dem gesetzlichen Verbote zuwiderlaufen, jeder rechtlichen Wirkung entbehren, bedarf keiner Ausführung.

Nach alle diesem beruht die angegriffene Entscheidung, durch welche die Ungültigkeit des in Frage stehenden Verzichtes der Klägerin ausgesprochen und sie für die Alleineigentümerin des streitigen Nachlasses erklärt worden ist, auf einer richtigen Auffassung des Gesetzes.

§ 18.

Rechtsgrund der Verträge.

Die Gebühr des Ehemaklers ist nicht klagbar, sofern sie für den Fall zugesagt ist, daß überhaupt ein Eheabschluß zustande komme. U. v. 7. I. 90. (E. XXV, 340).

Das angefochtene Urteil spricht dem für Vermittelung einer Ehe versprochenen Makellohn die Klagbarkeit nicht grundsätzlich ab, sondern nur für den Fall, wenn der Lohn nicht für die Bemühungen um das Zustandekommen einer Ehe mit einer bestimmten Person, sondern für den Erfolg, daß eine Ehe vermittelt werde, zugesagt ist. Es wird dabei das entscheidende Gewicht für die Anwendbarkeit der Artt. 1131, 1133 des bürgl. Gesetzbuches auf die Gefahr gelegt, daß ein derartiger Vertrag zur Anwendung von Mitteln verleite, welche die für die Eheschließung besonders wichtige, auf vollständiger Kenntniß und Würdigung aller persönlichen Verhältnisse beruhende Einwilligung beeinträchtigen, und daß die auf diesem Wege zustande gebrachte Ehe deren sittlicher Bedeutung und Würde, sowie auch den Neigungen und Charakteren der Eheschließenden nicht entsprechen könne.

In dieser mit der auf den Gebieten des rheinisch-französischen Rechtes vorherrschenden Theorie und Rechtsprechung übereinstimmenden Auffassung kann eine Verletzung der Artt. 1131, 1133 des bürgerl. Gesetzbuches nicht gefunden, es muß vielmehr die Gefährdung der Ehe in den angegebenen Richtungen in Rücksicht auf deren sittliche und soziale Bedeutung umsomehr als ein ausreichender Grund dafür angesehen werden, einem solchen Vertrage die Klagbarkeit zu entziehen, als sogar die Gefährdung von bloß vermögensrechtlichen Interessen vom Gesetze für einen genügenden Grund der Nichtigkeit oder Anfechtbarkeit gewisser Rechtsgeschäfte erachtet wird. (Vgl. u. a. die Artt. 450 Abs. 3 jct. 1596, 472, 907, 909, 1395, 1445, 1595 des bürgerl. Gesetzbuches.)

Daß die Reichsgewerbeordnung (Fassung vom 1. Juli 1883 § 35) die gewerbsmäßigen Vermittelungsagenten für Heiraten erwähnt und unter besondere Aufsicht stellt, ist bezüglich der Klagbarkeit der Ansprüche dieser Personen ohne Bedeutung, diese vielmehr nach dem betreffenden Landgesetze zu beurteilen.

Zweites Kapitel.

Wirkungen der Verbindlichkeiten.

§ 19.

Schadensersatz.

I. Die, dem römischen Rechte entnommene Bestimmung des Landrechtsatzes 1142 schließt, — wie schon die (seit 1. Oktober 1879 aufgehobenen) Landrechtssätze 1143, 1144 ergeben, — keineswegs die Klage auf das Thun oder auf die Unterlassung, bezw. Beseitigung des gegen

Verbot Errichteten aus, und nötigt den Gläubiger nicht, ausschließlich auf Schadensersatz zu klagen*). U. v. 27. IV. 80 (E. I, 412).

II. Die Verpflichtung zur Entschädigung wegen Nichterfüllung einer vertragsmäßigen Verbindlichkeit setzt nicht „ein Verschulden" des Verpflichteten voraus, sondern es genügt an sich die objektive Nichterfüllung. Sie fällt nur weg, wenn, was der Verpflichtete darzulegen hat, die Nichterfüllung von einer fremden, ihm nicht beizumessenden Ursache herrührt. U. v. 13. IV. 87 (E. XVII, 320).

III. Über **Entschädigung für moralischen Schaden** führt das U. v. 27. VI. 82 (E. VII, 295) aus:

Rechtsirrtümlich erscheinen die Erwägungen, welche sich auf die Schadensfestsetzungen beziehen, insofern das Oberlandesgericht auch den moralischen Schaden, der in dem Verluste eines einzigen Sohnes bestehe, als maßgebend in Betracht zieht.

Richtig ist, daß sich in Doktrin und Praxis die Ansicht vertreten findet, es sei unter dem „Schaden", der nach Artt. 1382, 1383 Code civil im Falle einer widerrechtlichen Handlung zu ersetzen ist, auch der s. g. moralische Schade (dommage moral), d. h. der Schade, der bloß in Verletzung von Gefühlen (Kränkung des Ehrgefühles, Erregung körperlicher oder psychischer Schmerzen) besteht, zu verstehen; allein diese Ansicht kann als dem Willen des Gesetzes entsprechend nicht erachtet werden.

Es besteht kein Grund, anzunehmen, daß das Gesetz in den bezeichneten Bestimmungen unter „dommage" etwas anderes verstanden habe, als in Artt. 1246 flg., das heißt: Die Verletzung von Vermögensinteressen, denjenigen materiellen Schaden, der fähig ist, in Geld angeschlagen und durch Geld ersetzt zu werden.

Ohne Zweifel können auch Ehrenkränkungen, Verleumdungen u. dgl. einen materiellen Schaden zur Folge haben, den der Richter berücksichtigen muß, ohne daß die Schwierigkeit der Schätzung ein Hindernis bilden könnte; allein der Zuspruch einer Geldsumme bloß mit Rücksicht darauf, daß Schmerzen verursacht, das Ehrgefühl gekränkt worden ist, würde sich nicht als die vom Gesetze gewollte Entschädigung darstellen, sondern als eine reine Privatstrafe, die beim Mangel einer bezüglichen Gesetzesbestimmung als statthaft nicht erachtet werden kann.

§ 20.

Zinsen.

Über das **Verbot des Anatozismus** handelt grundlegend das U. v. 9. XII. 81 (E. VI, 326).**)

In einem Privatakte vom 11. Mai 1866 erklärte S., Gutsbesitzer zu O., daß er zufolge Abrechnung vom 1. Mai 1857 dem Sch., bezw. dessen

*) Übereinstimmend L. XVI, 197 flg.

**) Übereinstimmend Z. D. II § 308 N. 33 S. 335. L. XVI, 346.

Ehefrau aus einem Kelleranschlage, Ackerpacht und Darlehn, sowie den vertragsmäßig hinzugekommenen Zinsen die Summe von 2794 fl. 17 kr. schuldig geworden sei, und, da es ihm nicht möglich gewesen, Zahlungen zu leisten, mit den Eheleuten Sch. das Übereinkommen getroffen habe, daß dieser Betrag wieder Zinsen tragen solle, und alljährlich die Zinsen ohne weiteres zum Kapital geschlagen und selbst wieder verzinst werden sollten; daß er hiernach nunmehr seinen genannten Gläubigern, denen alle ihnen seither zustehenden Rechte vorbehalten blieben, zufolge geschehener Berechnung die Summe von 4334 fl. 49 kr. mit weiteren Zinsen vom 1. Mai 1866 an zu verschulden bekenne.

Zugleich stellte sich in dem genannten Akte J. S., Landwirt zu S., als für die anerkannte Forderung nebst Zubehör mit dem Hauptschuldner samt verbindlich und als Selbstzahler dar.

Der von dem Gläubiger gegen letzteren erhobenen Klage, welche Zahlung eines Betrages von 12762,22 M. nebst weiteren Zinsen vom 1. Mai 1879 forderte, setzte der Beklagte die Einrede der fünfjährigen Zinsenverjährung entgegen, und machte geltend, daß letztere durch die Übereinkunft vom 11. Mai 1866 nicht ausgeschlossen werde.

Dieser Verteidigung des Beklagten gemäß wurde, in Übereinstimmung mit dem ersten Richter, gegen die Annahme des Oberlandesgerichtes vom Reichsgerichte erkannt aus folgenden Gründen:

Das Oberlandesgericht führt aus, daß die Stipulation in dem Vertrage vom 11. Mai 1866, wonach die Zinsen der anerkannten Schuldsumme alljährlich berechnet, aber ohne weiteres zum Kapitale geschlagen, wieder Zinsen tragen sollten, die Wirkung habe, daß die Zinsen zu Kapital würden, die Fälligkeit desselben teilten und der Verjährung des Art. 2277 Code civil entzogen seien; das Oberlandesgericht nimmt ferner an, daß eine solche Stipulation schon nach Art. 1154 Code civil ausdrücklich erlaubt sei, gegenwärtig aber, nachdem letzterer durch das die Zinsbeschränkungen beseitigende Reichsgesetz aufrecht erhalten worden, nicht weniger als rechtlich zulässig angesehen werden müsse. Dieser Annahme kann indeß nicht beigepflichtet werden, und ist vielmehr eine Vertragsbestimmung der hier vorliegenden Art mit der Vorschrift des Art. 1154 a. a. O. als unvereinbar zu erachten.

Hierfür spricht zunächst die Entstehungsgeschichte desselben. Wie im römischen Rechte, so war auch im alten französischen Rechte der Anatozismus, mochte es sich um bereits verfallene oder künftige Zinsen handeln, grundsätzlich verboten. In Übereinstimmung hiermit sprach denn auch das Projekt des Art. 51 Code civil in dessen erstem Absatze aus: „il n'est point dû d'intérêts-d'intérêts". und es enthielten sodann die Abs. 2 und 3 eine im wesentlichen dem Art. 1155 Code civil entsprechende Bestimmung. Bei der Beratung im Staatsrate wurde demnächst die Frage erörtert, ob nicht verfallene Zinsen (intérêts échus „liquidés") durch eine Klage oder neue Übereinkunft wieder sollten Zinsen tragen können, und diese Frage ist mit der Beschränkung, daß es sich dabei um verfallene

Zinsen von wenigstens einem Jahre handeln müsse, bejaht. In diesem Sinne ist dann der Art. 1154 redigiert und Gesetz geworden.

Für die Zulässigkeit einer Vertragsklausel, durch welche im voraus bestimmt wird, daß künftig verfallende Zinsen zum Kapital geschlagen werden und wieder Zinsen tragen sollten, ist in jener legislatorischen Beratung keinerlei Anhaltspunkt zu finden. Der Art. 1154 a. a. O. hat hiernach die Bedeutung, daß er das seit den ältesten Zeiten bestehende und von ihm nicht grundsätzlich aufgehobene Verbot des Anatozismus insoweit beschränkt, daß es gestattet ist, Zinsen, die wenigstens von einem Jahre rückständig sind, im Wege der Klage oder der vertraglichen Übereinkunft Zinsen tragend zu machen.

Damit stimmt denn auch der Wortlaut des Gesetzes völlig überein.

Der Art. 1154 spricht von „intérêts échus“ — im Gegensatze zu intérêts à échoir —, d. h. von Zinsen, die verfallen sind, wenn der Rechtsakt, der sie zinstragend macht, eintritt; als solche Rechtsakte stellt derselbe Klage und Vertrag in gleicher Linie nebeneinander, und geht, wie sich das klar aus der Fassung des Art. 1155 ergiebt, von dem Gedanken aus, daß die Zinseszinsen vom Tage der Klage oder der Übereinkunft laufen, sodaß es keinem irgend begründeten Zweifel unterliegen kann, daß das Gesetz lediglich einen der Fälligkeit nachfolgenden Vertrag im Auge hat.

Zu dieser Annahme führt dann weiter auch die ratio legis, welche in dem Satze: „ne debitor usuris obruatur“ ihren Ausdruck findet. Auf dieser ratio, welche den Schuldner gegen das durch die Anhäufung der Zinsen bewirkte übermäßige Anwachsen der Schuld schützen will, beruht zunächst die fünfjährige Verjährung des Art. 2277 a. a. O., und greift dieselbe ganz besonders, da durch das Berechnen von Zinseszinsen jenes Anwachsen in gesteigerter Progression eintritt, bei der Frage des Anatozismus Platz. Den ruinösen Folgen desselben ist aber, wie erhellt, ein Schuldner, der sich einer Stipulation der hier fraglichen Art unterworfen und damit auf Tilgung der einzelnen Zinsbeträge und Anrufung des Art. 2277 verzichtet hat, im vollsten Maße preisgegeben, während sich die Lage des Schuldners, dem das Gesetz zu Hilfe kommen will, wesentlich günstiger gestaltet, wenn man den Art. 1154 a. a. O. in dem vorstehend entwickelten Sinne auffaßt. Ein lehrreiches praktisches Beispiel liefert in dieser Beziehung der gegenwärtige Fall selbst, wo die Schuld, von der es sich handelt, am 1. Mai 1857 „2794“ Gulden betrug und mit Berechnung von Zinseszinsen bis zum 1. Mai 1879 auf den Betrag von „12762 Mark“ angewachsen ist. Das Oberlandesgericht sucht nun zwar auszuführen, daß dem wiederholt bestätigten Vertragswillen der Parteien gegenüber jene ratio die Gültigkeit der fraglichen Stipulation nicht ausschließen könne, übersieht aber dabei, daß letztere gegen eine auf Gründen der öffentlichen Wohlfahrt beruhende Gesetzesvorschrift verstößt.

Das Oberlandesgericht hat nun seine entgegengesetzte Annahme, daß die Vertragsbestimmung, welche hier in Frage steht, nach Art. 1154 ge=

stattet sei, nicht näher motiviert, kann sich aber darauf berufen, daß es sich mit einem Teile der Rechtslehrer, sowie der herrschenden Praxis der Gerichte in Frankreich in Übereinstimmung befindet.

Die Gründe aber, welche zur Unterstützung dieser Ansicht angeführt worden: daß es nach Art. 1130 Code civil gestattet sei, über künftige Gegenstände zu kontrahieren, daß der Art. 1154 nur den Zweck habe, das Zinsennehmen von Zinsen, die von weniger als einem Jahre rückständig seien, auszuschließen, eine Stipulation der vorliegenden Art auch überhaupt nicht gegen denselben verstoße, da es sich dabei auch um Zinsen von verfallenen Zinsen handle; — daß es dem Vertragswillen der Parteien anheimgegeben sein müsse, im einzelnen Falle die Zinsen zum Kapitale zu schlagen, unter welcher Voraussetzung denn nur von der dreißigjährigen Verjährung die Rede sein könne, — vermögen dem ausgeführten gegenüber nicht als überzeugend zu gelten. Auch der Hinweisung darauf, daß nach dem Rechte des Code civil (Art. 1907) die Höhe der vertragsmäßigen Zinsen gesetzlich nicht beschränkt gewesen, ist eine Bedeutung schon um deswillen nicht beizulegen, weil die legislatorischen Gründe, welche die Freigebung des vertragsmäßigen Zinsfußes rechtfertigen, nicht zugleich auch mit Notwendigkeit die unbeschränkte Zulassung des Anatozismus bedingen. Die meisten neueren französischen Schriftsteller vgl. u. a. Laurent, Bd. 16 Nr. 338 flg., Zachariä-Puchelt, Bd. 2 S. 318 Nr. 38, sprechen sich gegen die Zulässigkeit einer Vertragsbestimmung, wie sie hier in Frage steht, aus — und in diesem Sinne wird auch von den rheinpreußischen Gerichten erkannt.

Vgl. Rheinisches Archiv Bd. 55 II. S. 91 und Bd. 63 I. S. 198.

Was endlich das Bundesgesetz vom 14. November 1867 angeht, welches späteren Datums, als der hier fragliche Vertrag vom 11. Mai 1866 ist, so überläßt dasselbe die Höhe der vertragsmäßigen Zinsen der freien Vereinbarung; es bleiben aber (§ 4) in betreff der Zinseszinsen die bestehenden privatrechtlichen Bestimmungen unverändert. Aus diesem Gesetze ist also für die Auffassung des Oberlandesgerichtes irgend eine Unterstützung nicht herzuleiten.

Nach all diesem erscheint die in Frage stehende Vertragsbestimmung rechtlich unwirksam. Wesentlich verschiedener Art würde allerdings eine Klausel sein, die einfach dahin lautete, daß, wenn der Schuldner an dem festgesetzten Tage die Zinsen nicht pünktlich entrichte, er kraft des Vertrages im Verzuge sich befinden und Zinsen derselben zu zahlen verpflichtet sein solle; die rechtliche Bedeutung einer solchen Klausel ist aber hier nicht zu erörtern.

Drittes Kapitel.

Arten der Verbindlichkeiten.

§ 21.

Bedingte — unbedingte Verbindlichkeiten. Insb. die Auflösungsklage.

I. Über **die Potestativbedingung** wird anläßlich der Frage nach der Gültigkeit einer Warenkredithypothek in dem U. v. 1. III. 89 (R. A. 80. 3. 80.) ausgeführt:

Nach röm. Rechte war eine lediglich auf das Wollen des zu Verpflichtenden gestellte Obligation unwirksam, während eine solche gültig von einer im Belieben desselben stehenden Handlung abhängig gemacht werden konnte. Diese im Wesen der Obligation begründete Unterscheidung gilt auch im französischen Rechte, und der Art. 1174 C. c., welcher damit nicht im Einklange zu stehen scheint, entbehrt, wie sich aus seiner bei Laurent Bd. 27 Nr. 55 flg. näher angeführten Entstehungsgeschichte ergiebt, der korrekten Fassung. Der entsprechende Artikel des Entwurfes lautete in dem betreffenden Satze dahin: „lorsquelle a été contractée sous une condition purement potestative de la part de celui qui s'oblige." Die Tribunats-Sektion erhob ein Bedenken gegen den Ausdruck „purement potestative" und schlug vor, statt dessen „uniquement potestative" zu setzen. Bei der schließlichen Redaction ist dann das eine und andere Zusatzwort weggeblieben, ohne daß irgend ersichtlich, daß damit dem Artikel eine von seiner ursprünglichen Fassung abweichende Bedeutung gegeben werden sollte. Hiernach ist der Art. 1174 cit. in Übereinstimmung mit dem römischen Rechte und seine Quelle — Pothier Oblig. Nr. 205 — von einer auf das reine Wollen gestellten Bedingung zu verstehen.*)

II. **Bewirkt nur die unredliche Vereitelung der Erfüllung einer Bedingung den Eintritt der Rechtsfolge des Art. 1178 C. c.?****) Diese Frage ist in grundlegender Weise verneint in dem U. v. 5. VI. 83 (E. X. 296).

Zufolge brieflicher Vereinbarung vom Mai 1879 hatte W. es übernommen, in einem von der Weimar'schen Bank gegen die Wechsler- und Kommissionsbank zu C. auf Zahlung einer Summe von 108 352 M. zu Berlin angestellten Prozesse die Schriften in sämtlichen Instanzen für die Beklagte anzufertigen und mit den von derselben in Berlin bezw. Leipzig zu bestellenden Anwälten zu korrespondieren. Für diese Bemühungen übersandte ihm die Beklagte ein vorläufiges Honorar von 1000 M., und erklärte sich in ihrem Schreiben vom 25. Mai verpflichtet, ihm als ferneres Honorar nach endgültiger Abweisung der Weimar'schen Bank noch 3000 M. zu zahlen. Wenn jedoch — so heißt es in Abs. 3 des Schreibens weiter — die Klage mit Verurteilung der Kommissionsbank endigen, oder wegen Inkompetenz der Gerichte — ohne endgültige Entscheidung über die erhobenen Ansprüche —

*) Übereinstimmend Z. D. II. § 302 N. 9. S. 311.
**) Vgl. Z. D. II. § 302 N. 16a, S. 313.

abgewiesen werden würde, so solle W. mit der empfangenen Summe von 1000 M. vollständig befriedigt sein.

Nachdem in dem Prozesse in erster Instanz ein Beweisbeschluß erlassen worden und eine Zeugenvernehmung stattgefunden hatte, kam zwischen den Parteien ein Vergleich zustande, womit der Rechtsstreit erledigt war.

W. erhob nun gegen seine Mandanten Klage auf Zahlung von 3000 M., zu deren Begründung er sich auf das angeführte Sachverhältnis und die Vorschriften der Artt. 1134, 1178 Code civil stützte.

Von den Vorinstanzen ist die Klage abgewiesen, und die gegen die oberlandesgerichtliche Entscheidung eingelegte Revision zurückgewiesen.

Das Oberlandesgericht nimmt thatsächlich an, daß die Parteien bei ihrer Vereinbarung für alle vorausgesetzten Fälle die Honorarfrage endgültig feststellen wollten, an den Fall der vergleichsweisen Prozeßbeendigung aber nicht gedacht haben, über denselben also nichts vereinbart worden ist. Steht das aber fest, — liegt der eingetretene Fall des Vergleiches außerhalb der Vereinbarung, und wird von derselben nicht berührt, so kann der Kläger aus der letzteren weder unmittelbar noch mittelbar eine Begründung seines Anspruches herleiten, und ist namentlich auch durch die Feststellung des Oberlandesgerichtes der Anwendung des Art. 1178 Code civil auf den vorliegenden Fall der Boden entzogen. Die genannte Gesetzesvorschrift beruht auf dem legislatorischen Gedanken, daß der bedingt Verpflichtete, welcher schon während schwebender Bedingung gebunden ist, wenn er, einseitig in die Entwickelung des Obligationsverhältnisses eingreifend, die Erfüllung derselben hindert, seiner vertraglichen Pflicht zuwiderhandelt, und das Gesetz hat die Folgen dieser Zuwiderhandlung positiv dahin fixiert, daß derselbe — mag man es nun vom Gesichtspunkte des Schadensersatzes oder als eine Art von Strafe betrachten — dasjenige zu leisten hat, was ihm für den Fall des Eintrittes der Bedingung zu leisten obläge.

Was nun die Voraussetzung des Art. 1178 a. a. O. betrifft, so geht das Oberlandesgericht davon aus, daß diese positive Vorschrift nur gegen die unredliche Vereitelung der Bedingung gerichtet und keineswegs auf jede Thätigkeit zu beziehen sei, durch welche der an der Vereitelung Interessierte der Erfüllung der Bedingung irgend ein Hindernis entgegenstelle, namentlich aber auch dann nicht anwendbar erscheine, wenn derselbe durch die hindernde Handlung lediglich sein Recht ausübe. Die bezügliche Ausführung macht nun nicht klar ersichtlich, was das Oberlandesgericht unter einer „unredlichen" Vereitelung versteht, ob lediglich ein doloses, auf die Benachteiligung des Mitkontrahenten gerichtetes Verhalten, oder ob es seiner Ansicht nach zur Anwendung des Art. 1178 a. a. O. genügt, daß der bedingt Verpflichtete durch ein Handeln, welches dem bestehenden Vertrage zuwiderläuft, die Erfüllung der Bedingung hindert.

Über die Beantwortung dieser Frage besteht in der französischen Jurisprudenz keine Übereinstimmung.

Da nun der Wortlaut, sowie der Grund der bezogenen Gesetzesvorschrift nicht dazu nötigen, dieselbe auf den Fall der dolos herbeigeführten

Vereitelung der Bedingung zu beschränken, vielmehr für eine weitergehende Auffassung sprechen, so ist mit dem Revisionskläger anzunehmen, daß jedes Handeln des bedingt Verpflichteten, durch welches in einer dem Sinne des Vertrages zuwiderlaufenden Weise die Erfüllung der Bedingung gehindert wird, die Anwendung des Art. 1178 a. a. O. begründet.

Das Oberlandesgericht hat nun aber, wie oben näher angeführt ist, die in Rede stehende Vereinbarung dahin ausgelegt, daß durch dieselbe, welche für die vorausgesetzten Fälle die Honorarfrage habe endgültig feststellen wollen, der eingetretene Fall der vergleichsweisen Prozeßbeendigung nicht berührt werde, und daraus folgt dann von selbst, daß der Abschluß des Vergleiches als eine Zuwiderhandlung gegen die Vereinbarung und eine Verletzung der Vertragstreue, wie dies der Revisionskläger geltend macht, nicht angesehen werden kann. Die Ausführungen des letzteren, welche die mehrgenannte Vereinbarung in dem Sinne auffassen, daß die Honorarfrage unbedingt durch das Ergebnis des Prozesses habe entschieden werden sollen, die Revisionsbeklagte daher nicht berechtigt gewesen sei, durch einen Vergleich, bezüglich dessen ein Vorbehalt nicht gemacht worden, dem Revisionskläger die Möglichkeit zu entziehen, bei einem günstigen Ausgange des Prozesses das Maximalhonorar zu erlangen rc., scheitern an der thatsächlichen Feststellung des Oberlandesgerichtes, welches noch hervorhebt, daß die Revisionsbeklagte dem Revisionskläger die volle Disposition über den Prozeß mit der Weimar'schen Bank nicht übertragen und, als sie den Vergleich abschloß, sich in Ausübung ihres Rechtes befunden habe, sodaß von der Verwirkung des in Art. 1178 a. a. O. auf die unbefugte Verhinderung der Bedingung angedrohten Rechtsnachteiles keine Rede sein kann.

III. **Im Rechtswege kann die Auflösung eines Vertrages wegen Nichterfüllung nur durch Klage und Widerklage herbeigeführt werden.** U. v. 12. XI. 86 (E. XVII, 306).

Die stillschweigende auflösende Bedingung, von welcher L. R. S. 1184 handelt, hat nicht die Wirkung, den doppelseitigen Vertrag kraft Gesetzes aufzuheben, es wird vielmehr dem nicht säumigen Vertragsteile nur das Recht verliehen, die Auflösung durch Richterspruch herbeizuführen, wie dies der zweite und dritte Absatz, von welchen der letztere die Worte des Urtextes: „la résolution doit être demandée en justice" wiedergiebt, unzweideutig besagen. Es ist dies eine dem französischen Gesetzbuche eigentümliche, dem Gewohnheitsrechte entnommene Vorschrift, deren Bedeutung gerade darin besteht, daß die Auflösung des Vertrages wegen Nichterfüllung seitens des anderen Kontrahenten nur durch ein solche aussprechendes Urteil herbeigeführt werden könne und erst durch das Urteil bewirkt werde. Darin sind Doktrin und Jurisprudenz übereinstimmend und Meinungsverschiedenheit besteht nur darüber, ob nicht auch bei einem sogenannten pacte commissoire richterlicher Ausspruch erforderlich sei.

Mit diesem Prinzipe des L. R. S. 1184 steht aber die Annahme im Widerspruch, daß die Abweisung der Klage auf Erfüllung die

Entscheidung über die Widerklage auf Vertragsauflösung entbehrlich mache, daß also auch im Wege der Einrede diese Auflösung herbeigeführt, oder daß eine Folge der Auflösung, nämlich die Entbindung des Beklagten von der Leistungspflicht, auch ausgesprochen werden könne, ohne daß der Vertrag ausdrücklich durch Urteil für aufgelöst erklärt wird. Es wird dabei der bestimmt ausgesprochene Wille des Gesetzgebers verkannt, daß die Auflösung erst durch ein dieselbe aussprechendes Urteil bewirkt wird, und, wenn sie auch nach den Urteilsgründen mit der Formel der Abweisung der Klage ausgesprochen werden wollte, so wird dadurch (§ 293 C. P. O.) doch keine Rechtskraft dahin bewirkt, daß der Vertrag für aufgelöst erklärt sei. Durch ein solches Urteil würde vielmehr nur der zu bedenklichen Konsequenzen führende Rechtszustand geschaffen, daß einerseits der eine Kontrahent nicht mehr zu leisten hat, andererseits aber der Vertrag dennoch zu Recht besteht und daher sowohl unter den Parteien als auch in bezug auf dritte Personen Wirkung haben kann. Es ist dies ein wesentlich anderer Fall als der, wenn auf Grund der Einrede des nicht erfüllten Vertrages dem Beklagten das Recht zuerkannt wird, die Leistung bis zur erfolgten Gegenleistung zurück zu behalten. Das Berufungsurteil verletzt also den L. R. S. 1184, indem es der Annahme des Landgerichtes, daß in der Abweisung der Klage die Entscheidung über die Widerklage inbegriffen sei, sich anschließend ausspricht, daß, weil sämmtliche die Widerklage auf Vertragsauflösung gemäß L. R. S. 1184 begründeten Thatsachen als erwiesen zu erachten seien, der Antrag auf unbedingte Klageabweisung gerechtfertigt sei.

IV. **Auch durch Übereinkunft der Vertragsparteien kann mit Rückwirkung die Auflösung eines Vertrages wegen Nichterfüllung bewirkt werden.***) U. v. 16. V. 90. (E. XXVI, 358.)

Das Oberlandesgericht hatte angenommen, daß eine Vereinbarung zwischen dem Käufer und dem Verkäufer von Mobilien, in welcher der erstere anerkennt, den Kaufpreis nicht bezahlt zu haben, und deshalb einwilligt, daß von Klageerhebung auf Grund des Art. 1184 des bürgerlichen Gesetzbuches abgesehen und der Vertrag für rückwärts aufgelöst betrachtet werde, einem Dritten, welcher vorher in seiner Eigenschaft als Gläubiger des Käufers Pfändung der verkauften Mobilien erwirkt hatte, nicht entgegengehalten werden könne, vielmehr die Auflösung durch Richterspruch unbedingt geboten sei.

Das Reichsgericht hat das Urteil aufgehoben.

Der von der überwiegenden Doktrin und Rechtsprechung abweichenden Auslegung des Art. 1184 des bürgerl. Gesetzbuches seitens des Berufungsrichters kann nicht beigepflichtet werden. Der Vertrag und das richterliche Urteil haben im Verhältnisse zu dritten Personen, d. h. zu solchen, welche bei jenen nicht als Vertragsschließende mitgewirkt haben und bei diesem nicht Partei waren (Artt. 1165, 1351 des bürgerl. Gesetzbuches), die gleiche Bedeutung, nämlich, daß sie beide Thatsachen sind, deren rechtliche Voraussetzungen und Wirksamkeit diese Dritten gegen sich

*) Übereinstimmend Z. D. II. § 302. S. 319. A. M. L. XXIV, 371.

nicht anzuerkennen haben, sondern zu bestreiten befugt sind. Dies hat im gegebenen Falle, in welchem die Verkäufer als Kläger den Rückerwerb des Eigentumes an den Mobilien gegen die Beklagte, welche deren Pfändung erwirkt hat, geltend machen, die Tragweite, daß die Beklagte, der Rückerwerb mag sich auf Urteil oder auf Vertrag gründen, mit allen Widersprüchen gegen die Anwendbarkeit des Art. 1184 zu hören und damit in der Lage ist, die Voraussetzungen eines derartigen Vertrages oder eines Urteiles im gegenwärtigen Rechtsstreite zum Austrage zu bringen.

Sind aber Vertrag und Urteil (vgl. Merlin, Qu. de dr. v°. „Résolution" § I. n. 226) gegen Dritte gleichmäßig unverbindlich, werden dieselben weder durch den ersteren, noch durch das letztere in eine günstigere oder ungünstigere Lage versetzt, so bleibt nur die Frage zu beantworten, ob das Gesetz gleichwohl unter den Parteien nur die Auflösung durch Richterspruch für zulässig, jede andere Art der Auflösung dagegen für unstatthaft erkläre. Für Bejahung dieser Frage könnte der Wortlaut des Gesetzes, insbesondere dessen letzter Absatz angerufen werden: „la résolution doit être demandée en justice". — Gegen solche wörtliche Auslegung sprechen jedoch überwiegende Gründe:

Der Gesetzgeber hat, abweichend vom römischen Rechte, welches aus mit seinem Systeme zusammenhängenden Gründen nur bei Innominatkontrakten im Falle des Ausbleibens der Gegenleistung eine Kondiktion der Vorleistung gewährt, und über die ältere französische Praxis (vgl. Pothier, Oblig. n. 672), welche bei allen gegenseitigen Verträgen im Falle der Nichtleistung eine Klage auf Erstattung des Geleisteten gab, hinausgehend, die Nichterfüllung seitens eines Kontrahenten zur stillschweigend gewollten Resolutivbedingung erklärt. Dagegen hat er im Gegensatze zu Art. 1183 dieser stillschweigenden Bedingung keine kraft Gesetzes eintretende Wirkung beigelegt, sondern den Nichtsäumigen auf den Weg der Klage verwiesen. Dies geschah zum Schutze des Säumigen, da der Richter noch eine Frist zur Erfüllung gewähren, dabei die Dauer und Erheblichkeit der Nichterfüllung und die solche begleitenden Umstände berücksichtigen kann und soll. Daß es sich nur um das Verhältnis unter den Vertragspersonen handle, und Art. 1184 seine Fassung nicht in Rücksicht auf etwaige Interessen Dritter erhalten habe, ergiebt sich aus dem Zusammenhange des Gesetzes, welches in den Artt. 1165—1167 bereits die Wirkung der Verträge in Ansehung dritter Personen geregelt hat. Demnach hat der angeführte Ausspruch im Art. 1184 nur den Sinn, die Auflösung kraft Gesetzes zu verneinen, und fehlt namentlich jeder Anhalt dafür, daß der Gesetzgeber auch von dem allgemeinen Rechtsgrundsatze abweichen wollte, wonach Klage nur dann zu erheben ist, wenn die freiwillige Erfüllung verweigert und dadurch zu derselben Anlaß gegeben wird. Dies ist im Gesetze nicht gesagt (anders im Art. 1443) und ist auch nicht daraus zu schließen, daß bloß die theoretischen Gegensätze: Wirkung kraft Gesetzes und mittels Klage (ähnlich wie im Art. 1117 des bürgerl. Gesetzbuches) einander gegenüber gestellt sind. Der Gesetzgeber hatte überhaupt nur die Klage zu erwähnen bezw. zu gestatten; ein gesetzgeberischer Grund zu einem weiteren Ausspruche dahin, daß die Klage zu unterbleiben habe oder unterbleiben könne, wenn dem Anspruche freiwillig genügt wird, ist nicht ersichtlich. Eine andere Schlußfolgerung kann auch aus den Äußerungen von Bigot, Favard und Mouricault in den Vorarbeiten zum Gesetzbuche nicht hergeleitet werden. Es wäre auch eine durch nichts gerechtfertigte Härte gegen den säumigen Schuldner, ihn unter allen Umständen mit Prozeßkosten zu belasten, obgleich er von vornherein zum Nachgeben bereit ist, und, wenn in letzter Konsequenz der wörtlichen Auslegung des Art. 1184 stets ein Urteil ergehen müßte, wären auch der gerichtliche Vergleich und die Anwendung der §§ 89, 278 C. P. O. ausgeschlossen.

V. Bezüglich der **Inverzugsetzung als Voraussetzung der Auflösungsklage** führt das U. v. 10. II. 80 (E. I, 57) aus:*)

In letzterer Beziehung ist nun zu bemerken, daß das Gesetz (L. R. S. 1146) zwar das Verlangen eines Schadensersatzes der Regel nach von einer Verzugsetzung abhängig macht, nicht aber auch die Auflösungsklage des Landrechtssatzes 1184. Begehrt daher ein Kontrahent bloß die Aufhebung des Vertrages, ohne damit Schadensersatzansprüche zu verbinden, so genügt es zur Begründung dieser Klage, daß der Zeitpunkt, wo der Gegner erfüllen sollte, eingetreten war, diese Erfüllung aber in gehöriger Weise nicht erfolgt ist. Indem das Gesetz dem Richter die Befugnis giebt, auch eine spätere Erfüllung noch als wirksam anzuerkennen, ja sogar im Urteile selbst noch eine Nachfrist zur Erfüllung zu gewähren, erscheint den Rücksichten, welche unter Umständen der Gegenkontrahent beanspruchen kann, genügende Rechnung getragen.

VI. Ueber die Frage, ob ein **Nachholen der Erfüllung bis zur rechtskräftig entschiedenen Auflösung** statthaft sei, handelt das U. v. 7. III. 82. (E. VI, 332).

Dasselbe läßt die in dem oben unter III abgedruckten Urteile **verneinte** Frage, ob das Resiliationsrecht nach Art. 1184 C. c. auch durch Einrede geltend gemacht werden könne, unentschieden und fährt dann, wenn auch auf unrichtiger Voraussetzung fußend, treffend fort.**)

Nimmt man auch an, es sei in zulässiger Weise die Einrede aus L. R. S. 1184 vorgetragen worden, so ist doch immerhin daran festzuhalten, daß diese Einrede nicht, wie die einer ausdrücklich vereinbarten auflösenden Bedingung entnommene darauf beruht, daß der Vertrag durch den Eintritt der Bedingung aufgelöst sei, sondern daß sie nur den Anspruch zum Gegenstande hat, daß der Richter (durch Abweisung der auf Erfüllung gerichteten Klage) den Vertrag für aufgelöst erkläre, daß mithin der Vertrag so lange fortbesteht, bis er durch rechtskräftiges Urteil für aufgelöst erklärt worden ist.

Vgl. Laurent, Principes Bd. 17 S. 151 Nr. 135.

Es kann deshalb der Ausführung des Berufungsgerichtes nicht beigepflichtet werden, daß es sich bei diesem Anerbieten nur noch um den

---

*) Übereinstimmend L. XVII, 132. R. M. Z. D. II § 302 (Text) S. 319.
**) Übereinstimmend Z. D. II, § 302, Nr. 35, S. 319. L. XVII, 135.

Abschluß eines neuen, nicht mehr um den Vollzug eines geschlossenen, aber bereits aufgehobenen Vertrages handeln könne. Weil der Vertrag fortbesteht, solange ihn nicht das rechtskräftige Urteil aufgelöst hat, kann der Kläger — sofern dies noch nach der prozessualen Sachlage statthaft erscheint — der Einrede mit der Replik begegnen, daß er nunmehr erfülle, es müßte denn, was hier nicht feststeht, die Erfüllung nur zu einem bestimmten, bereits abgelaufenen Zeitpunkte möglich oder annehmbar gewesen sein.

Daraus, daß eine Einrede peremtorisch wirkt, folgt nicht, daß sie nicht durch eine Replik entkräftet werden könne, und L. R. S. 1184, welcher den Richter ermächtigt, nach erhobener Klage bis zum Urteile (nach der Ansicht mancher Ausleger noch im Urteile) eine Frist zum Vollzuge zu gestatten, kann nicht dahin ausgelegt werden, daß schon dadurch, daß dieser Satz zu einer Einrede benutzt worden, dem Kläger das Recht zur nachträglichen Erfüllung benommen sei. Diese Replik der Erfüllung gewinnt vielmehr gerade in einem Falle der vorliegenden Art Bedeutung, wenn die Parteien über den Umfang der Vertragspflicht uneinig sind und der Teil, welcher zunächst die Frage zum Austrage gebracht wissen will, ob er zu der von ihm geforderten Leistung verpflichtet sei, für den Fall der Bejahung dieser Frage, auch diese weitere Leistung real anbietet.

§ 22.

Solidarische Verbindlichkeiten.

Über die **solidarische Haftung aus unrechter That** führt das U. v. 4. VI. 89 (E. XXIII, 329) aus:*)

Die für das Revisionsgericht maßgebende Feststellung des Berufungsgerichtes geht dahin, daß mehrere Ergersheimer Jungen, und darunter G. Sch., sich zu gemeinsamen Handeln und mit dem Vorsatze verbunden haben, die ihnen gegenüber stehenden Dachsteiner Jungen durch Steinwürfe zu verletzen, daß jene Jungen auch Steine nach den anderen geworfen, bezw. geschleudert haben, daß von einem dieser Steine der junge L. in das Auge getroffen und desselben verlustig geworden, daß aber dieser schwere Erfolg von den zum Werfen Verbundenen nicht gewollt gewesen ist.

Aus dieser Feststellung folgt nun allerdings kein Solidaritätsverhältnis im Sinne der Artt. 1200 flg. des bürgerl. Gesetzbuches. Ein solches wird gemäß Art. 1202 nicht vermutet, es wird überhaupt nur anerkannt, wenn es ausdrücklich verabredet oder durch eine gesetzliche Vorschrift bestimmt ist. Es fehlt aber — abgesehen von dem hier nicht anwendbaren Art. XV des Landesgesetzes vom 30. August 1871 — eine gesetzliche Vorschrift, wodurch diejenigen, welche gemeinsam eine unrechte That (Art. 1382 des bürgerl. Gesetzbuches) verüben oder eine Fahrlässig-

---

*) Übereinstimmend Z. D. II § 298, Nr. 5, S. 286, 287. A. M. L. XVII, 320. Über die Entscheidung der Frage nach rheinpreußischem Recht, falls es sich um ein strafrechtliches Vergehen handelt, vgl. das U. v. 30. IX. 87 (E. XIX, 385).

keit (Art. 1383) sich zu schulden kommen lassen, für solidarisch haftbar erklärt werden. Die in der Doktrin gemachten Versuche, gleichwohl ein Solidarverhältnis zur Anerkennung zu bringen, entbehren nicht nur der gesetzlichen Unterlage, sondern sie verstoßen auch gegen den Art. 1202 a. a. O. und ergiebt sich deren Haltlosigkeit daraus, daß sie zur Annahme einer dem Gesetze fremden, besonderen Art der Solidarität (solidarité imparfaite) führten, weil man erkannte, daß auf solche Fälle nicht alle im Gesetze für die Solidarität gegebenen Vorschriften, nicht z. B. die Artt. 1205, 1206, 1207, 1209, 1210, 1285 paßten.

Daraus aber, daß eine Solidarität der vom Gesetze geregelten Art nicht anerkannt werden kann, folgt jedoch nicht, daß die Haftung der zu einer unrechten That Verbundenen für den bewirkten Schaden stets zu teilen sei, daß nicht vielmehr dann jeder für das Ganze in Anspruch genommen werden könne, wenn schon in Bezug auf ihn allein — ganz abgesehen von der Mitwirkung Anderer — die thatsächlichen und rechtlichen Voraussetzungen der Haftung aus Artt. 1382 oder 1383 gegeben sind. Trifft dies zu, so liegt, wie in dem Falle, wenn von mehreren Personen jede für sich dieselbe Leistung ganz verspricht, gegen sie also die betreffende Vertragsklage (z. B. wegen Übernahme und Nichterfüllung eines Auftrages) auf die ganze Leistung begründet ist, ein rein thatsächliches Verhältnis vor, kraft dessen dem Gläubiger deshalb eine Mehrzahl von Schuldnern des Ganzen gegenübersteht, weil in bezug auf jeden die Verbindlichkeit infolge seines Thuns, seines Unterlassens oder seiner Zusage begründet ist. Ein solches aus der Natur der Sache sich ergebendes Verhältnis, welches lediglich darauf beruht, daß jeder von den mehreren für sich allein auf das Ganze obligiert ist, bedarf keiner besonderen gesetzlichen Regelung. Dasselbe ist, was die Haftung aus den Artt. 1382, 1383 betrifft, überall anzuerkennen, wenn und weil die Thatsache vorliegt, daß gegen den Beklagten, völlig abgesehen von Anderen, welche gleichfalls verklagt werden könnten, die Voraussetzungen der gedachten Artikel gegeben sind. Diesen richtigen Standpunkt nehmen auch verschiedene französische Rechtslehrer ein, insbesondere Rodière, De la solidarité, indem er in Nr. 50 sagt: „Mais il n'est pas question ici de cette solidarité (Art. 1200), et le pouvoir du juge de prononcer la solidarité dans le cas qui nous occupe résulte fort clairement, à nos yeux, de l'art. 1382 C. c. suivant lequel chacun est responsable du dommage c'est à dire évidemment de l'entier dommage qu'il cause à autrui par son fait. On ne s'expliquerait pas en effet que la responsabilité pût deminuer, parceque plusieurs individus auraient concouru à l'acte dommageable. Vgl. auch Loison, Traité de la solidarité N. 302, 304. Von den gemeinrechtlichen Schriftstellern vgl. insbesondere Savigny, Obligationenrecht Bd. 1 S. 141 und § 20.

Nach der vorausgeschickten thatsächlichen Feststellung des Berufungsgerichtes ist nun aber die Voraussetzung gegeben, daß G. Sch. auf Grund der Artt. 1382, 1383 für den eingetretenen Erfolg haftbar erklärt werden muß. Die Verbindung zum gemeinsamen Handeln mit Anderen und mit dem Willen, eine Verletzung zuzufügen, und das mit diesem Vorsatze geschehene Werfen mit Steinen sind eine unrechte That, und, wenn auch der eingetretene schwere Erfolg nicht beabsichtigt sein mochte, so ist er dem Sch. doch als Fahrlässigkeit anzurechnen, für deren Folgen er gemäß Art. 1383 gleichfalls einzustehen hat. Daß nicht erwiesen ist, daß gerade ein von Sch. geschleuderter Stein den Erfolg herbeigeführt habe, kommt nicht in Betracht, denn die eingetretene Beschädigung ist nicht lediglich auf den einzelnen Wurf zurückzuführen, sondern hat ihren ersten Grund und Anlaß in der Verbindung der mehreren Jungen mit dem Vorsatze, zu verletzen, und in deren gemeinsamer und gleichzeitiger Thätigkeit zu diesem Zwecke. Hierdurch hat jeder das Thun des anderen auch zu dem seinigen gemacht, wenigstens insolange, als nicht feststeht, durch wessen Wurf der Erfolg ausschließlich bewirkt worden ist. Es ist ferner für die civilrechtliche Haftung unerheblich, daß nach § 227 St. G. B. eine geringere als die nach dem eingetretenen Erfolge (§ 224) zu bemessende Strafe angedroht ist.

Erscheint hiernach die Haftung des minderjährigen, noch unter der Obhut seines Vaters stehenden G. Sch. für den ganzen Schaden begründet, so ergiebt sich die Haftung des Vaters aus Art. 1384 des bürgl. Gesetzbuches.

§ 23.

Teilbare — unteilbare Verbindlichkeiten.

Kann die Ehefrau in der Zeit zwischen dem Tode des Ehemannes und der Teilung der ehelichen Gütergemeinschaft wegen der zu dieser Gemeinschaft gehörenden Forderung gegen den Schuldner Klage auf Zahlung der Hälfte seiner Schuld an sie erheben? In grundlegender Weise beantwortet diese Frage das U. v. 30. X. 88 (E. XXII, 371).

Der Ehemann der Klägerin hat im Jahre 1868 eine dem Beklagten gehörige Mühle gepachtet und dieses Pachtverhältnis längere Zeit fortgesetzt. Während der Dauer dieses Verhältnisses wurde der in Frage stehenden Mühle durch den Bau des Saarkanales eine Menge Wasser entzogen, weshalb der Beklagte von der elsaß-lothringischen Landesverwaltung Entschädigung forderte und erhielt. Nach dem Tode ihres Ehemannes erhob Klägerin dem Beklagten gegenüber auf dem Wege der Klage einen Anspruch auf Entschädigung wegen des ihrem Ehemanne und ihr durch die Wasserentziehung erwachsenen Schadens. Von dem Beklagten wurde in erster Linie geltend gemacht, die Klägerin sei nicht berechtigt, die in Frage stehende, wenn sie bestehe, zur ehelichen Gütergemeinschaft gehörige Forderung einzuklagen. Weiter wurde aber auch das Bestehen einer solchen Forderung bestritten. Das Landgericht wies die Klage ab. Dagegen wurde der Beklagte durch das Oberlandesgericht zur Zahlung eines Betrages von 2400 Mark verurteilt, indem angenommen wurde, die Entschädigungsforderung sei gerechtfertigt, die Klägerin aber auch befugt gewesen, die auf sie fallende Hälfte der Forderung einzuklagen. Die Revision wurde zurückgewiesen. Soweit es sich um die Aktivlegitimation der Klägerin handelt, welche hier allein interessiert, beruht die Entscheidung des Reichsgerichtes auf folgenden Gründen:

Von dem Revisionskläger wird in erster Linie geltend gemacht, die Klägerin sei nicht berechtigt, die in Frage stehende Forderung — ganz oder zur Hälfte — einseitig ohne Mitwirkung der Erben ihres verstorbenen Ehemannes einzuklagen, weil diese Forderung einen Bestandteil der zwischen den Eheleuten bestehenden Gütergemeinschaft bilde und diese noch nicht geteilt sei. Dieser Angriff kann aber Erfolg nicht haben. Den Vorschriften des bürgerlichen Gesetzbuches liegt die Auffassung zu Grunde, daß Forderungen, soweit sie als teilbar erscheinen, sich unter die dabei — als Gläubiger oder Schuldner — beteiligten Personen kraft Gesetzes in der Weise teilen, daß jeder Gläubiger den auf ihn treffenden Anteil an der Forderung ohne weiteres einklagen und jeder Schuldner auf den ihn treffenden Anteil verklagt werden kann. In Art. 1220 des bürgerlichen Gesetzbuches, welcher der Sache nach den im römischen Rechte geltenden Satz wiedergiebt: „nomina hereditaria ipso jure inter heredes divisa sunt", ist der dargelegten Auffassung zwar nur insoweit Ausdruck gegeben, als es sich um die an einer Forderung beteiligten Erben handelt, deren Haftung in den Artt. 870, 873 des bürgerlichen Gesetzbuches dem aufgestellten Satze entsprechend geregelt ist. Aber der in Ansehung der Erben aufgestellte Grundsatz gilt überall, wo in Ansehung einer teilbaren Forderung mehrere Personen als Gläubiger oder Schuldner beteiligt sind.*) Der in Art. 1220 des bürgerl. Gesetzbuches aufgestellte Grundsatz ist allerdings nicht ganz leicht mit der im Art. 883 dieses Gesetzbuches enthaltenen Vorschrift zu vereinigen, nach welcher die Teilung einen deklarativen Charakter hat, sonach derjenige, dem eine Forderung bei der Teilung zugewiesen wurde, so anzusehen ist, als habe dieselbe von vornherein einen Bestandteil seines Vermögens gebildet. Da diese Vorschrift neben derjenigen des Art. 1220 des bürgerlichen Gesetzbuches Anwendung zu finden hat, muß letztere Bestimmung eine Einschränkung insofern erfahren, als sie nur für denjenigen Zeitraum durchgreift, der vor der Teilung des Nachlasses oder der sonstigen Gemeinschaft liegt und von da ab — vorbehaltlich der auf Grund des Art. 1220 erworbenen Rechte — der Teilungsvertrag endgültig darüber entscheidet, welcher Teilhaber in Ansehung einer zum Nachlasse gehörigen Forderung oder Schuld als Gläubiger bezw. Schuldner anzusehen sei.**) Im vorliegenden Falle kommt es aber auf die hinsichtlich des Verhältnisses zwischen den Artt. 883 und 1220 des bürgerl. Gesetzbuches bezüglichen Streitfragen nicht an, da eine Teilung noch nicht stattgefunden hat. Solange eine solche nicht erfolgt ist, ist jeder Erbe unzweifelhaft befugt, bezüglich der einzelnen zur Erbschaft gehörigen teilbaren Forderungen gegen die Schuldner Klage zu erheben und Bezahlung desjenigen Betrages zu verlangen, der seinem Erbteile entspricht. Die Sache liegt in Ansehung der Forderungsklagen zufolge des in Art. 1220

*) Vgl. Z. D. II, § 301, S. 307.
**) Vgl. Z. D. IV § 635 S. 178. L. XI, 49 flg.

des bürgerl. Gesetzbuches aufgestellten Grundsatzes anders als bezüglich derjenigen Klagen, durch welche das Eigentumsrecht an einer zum Nachlasse gehörigen Sache geltend gemacht wird (vgl. in dieser Beziehung das Urteil des Reichsgerichtes vom 21. Oktober 1884 in Entsch. des R. G.'s in Civils. Bd. 12, S. 339).*) Daß der Ehefrau bezw. deren Erben nach Auflösung der Gütergemeinschaft und vor stattgehabter Teilung des zu derselben gehörigen Vermögens das Recht zusteht, die Hälfte der zu der Gemeinschaft gehörigen Forderungen einzuklagen, kann zwar nicht aus dem Art. 1476 des bürgerl. Gesetzbuches abgeleitet werden, der nur in Ansehung der Teilung des Gemeinschaftsvermögens, insbesondere der einzuhaltenden Formen, der Wirkungen der Teilung ꝛc. auf die für die Erbteilung geltenden Regeln verweist. Aber diese Befugnis ergiebt sich daraus, daß der in Frage stehende Grundsatz, wie oben dargelegt wurde, für jede Art von Vermögensgemeinschaft gilt und bezüglich der ehelichen Gütergemeinschaft eine abweichende Vorschrift nicht getroffen worden ist.**)

§ 24.

Verbindlichkeiten mit Strafbestimmungen.

Zu der Frage, ob die **Befugnis des Richters, im Falle teilweiser Erfüllung der Hauptverbindlichkeit die Konventionalstrafe zu ermäßigen,** durch die Vorschrift des Art. 284 H. G. B. beseitigt ist, führt dieselbe verneinend, das U. v. 18. X. 89 (E. XXV, 349) aus:

Die Rüge der Verletzung des Art. 284 H. G. B. erscheint unbegründet. Wie in dieser Beziehung hervorzuheben, ist das Rechtsinstitut der Konventionalstrafe in den Artt. 1226 flg. Code civil geregelt, und der Art. 1231 a. a. O. giebt dem Richter die schon im alten französischen Rechte — Pothier, Oblig. No. 451 — anerkannte Befugnis, die Strafe zu ermäßigen, wenn die Hauptverbindlichkeit zum Teile erfüllt ist. Dagegen enthält der Art. 284 H. G. B. nur drei besondere Bestimmungen, welche diese Materie betreffen und den bezogenen Art. 1231 Code civil nicht berühren. Soweit aber das Handelsgesetzbuch Vorschriften nicht enthält, kommt nach Art. 1 desselben das bürgerliche Recht auch in dem Verhältnisse unter Kaufleuten zur Anwendung. Vgl. Entsch. des R. O. H. G.'s Bd. 14 S. 267 und Bd. 16 S. 146.

Dem gegenüber macht nun der Beklagte geltend, daß durch Art. 284 H. G. B. die Konventionalstrafe, wie es dem Bedürfnisse des Handelsverkehres entspreche, grundsätzlich der unbeschränkten Vereinbarung der Parteien überlassen sei, daß dieser Vorschrift gegenüber, welche einheitliches Recht schaffe, landesgesetzliche Beschränkungen keine Geltung haben könnten, und damit auch Art. 1231 Code civil, welcher unter deren Zahl zu rechnen, als aufgehoben zu erachten sei. Dieser Ausführung ist aber nicht beizupflichten.

---

*) Abgedruckt unten § 50 unter II.
**) L. XI, 54.

Wie im gemeinen Rechte, so gilt auch unter der Herrschaft des Code civil der Grundsatz, daß die Höhe der Konventionalstrafe der freien Übereinkunft der Parteien unterliegt, und es ist letzteren namentlich unbenommen, auch für den Fall der teilweisen Nichterfüllung eine Strafe festzusetzen. Daneben besteht dann der Art. 1231 Code civil, welcher dem Richter die Befugnis giebt, die für die Nichterfüllung stipulierte Strafe unter der Voraussetzung, daß die Hauptverbindlichkeit zum Teil erfüllt worden ist, mit Rücksicht auf die Sachlage nach pflichtmäßigem Ermessen herabzusetzen.

Vgl. Laurent, Bd. 17 Nr. 451, 456.

Ist nun an diesem Rechtszustande dadurch etwas geändert, daß der Art. 284 H. G. B. bezüglich der Konventionalstrafe in seinem Herrschaftsbereiche den Grundsatz der Vertragsfreiheit sanktioniert hat? Diese Frage kann nur verneint werden. Die genannte Gesetzbestimmung (vgl. die Motive zu § 217 des preußischen Entwurfes) richtet sich gegen solche landesgesetzliche Vorschriften, welche die Höhe der Konventionalstrafe grundsätzlich beschränken, namentlich die Bestimmung des § 301 A. L. R. I. 5, nach welchem die Konventionalstrafe nur bis zum doppelten Betrage des wirklich auszumittelnden Interesses gerichtlich geltend gemacht werden kann, und den § 1336 des österreichischen Gesetzbuches, nach welchem dieselbe, wenn sie sich als übermäßig erweist, von dem Richter herabzusetzen ist.

Vgl. v. Hahn, zu Art. 284, Abs. 1.

Zu den Vorschriften dieser Art gehört aber nach dem Angeführten der Art. 1231 Code civil nicht, dessen Fortbestehen auch schon das Reichsoberhandelsgericht, vgl. Entsch. des R. O. H. G.'s Bd. 20, S. 184, als unbedenklich angenommen hat.

§ 25.

Natürliche Verbindlichkeiten.

I. Im Gegensatze zur langjährigen Praxis der rheinischen Gerichte hat in feststehender Rechtsprechung das Reichsgericht die Wirkung der natürlichen Verbindlichkeiten auf den Ausschluß der Zurückforderung des Bezahlten beschränkt und demgemäß entschieden, daß das Versprechen, eine natürliche Verbindlichkeit zu erfüllen, an die für freigebige Verfügungen vorgeschriebenen Formen gebunden sei.*) Aus der Fülle der Entscheidungen heben wir als grundlegend das U. v. 27. II. 83. (E. VIII, 314) hervor.

Die Schwester der Beklagten hatte fünf Tage vor ihrem Tode die Absicht ausgesprochen, die Summe von ca. 3000 Gulden dem Armenrate in Z. zu hinterlassen, damit aus den Zinsen unbemittelte Mädchen ausgesteuert würden; der Notar war auch zur Errichtung des Testamentes bestellt worden, dasselbe kam jedoch nicht zustande, weil die Kranke zu schwach war. Nach ihrem Tode erklärte die Beklagte dem Vertreter des Armenrates und dem Notare, welcher die Erbteilung vornahm, gegenüber, der letzte Wille ihrer Schwester sei ihr

*) A. M. Z. D. IV § 703 N. 2a S. 389. Übereinstimmend L. VII, 355 ff.

heilig, sie werde innerhalb fünf Jahren die Summe aus den Zinsen zurücklegen und die Stiftung errichten. Nach Ablauf der fünf Jahre erhob der Armenrat Klage, welche jedoch in beiden Instanzen abgewiesen worden ist. Die Revision wurde zurückgewiesen.

Soweit die Klage sich auf das Bestehen einer natürlichen Verbindlichkeit und die Zusage der Erfüllung derselben stützt, hat der Vertreter des Revisionsklägers mit Recht geltend gemacht, daß nicht, wie das Berufungsgericht ausführt, in dem Versprechen der Beklagten, die mündliche letztwillige Anordnung der Erblasserin zu vollziehen, die natürliche Verbindlichkeit bestehen soll, daß vielmehr diese, wenn eine solche angenommen werden könnte, in der Verpflichtung zur Erfüllung dieser nichtigen letztwilligen Verfügung liegen und die weitere Frage die sein würde, ob das Erfüllungsversprechen eine civilrechtliche, klagbare Verbindlichkeit zu begründen vermöge.

Die erste Frage ist demnach, wie auch Laurent Bd. 17 Nr. 14 flg. sie stellt, die, ob eine natürliche Verbindlichkeit des Erben des Inhaltes anerkannt werden könne, bloß mündlich ausgedrückte letztwillige Anordnungen des Erblassers zu erfüllen.

Das Gesetz enthält nun keine Definition der natürlichen Verbindlichkeit, sondern setzt sie voraus; auch aus den Vorarbeiten zu demselben kann kein ausreichendes Material zu einer scharfen Begriffsbestimmung geschöpft werden, und die Aussprüche des römischen Rechtes können in Rücksicht auf die Verschiedenartigkeit der historischen Rechtsentwickelung nur mit Vorsicht zur Auslegung herangezogen werden.

Will man aber auch den Begriff nicht so eng fassen, daß nur diejenigen Verbindlichkeiten darunter fallen, welche das Gesetz zwar erwähnt, welchen es aber die Klagbarkeit nicht beilegt (Landrechtssätze 1906. 1967), so ist er doch jedenfalls nach der Richtung hin zu beschränken, daß bloße Gebote der Sittlichkeit oder des Anstandes eine natürliche Verbindlichkeit nicht zu begründen vermögen. Es wäre demnach zu prüfen, ob die gedachte Pflicht des Erben nur auf einer solchen Anforderung der Moral oder auf einem zwar nicht im strengen, wohl aber im natürlichen Rechte wurzelnden Gebote beruhe, d. h. ob der formlos, nur mündlich, erklärte letzte Wille eines Erblassers an und für sich für verbindlich erachtet werden müßte, und dieser an und für sich anzuerkennenden Verbindlichkeit nur wegen Mangels einer vom Gesetze vorgeschriebenen Form die Klagbarkeit abgehe. Von Entscheidung dieser Frage kann jedoch Umgang genommen werden, weil, wenn man auch das Dasein einer natürlichen Verbindlichkeit in diesem Sinne anerkennen wollte, derselben doch nicht die Wirkung beigelegt werden könnte, daß die Zusage ihrer Erfüllung eine klagbare Verbindlichkeit begründe.

Die herrschende Doktrin und Praxis gehen zwar dahin, daß durch Novation (L. R. S. 1271 Ziff. 1) eine natürliche Verbindlichkeit in eine klagbare umgewandelt werden könne, allein, wenn man auch dieser Annahme beitreten wollte, so müßte doch eine wirkliche Rechtswandlung, d. h. ein Rechtsakt gefordert werden, durch welchen an die Stelle der bloß natürlichen Verbindlichkeit ein neuer, nach dem Gesetze klagbarer Titel (wie beispielsweise Darlehn) gesetzt würde. Dieses Erfordernis liegt aber im gegebenen Falle nicht vor. Denn nach der Klagebehauptung ist durch die Zusage des Beklagten für den Kläger kein anderer Titel geschaffen worden, als eben der der Erfüllung der ungültigen letztwilligen Verfügung; man kann aus den vom Kläger behaupteten Vorgängen nicht herleiten, daß der bloß natürliche Anspruch, wenn ein solcher bestanden haben sollte, aufgehoben und zugleich durch einen anderen civilrechtlichen ersetzt worden sei; die Klage stützt sich auf ein Versprechen, dessen Inhalt und Ursache eben die Erfüllung des nicht bestehenden letzten Willens ist.

Das Gesetz spricht aber nirgends aus, daß die natürliche Verbindlichkeit durch das Anerkenntnis und die Zusage der Erfüllung zu einer klagbaren werde, sondern es erwähnt nur die eine Wirkung derselben (L. R. S. 1235), daß das zu deren Erfüllung freiwillig Bezahlte nicht zurückgefordert werden könne, und aus Pothier, welcher — Obligations I. Nr. 195 — sagt:

> „Le seul effet de nos obligations purement naturelles, est que lorsque le débiteur a payé volontairement le paiement est valable, et n'est pas sujet à répétition,“

sowie aus der Äußerung von Bigot-Préamenau beim Eposé des motifs (Fenet, Recueil complet Bd. 13 S. 264):

> „L'obligation naturelle ne devenant un lien civil que par induction tirée du paiement, cette obligation ne peut avoir d'autre effet que celui d'empêcher la répétition de ce qui a été payé“,

läßt sich entnehmen, daß man in der That die rechtlichen Wirkungen der natürlichen Verbindlichkeiten auf den Ausschluß der Zurückforderung des Bezahlten beschränken wollte, sodaß auch die erwähnte Zulässigkeit der Novierung nur mit der rechtlichen Konstruktion begründet werden könnte, daß dabei die natürliche Verbindlichkeit als getilgt anzusehen sei (L. R. S. 1234, 1271 Ziff. 1).

Noch bestimmter hat der badische Gesetzgeber sich in Landrechtssatz 6 g dahin ausgesprochen, daß die natürliche Verbindlichkeit weder „Ansprache noch Forderung wirke“, sondern nur die Anfechtung oder Zurückforderung desjenigen ausschließe, was man ihr gemäß gethan oder gegeben hat.

II. **Ist ein in der Unterstellung der Wirklichkeit oder Möglichkeit der Vaterschaft gegebenes Alimentationsversprechen klagbar?**

In Anwendung der unter I. aufgestellten Rechtsgrundsätze entscheidet diese praktisch so überaus wichtige Frage u. a. das für dergl. Fälle typische U. v. 1. XI. 84 (P. XVI, 574).

> Die Klage wird auf die Behauptung gestützt, daß Beklagter der Vater des von der Klägerin außerehelich geborenen Kindes sei und daß er wiederholt, insbesondere durch das vorgelegte Schreiben versprochen habe, für dasselbe zu sorgen.

Der Instanzrichter hält das Versprechen für klagbar, weil die eigentliche causa obligationis in der unterstellten Vaterschaft liege und daher auf einem gültigen Rechtsgrund beruhe. Dieser Entscheidungsgrund ist nicht zutreffend. Wenn auch zugegeben werden wollte, daß aus der außerehelichen Vaterschaft eine natürliche Verbindlichkeit zur Alimentation entstehe, so könnte doch einerseits die von dem Beklagten geleugnete Vaterschaft nach Art. 340 B. G. B. wider dessen Willen nicht festgestellt werden, andererseits aber auch die bloße natürliche Verbindlichkeit als Verpflichtungsgrund im Sinne des Art. 1131 B. G. B. nicht gelten und das einfache Erfüllungsversprechen nicht klagbar machen, weil das B. G. B. der natürlichen Verbindlichkeit die einzige Wirkung beilegt, daß sie die Zurückforderung des freiwillig Geleisteten ausschließt.

Die Berufungsinstanz gelangt zu der Annahme, daß in dem vorgelegten Schreiben des Beklagten nicht sowohl das bloße Anerkenntnis einer aus der außerehelichen Vaterschaft entspringenden natürlichen Alimentationsverbindlichkeit, als vielmehr ein neugeschaffener Rechtstitel, nämlich ein selbständiges Versprechen zur Unterhaltung des Kindes vorliege, welches den gesetzlich geforderten Verpflichtungsgrund in genügender Weise in sich trage. Dieses Schreiben enthalte nämlich das Versprechen der Alimentation als Ersatzleistung für den von dem Beklagten verschuldeten Abbruch des Liebesverhältnisses, und in dieser anerkannten Verschuldung liege ein ausreichender selbständiger Verpflichtungsgrund.

Es kann dahingestellt bleiben, ob das Berufungsgericht durch diese Ausführung nicht etwa der Klage in unzulässiger Weise einen neuen Klagegrund unterlegt; denn der Abbruch eines Liebesverhältnisses könnte doch nur dann als ein Verschulden aufgefaßt werden, wenn auf die Fortsetzung desselben ein nach dem Civilrechte gültiger Anspruch bestände. Ein solcher Anspruch kann aber weder aus dem Gesetze hergeleitet, noch durch Vertrag begründet werden.

Wenn ferner zur Aufrechterhaltung des Klageanspruches ausgeführt wird, daß schon die Schwängerung einer Frauensperson ein Verschulden darstelle, aus welchem ein erheblicher Schade erwachse, und es daher zulässig sei, im Wege des Vergleichs die Schadensersatzpflicht vertragsmäßig zu begründen, so ist zwar anzuerkennen, daß die Schwängerung den Charakter einer die Schadensersatzpflicht erzeugenden unerlaubten Handlung i. S. des Art. 1382 B. G. B. haben kann. Im vorliegenden Falle sind aber Umstände, z. B. Verführung, Gewalt, Arglist, welche eine besondere Verschuldung des Schwängerers i. S. des Art. 1382 begründen könnten*), gar nicht behauptet, und in Ermangelung solcher bildet der außereheliche Beischlaf eine gemeinsame Handlung, aus welcher der Klägerin ein Klagerecht nicht erwachsen kann, da sie dabei als mitschuldiger Teil erscheint. Das Alimentationsversprechen hat demnach den Charakter einer Schenkung und ist nicht klagbar, weil es der in Art. 931 B. G. B. vorgeschriebenen Form entbehrt.

---

*) Vgl. das § 44 unter I abgedruckte U. v. 25. X. 92 (R. A. 85. 2. 56).

Viertes Kapitel.

Erlöschen der Verbindlichkeiten.

§ 26.

Zahlung.

I. Über den **Wohnsitz des Schuldners als Zahlungsort** führt mit Bezug auf die Frage, ob nach Art. 1247 C. c. der Wohnsitz zur Zeit der Entstehung der Verbindlichkeit oder der gegenwärtige Wohnsitz maßgebend sei, das U. v. 26. II. 92 (E. XXIX, 286) aus*):

Konnte nur der gesetzlich bestimmte Erfüllungsort maßgebend sein, so hing die Entscheidung von der Auslegung des mit Art. 1247 Code civil übereinstimmenden Satzes 1247 des badischen Landrechtes ab, nach welchem außer den Fällen, wo ein Zahlungsort vereinbart oder eine individuell bestimmte Sache Gegenstand der Verbindlichkeit ist, die Zahlung „in dem Wohnsitze des Schuldners" zu geschehen hat. Da der Beklagte zur Zeit der Auftragserteilung an die Klägerin (Oktober 1888) seinen Wohnsitz in Mannheim hatte und diesen Wohnsitz erst kurze Zeit vor Anstellung der vorliegenden Klage vom 10. April 1891 aufgegeben und sich in Berlin niedergelassen hat, so war die vorgeschützte prozeßhindernde Einrede der Unzuständigkeit des Gerichtes begründet, wenn das Gesetz unter dem Wohnsitze des Schuldners dessen gegenwärtigen Wohnsitz versteht, nicht denjenigen, welchen der Schuldner zur Zeit der Entstehung der Verbindlichkeit hatte. Das Oberlandesgericht hat sich für die Auslegung im ersteren Sinne entschieden, und dieser Ansicht, welche als die herrschende anzuerkennen ist, mußte beigetreten werden.

Für die Annahme, daß, wenn ein anderer Vertragswille nicht erkennbar ist, die Erfüllung da zu erfolgen habe, wo der Schuldner zur Zeit der Erfüllung seinen Wohnort hat, wenn dieser auch ein anderer sein sollte als der, welcher zur Zeit der Begründung der Verbindlichkeit bestand, spricht vor allem der Wortlaut des L. R. S.'s 1247. Da dieser in Absatz 2 den Zeitpunkt der Erfüllung ins Auge faßt, so ist die Bezeichnung des Wohnsitzes des Schuldners als Erfüllungsort auf den nämlichen Zeitpunkt zu beziehen und hätte, wenn der Wohnsitz zur Zeit der Entstehung der Verbindlichkeit gemeint gewesen wäre, eine genaue Abfassung des Gesetzes einen entsprechenden Zusatz erfordert, wie in Abs. 1 des L. R. S.'s 1247, wo für die Verbindlichkeit der Übergabe einer individuell bestimmten Sache als Erfüllungsort der Ort bezeichnet ist, wo sich die Sache zur Zeit der Entstehung der Verbindlichkeit befunden habe.

Von Pothier (Traité des obligations Bd. 2 Nr. 549 S. 31) wurden die bezüglichen Vorschriften des römischen Rechtes in dem Sinne verstanden, „qu'en ce cas (nämlich bei Verbindlichkeiten mit nicht individuell bestimmtem Gegenstande) la chose doit être payée au lieu où elle est demandée, ubi petitur, c'est-à-dire au lieu du domicile du débiteur." Dementsprechend

*) Übereinstimmend L. XVII, 592. A. M. Z. D. II § 319 N. 11 S. 367.

wollte der Code, wenn der Gläubiger nicht für die Aufnahme eines Erfüllungsortes in den Vertrag gesorgt hatte, dies für die Regel dem Schuldner zu gute kommen lassen und bestimmte deshalb, daß alsdann der Schuldner an seinem Wohnorte Zahlung leisten dürfe. Das Exposé de motifs sagt: „si l'objet de la dette est indéterminé, le débiteur peut invoquer la règle suivant laquelle, dans le silence du contrat ou dans le doute qu'il fait naître, il doit être interprété de la manière la moins onéreuse pour lui. Le paiement doit donc alors être fait à son domicile"; und ähnlich spricht sich Jaubert im Berichte an das Tribunat aus, nämlich dahin: Lorsqu'il n'y a pas de convention, c'est le débiteur pour qui la loi se prononce, et avec raison. Toutes les fois que les parties ne se sont pas expliquées, et qu'il faut interpréter, l'interprétation doit se faire plutôt en faveur du débiteur qu'en faveur du créancier; ce qui est fondé sur ce que tout est favorable pour la libération, et que le créancier doit s'imputer de n'avoir pas rédigé les conditions avec plus de clarté" (Locré, la législation civile etc. Bd. 12 S. 368, 467).

Die Vorschrift des Art. 1247 Abs. 2 Code civil, wonach die Geldschuld in der Regel eine Holschuld ist, steht in keiner Beziehung zu einem Gerichtsstande des Erfüllungsortes; ein von dem des wirklichen Wohnsitzes verschiedener Gerichtsstand konnte durch die Wahl eines besonderen Wohnsitzes (domicile élu) für die zwangsweise Vollziehung eines Rechtsgeschäftes begründet werden (Art. 111 Code civil), ohne daß dies wiederum für den Erfüllungsort bestimmend wurde.

Der durch § 29 C. P. O. geschaffene Gerichtsstand des Erfüllungsortes läßt das materielle Recht in Beziehung auf die Festsetzung des Erfüllungsortes bei Verbindlichkeiten unberührt, und daß dieser Gerichtsstand nach der oben gebilligten Auslegung des L. R. S.'s 1247 an praktischer Bedeutung verliert, kann einen Zweifel an der Richtigkeit dieser Auslegung nicht begründen.

II. Mit Bezug auf den **Zahlungsort des Bürgen** vgl. das § 35 unter II abgedruckte U. v. 5. X. 83 (E. X, 282).

III. Über die **Bedeutung des Satzes „nemo subrogat contra se"** vgl. das § 35 unter I abgedruckte U. v. 4. I. 80 (E. III, 347).

IV. **Die Grundsätze der gesetzlichen Subrogation** finden zwischen mehreren Wechselverpflichteten, gegen welche der Inhaber des Wechsels eine solidarische Verurteilung erwirkt hat, zu Gunsten des Zahlenden keine Anwendung. So entschieden durch U. v. 19. VI. 83. (E. X, 299).

Das Bankhaus S. hatte als Inhaber eines von H. gezogenen, von Sch. acceptirten und von L. begebenen Wechsels am 12. Dezember 1877 ein die drei genannten Wechselverpflichteten zur Zahlung der Wechselsumme nebst Zinsen und Protestkosten solidarisch verurteilendes Erkenntnis erwirkt, letzteres gegen H. am 7. Januar 1878 inskribieren lassen und war dann im Laufe der Jahre 1878 und 1879 durch ratenweise Zahlungen des Indossanten L. befriedigt worden.

Ende April 1881 erhob nun die Lehrerin D., welche das der besagten Inskription unterworfene Haus des H. von diesem erworben hatte, sowohl gegen das Bankhaus S. als gegen L., welcher in die Rechte desselben bei der Zahlung eingesetzt zu sein behauptete und zugleich die gesetzliche Subrogation für sich geltend machte, Klage dahin, daß die fragliche Inskription, soweit dieselbe auf dem genannten Hause hafte, gelöscht werde.

Von dem Oberlandesgerichte ist der Klage gemäß erkannt und hat das Reichsgericht die eingelegte Revision zurückgewiesen.

Mit Recht hat auch das Oberlandesgericht die gesetzliche Subrogation des Art. 1251 Nr. 3 Code civil auf den vorliegenden Fall nicht anwendbar erachtet.

Dieselbe setzt voraus, daß mehrere für eine gemeinschaftliche Schuld persönlich oder real verpflichtet sind, wie das bei Solidarschuldnern im Sinne des Art. 1200 Code civil, Bürgen, Drittbesitzern verpfändeter Grundstücke ꝛc. der Fall ist, und hat die Bedeutung, daß, wenn einer der Verpflichteten die Schuld durch Zahlung tilgt, die dem Gläubiger bezüglich derselben gegen die Mitverpflichteten zustehenden Rechte kraft Gesetzes auf denselben übergehen. An der Voraussetzung einer gemeinschaftlichen Schuld, einer unité de l'obligation, vgl. Demolombe, Bd. 27 Nr. 594; Laurent, Bd. 18 Nr. 96, fehlt es aber hier. Wenn nämlich auch jeder der Wechselverpflichteten dem Inhaber des Wechsels für seine ganze Forderung haftet (Art. 49, 81 W. O.), so sind doch die einzelnen durch Ausstellung, Annahme, Girierung ꝛc. eingegangenen Wechselobligationen unabhängig von einander und selbständig. Überdies sind die Folgen, welche sich an die Zahlung eines Wechselverpflichteten knüpfen, durch das Wechselrecht bestimmt, und nach den Grundsätzen desselben wird, wenn, wie hier geschehen, ein Indossant im Regreßwege die Wechselsumme zahlt, der Wechselanspruch nicht getilgt, geht vielmehr auf den Einlösenden, der aus dem Wechselverhältnisse scheidet, im vollen Umfange zu weiterer Regreßnahme kraft eigenen Rechtes über (Art. 51 a. a. O.).

Für die Entscheidung unserer Frage ist es auch ohne Einfluß, wenn der Wechselinhaber, wie es ihm gesetzlich zusteht, ein Urteil gegen die mehreren Wechselverpflichteten erwirkt hat, und kann daher hier der Umstand, daß auf die Klage des Bankhauses S. die drei Beklagten solidarisch zur Zahlung der fraglichen Wechselsumme verurteilt worden, da das Urteil kein neues Recht schafft, an dem zwischen den genannten Personen bezüglich des Regresses bestehenden Rechtsverhältnisse nichts ändern.

§ 27.

Novation.

Es ist anerkannt Rechtens, — so führt das U. v. 22. IV. 87 (E. XVIII, 337) aus, — daß die Gültigkeit einer Novation abhängig ist von dem Vorhandensein einer gültigen Forderung. Dieser Satz führt zu der weiteren Folgerung, daß eine mit einem solchen Mangel behaftete Forderung, welcher zur Vernichtung oder Ungültigkeitserklärung der Forderung führen kann, in Ansehung der Gültigkeit der Novation ebenso zu behandeln ist, als wenn von vornherein keine Forderung bestanden hätte, sofern jener Mangel wirklich zur Hinfälligkeit der Forderung führt. Insbesondere gilt dies von bedingten Forderungen.*)

§ 28.

Aufrechnung.

I. Über den **Unterschied zwischen compensation légale und compensation judiciaire** führt das U. v. 25. XI. 84 (E. XII, 325) aus:**)

Nach den Prinzipien des französischen Rechtes ist die Liquidität der zur Kompensation zu bringenden Ansprüche nicht lediglich ein prozessuales, sondern ein materiellrechtliches Erfordernis der Kompensation.

Art. 1291 Code civil sagt ausdrücklich:

„La compensation n'a lieu qu'entre deux dettes, qui sont également liquides et exigibles."

Es ist daher in Doktrin und Praxis unstreitig, daß die Kompensation, von welcher Art. 1290 a. a. O. spricht, welche von Rechtswegen (de plein droit par la seule force de la loi) eintritt und gleich einer Zahlung wirkt, nur stattfinden kann, wenn beide in Betracht kommende Forderungen liquid sind.

Allerdings erkennt man neben dieser Kompensation, welche als „compensation légale" bezeichnet wird, auch noch eine „compensation judiciaire" an, zufolge deren auch illiquide Gegenforderungen zur Kompensation gebracht werden können; allein in solchen Fällen tritt die Kompensation nicht von Rechts wegen ein, vielmehr handelt es sich dabei nur um die Möglichkeit, illiquide Gegenforderungen dadurch, daß sie im Laufe des Prozesses liquidiert werden, zur Kompensation tauglich zu machen.

II. **Ist das Erfordernis der Liquidität materieller oder prozessualer Natur?** Diese Frage entscheidet mit Rücksicht auf das Verhältnis des Art. 1291 C. c. zur C. P. O. das U. v. 11. V. 86 (E. XVI, 372).

Die Vorschrift des Art. 1291 C. c. ist nicht processualer, sondern materieller Natur und hat ihre Geltung deshalb infolge der Einführung der deutschen Civilproceßordnung nicht verloren. Ebensowenig hat sie hierdurch ihre praktische Bedeutung eingebüßt. Nur wenn die in Art. 1291 aufgestellten Voraussetzungen gegeben sind, kann von dem Eintritt der „compensation légale" die Rede sein. Sind dieselben vorhanden, so kommt aber auch Art. 1290 C. c. zur Anwendung und fehlt es, da nach dieser Vorschrift die beiderseitigen Verpflichtungen, soweit sie dem Betrage nach einander gleichkommen, als erloschen anzusehen sind, an den Vorbedingungen zur Anwendung der §§ 136 Abs. 2, 274 C. P. O., in welchen vorausgesetzt wird, daß eine Hauptforderung und eine Gegenforderung sich noch gegenüberstehen.

III. Über **Kompensation zwischen dem Anspruche des Gläubigers und seiner Schuld an einen seiner Solidarschuldner*****) besagt das U. v. 13. V. 84 (E. X, 356):

*) Vgl. Z. D. II § 323 S. 387 L. XVIII, 249.
**) Vgl. Z. D. II § 325 S. 398 L. XVIII, 388 flg., 473 flg.
***) Vgl. Z. D. II § 326 S. 401.

Aus der Qualität des Solidarschuldners folgt die Ausschließung der kraft Gesetzes eintretenden Kompensation; denn dem Gläubiger, welcher mehrere Solidarschuldner hat, steht nach L. R. S. 1203 das Wahlrecht unter den verschiedenen Schuldnern zu, und ehe er seine Wahl getroffen hat, stehen sich seine Forderung und die des Samtschuldners nicht gegenüber, ist also die Kompensation kraft Gesetzes nicht möglich. Das gleiche Prinzip ist aus L. R. S. 1294 Abs. 2 zu folgern.

§ 29.

Konfusion.

I. **Bildet die Vereinigung des Hypothekarrechtes mit dem Eigentume in einer Person (Konsolidation) nach französischem Rechte einen Erlöschungsgrund der Hypothek?** Diese wichtige Frage*) ist Gegenstand der Entscheidungen v. 22. VI. 86 (E. XVI, 277 flg.) und 20. V. 92 (E. XXIX, 303 flg.).

Die erstgenannte Entscheidung führt grundlegend aus (S. 278):

Die Hypothek wird in Art. 2114 des bürgerlichen Gesetzbuches als das dingliche Recht an einer Liegenschaft bezeichnet, welche für die Erfüllung einer Verbindlichkeit haftet, sie erscheint also nach der Auffassung des Gesetzgebers als ein Recht auf die Sache eines Anderen. Da das Eigentum alle an einer Sache denkbaren Rechte in sich begreift (Art. 544), so kann niemand ein Pfandrecht an der eigenen Sache haben, durch die Vereinigung des Pfandrechtes und des Eigentumes in derselben Hand (Konsolidation) geht daher das Pfandrecht unter. Neuere Rechtsbildungen haben zwar durch die zur Beförderung des Realkredites geschaffenen Grundschulden die Zulässigkeit des Pfandrechtes an der eigenen Sache anerkannt, die Entstehungsgeschichte des französischen Hypothekenrechtes beweist aber, daß diese Anschauung dem bürgerlichen Gesetzbuche fremd ist.

Weder nach dem vor der Revolution in dem größten Teile von Frankreich maßgebenden römischen Hypothekenrechte noch nach dem in einzelnen Provinzen (pays de nantissement) geltenden Systeme war ein Pfandrecht an der eigenen Liegenschaft denkbar, der Grundsatz nemini res sua pignori esse potest fand allgemeine Anerkennung und die Konsolidation galt (wie Pothier Bd. 12 S. 180 bezeugt) unbestrittenermaßen als unbedingter Erlöschungsgrund der Hypothek. Die Gesetzgeber des Code civil waren bestrebt, die Vorzüge der älteren Systeme in der neuen Hypothekengesetzgebung zu vereinigen, sie haben aber den Charakter der Hypothek als des Rechtes an einer fremden Sache und damit deren Erlöschen in der Hand des Eigentümers anerkannt, wenngleich die Konsolidation in das auch in anderer Beziehung unvollständige Verzeichnis der Erlöschungsgründe (Art. 2180) nicht ausdrücklich aufgenommen worden ist.

In diesem Punkte setzt treffend das genannte U. v. 20. V. 92. (E. XXIX, 307) ein, indem es die folgenden, auf der accessorischen Natur der Hypothek basierenden Grundsätze ausspricht:

---

*) Vgl. L. XXXI, 368.

Indessen springt sofort der Unterschied in die Augen, daß es sich bei anderen dinglichen Rechten an fremder Sache um selbständige, für sich bestehende Berechtigungen an der Sache handelt, welche nicht in einem Abhängigkeitsverhältnisse zu anderen Rechten stehen, während die Hypothek keine selbständige Existenz hat, sondern nur ein Zubehör der Forderung ist. Diese Unterscheidung führt es mit sich, daß bei den Hypotheken die Konsolidation nicht wie bei anderen dinglichen Rechten als ein unter allen Umständen wirkender Erlöschungsgrund der Hypothek angesehen werden kann, sondern stets in Verbindung mit der Forderung selbst in rechtlichen Betracht gezogen werden muß. Einen besonderen Anhalt für die vorgedachte Auffassung bieten die Grundsätze des bürgerlichen Gesetzbuches über das Hypothekenreinigungsverfahren (Art. 2181 flg.). Dieses Verfahren gewährt dem Ankäufer eines mit Hypotheken belasteten Grundstückes das Recht, durch Zahlung des vertraglichen Kaufpreises an die Hypothekargläubiger, sowie sie dem Range nach eingetragen sind, das Grundstück von sämtlichen Hypotheken zu befreien. Es besteht nun kein Zweifel darüber, daß auch der Ankäufer selbst, wenn er eine vorher schon auf dem Grundstücke eingetragene Hypothek hat, mit zu den Gläubigern gehört, an welche gemäß Art. 2186 a. a. O. der Rangordnung nach der Kaufpreis zu bezahlen ist. Doktrin und Praxis nehmen sogar fast übereinstimmend an, daß der Ankäufer auch nach dem Ankaufe die Inskription seiner eigenen Hypothek an dem Grundstücke gerade wie jeder dritte Hypothekargläubiger gemäß Art. 2154 a. a. O. erneueren lassen muß, um sie aufrecht zu erhalten und aus dem Kaufpreise befriedigt zu werden, ein offenbarer Beweis, daß ein Erlöschen einer solchen Hypothek durch bloße Konsolidation als gänzlich ausgeschlossen gilt. Der Grund aber, warum das Gesetz in diesem Falle eine Konsolidation des dinglichen Rechtes nicht anerkennt, obgleich der Inhaber desselben zugleich Eigentümer des verpflichteten Grundstückes geworden ist, liegt eben darin, daß eine Aufrechnung der eingetragenen Forderung mit einem entsprechenden Teile des vom Ankäufer zu zahlenden Kaufpreises so lange nicht erfolgen kann, als nicht durch ein Orderverfahren oder durch eine gültige definitive Übereinkunft sämtlicher Beteiligten festgestellt ist, welche der verschiedenen eingetragenen Hypotheken, bezw. in welcher Reihenfolge bei Überlastung des Grundstückes dieselben aus dem Kaufpreise zu bezahlen sind. So lange diese Feststellung nicht erfolgt ist, trifft nicht Forderung und Schuld in derselben Person zusammen, es kann daher auch so lange keine Konfusion eintreten. Weil aber die Forderung selbst nicht untergeht, bleibt auch das accessorisch mit ihr verbundene Hypothekarrecht bestehen.

II. Über die **ungenaue Fassung des Art. 1300 C. c.** besagt das unter I cit. U. v. 22. VI. 86 (E. XVI, 280).

Es ist anzuerkennen, daß der Art. 1300 ungenau gefaßt ist, indem es sich bei der Konfusion nicht um zwei einander entgegenstehende, sondern nur um eine Verbindlichkeit handelt, und daß nicht jede, sondern nur die dauernde Vereinigung der Eigenschaften des Gläubigers und Schuldners die Erlöschung der Verbindlichkeit zur Folge hat. Wenn eine dieser Eigenschaften auf einem widerruflichen Rechtstitel beruht, und infolge einer auflösenden Bedingung die Eigenschaft des Gläubigers oder Schuldners auf eine andere Person übergeht, so wird nach Art. 1183 alles wieder in den Zustand versetzt, wie wenn die Vereinigung nie bestanden hätte.

Zweiter Abschnitt.

Obligationen aus Verträgen.

§ 30.

Kaufvertrag.

I. Den **Kauf mit Vorbehalt des Eigentumsrechtes** behandelt in grundlegender Weise das praktisch wie theoretisch gleichwichtige Erkenntnis vom 7. X. 87 (E. XX, 327).*)

Die klägerische Firma M. u. A. hat der Firma H. & Co. eine Dampfmaschine unter Vorbehalt des Eigentumsrechtes bis zur Auszahlung des Kaufpreises geliefert und außerdem verschiedene Maschinen und Maschinenteile angeblich leihweise überlassen. Nachdem über das Vermögen der Beklagten das Konkursverfahren eröffnet worden war, hat sie den Konkursverwalter zur Herausgabe der Dampfmaschine und der leihweise überlassenen Gegenstände aufgefordert und, als dieser Aufforderung Folge nicht gegeben wurde, Klage erhoben. In dieser wurde: 1. Aussonderung der angeblich im Eigentume der Klägerin stehenden Gegenstände aus der Konkursmasse, 2. Schadensersatz wegen Beschädigung der Dampfmaschine und wegen Verzögerung der Rückgabe der auszusondernden Gegenstände verlangt. Der beklagte Konkursverwalter bestritt die Klage und machte, soweit es sich um die Aussonderung der Dampfmaschine handelt, unter anderem geltend, der Eigentumsvorbehalt sei nach den Vorschriften des Code civil als unwirksam anzusehen. Durch Teilurteil des Landgerichtes Mainz wurde der beklagte Konkursverwalter zur Herausgabe der Dampfmaschine und zu Schadensersatz verurteilt. Dessen Berufung wurde durch Urteil des Oberlandesgerichtes Darmstadt zurückgewiesen. In beiden Instanzen wurde angenommen, daß der Eigentumsvorbehalt wirksam sei. Auf Revision des Konkursverwalters wurde das angefochtene Urteil, soweit es sich um den Schadensersatz handelt, aufgehoben, im übrigen (bezüglich der Aussonderung) aber zurückgewiesen. Soweit die Wirksamkeit des Eigentumsvorbehaltes, welche hier allein interessiert, in Frage steht, beruht die Entscheidung des Reichsgerichtes auf folgenden Gründen:

Bei der gegebenen Sachlage hängt die Entscheidung über die Revision, soweit es sich um die Herausgabe der Dampfmaschine handelt,

*) Übereinstimmend Z. D. II § 349 S. 477. L. XXIV, 9.

lediglich davon ab, ob das Berufungsgericht die von den Parteien getroffene Vereinbarung, daß das Eigentum an der verkauften Dampfmaschine vorerst nicht auf die Käuferin übergehen, der Eigentumsübergang vielmehr bis zur vollständigen Zahlung des Kaufpreises aufgeschoben werden solle, mit Recht für wirksam erklärt hat. Diese Frage ist aber zu bejahen.

Auch unter der Herrschaft des gemeinen Rechtes bestand Streit darüber, ob das pactum reservati dominii die Wirkung habe, das Eigentum an der verkauften Sache dem Verkäufer ungeachtet der Übergabe derselben an den Käufer zu erhalten. Es wurde von manchen Seiten unter Bezugnahme auf l. 80 § 3 Dig. 18. 1 geltend gemacht, da die Tradition dazu bestimmt sei, den Eigentumsübergang zu vermitteln, liege ein Widerspruch darin, daß der Käufer sich dessenungeachtet das Eigentum vorbehalte, dieser Vorbehalt könne deshalb keine Wirkung haben. Aber diese Auffassung hat in neuerer Zeit keine Vertreter mehr gefunden. Es wird zwar noch darüber gestritten, ob der Eigentumsvorbehalt im Zweifel, d. h. wenn die Absicht der vertragschließenden Teile in dieser Richtung nicht bestimmt zu erkennen ist, den Charakter einer Suspensivbedingung oder denjenigen einer Resolutivbedingung habe. Daß aber die Vertragsschließenden berechtigt sind, den Eigentumsübergang bis zur Zahlung des Kaufpreises aufzuschieben, wird in Rechtslehre und Rechtsprechung allgemein anerkannt. Auch das Reichsgericht hat sich wiederholt in diesem Sinne ausgesprochen.

Vgl. Entsch. des R. G.'s in Civils. Bd. 7 S. 147 flg.; Bd. 9 S. 169; Bolze, Praxis des Reichsgerichtes Bd. 1 S. 181, Bd. 3 S. 18.

In der That ist auch nicht abzusehen, wie der bei Übergabe der Sache gemachte Vorbehalt, das Eigentum solle erst in einem späteren Zeitpunkte auf den Käufer übergehen, mit dem Zwecke des Kaufvertrages oder dem der Tradition unverträglich sein soll. Ein Widerspruch mit dem Zwecke des Kaufvertrages könnte nur dann in dem Eigentumsvorbehalte gefunden werden, wenn ausbedungen würde, daß der Käufer überhaupt nicht Eigentümer werden, der Verkäufer vielmehr das Eigentum für alle Zeit behalten solle; von demselben kann keine Rede sein, wenn der Übergang des Eigentums bloß aufgeschoben wird. Was aber die Tradition anbelangt, so hat dieselbe, wenn sie vom Verkäufer vorgenommen wird, zwar regelmäßig den Zweck, das Eigentum an der verkauften Sache zu übertragen. Aber die Übergabe dieser Sache kann auch in anderer Absicht erfolgen, und es können gute Gründe dafür vorliegen, daß das Eigentum ungeachtet der Übergabe der Sache vorerst bei dem Verkäufer verbleiben soll. In solchen Fällen, in welchen die Übergabe der Sache nicht in der Absicht der Eigentumsübertragung erfolgt, liegt derselben ein dinglicher Vertrag nicht zu Grunde. Es hat vielmehr, ungeachtet der Tradition, vorerst bei dem obligatorischen Vertrage sein Bewenden.

Geht man von der im gemeinen Rechte zur Herrschaft gelangten Auffassung aus, daß der Vorbehalt des Eigentums der Natur der Sache nach zulässig sei, so besteht auch kein Grund, demselben im Gebiete des rheinischen Rechtes die Wirksamkeit zu versagen. Allerdings besteht zwischen dem gemeinen und dem rheinischen Rechte in Beziehung auf die Eigentumsübertragung ein tiefgreifender Unterschied, da nach letzterem nicht wie nach gemeinem Rechte ein besonderer, an die Tradition gebundener, dinglicher Vertrag zur Eigentumsübertragung vorausgesetzt wird, nach den Artt. 711, 1138, 1583 des bürgerl. Gesetzbuches vielmehr der einfache, formlose Vertrag die Übertragung des Eigentums ohne weiteres zur Folge hat, wenn die Absicht der Parteien hierauf gerichtet ist. Aber daraus folgt an sich keineswegs, daß der Kaufvertrag nach rheinischem Rechte nur als dinglicher Vertrag denkbar und vorkommen kann. Daraus, daß die auf Eigentumsübertragung als Endziel gerichteten Verträge neben den obligatorischen auch dingliche Wirkungen haben, sofern die Vertragschließenden beide Wirkungen sofort eintreten lassen wollen, kann nicht ohne weiteres geschlossen werden, daß es diesen verwehrt sein soll, sich auf Abschließung eines obligatorischen Vertrages zu beschränken und die Eigentumsübertragung einem späteren Zeitpunkte zu überlassen. Aus dem Umstande, daß das Eigentum nach rheinischem Rechte durch bloßen Vertrag übertragen werden kann, läßt sich die Unzulässigkeit oder Unwirksamkeit eines den Eigentumsübergang aufschiebenden Vorbehaltes nicht ableiten. Auch kann nach rheinischem ebensowenig wie nach gemeinem Rechte geltend gemacht werden, daß zwischen der dem Kaufvertrage zu Grunde liegenden Absicht der Parteien und dem Eigentumsvorbehalte ein Widerspruch bestehe. Wie dort der Tradition durch die Erklärung der Parteien, daß ein dinglicher Vertrag von ihnen nicht beabsichtigt sei, die Wirkung entzogen werden kann, daß das Eigentum durch dieselbe übertragen wird, so können der Natur der Sache nach auch unter der Herrschaft des rheinischen Rechtes die Vertragschließenden erklären, daß ein dinglicher Vertrag nicht vorliege, es vielmehr vorerst bei den obligatorischen Wirkungen des Kaufvertrages (Art. 1582 des bürgerl. Gesetzbuches) sein Bewenden haben solle. Die obligatorischen Verpflichtungen bilden ebenso wie bei den übrigen Verträgen einen genügenden Inhalt für den Kaufvertrag, der an sich keineswegs voraussetzt, daß der Eigentumsübergang sofort erfolgen müsse. Die Annahme, daß dem von den vertragschließenden Parteien vereinbarten Eigentumsvorbehalte die rechtliche Wirkung zu versagen sei, würde sich hiernach nur dann rechtfertigen lassen, wenn sich aus den Vorschriften des bürgerl. Gesetzbuches mit Bestimmtheit ergäbe, daß dasselbe einen Kaufvertrag, der lediglich die obligatorische Verpflichtung zur Eigentumsübertragung enthält, überhaupt nicht kenne oder von demselben nichts wissen wolle. Ja auch in diesem Falle würde das Eigentum des Käufers aus dem einen Eigentumsvorbehalt als Suspensivbedingung enthaltenden Kaufvertrag nur dann abgeleitet werden können, wenn man sich zur Annahme entschlösse, der Eigentumsvorbehalt sei als nicht geschrieben anzusehen und es gehe kraft Gesetzes das Eigentum ebenso über, wie wenn ein solcher Vorbehalt nicht erfolgt wäre. Nimmt man lediglich an, ein Kaufvertrag, dem ein Eigentumsvorbehalt beigefügt sei, habe vorerst überhaupt keine Wirkung, sondern werde erst perfekt, wenn die Bedingung, an welche der Eigentumsübergang geknüpft wurde, ein=

getreten sei, so würde der Käufer auf Grund eines solchen Vertrages vor dem Eintritte der Bedingung ein Eigentumsrecht nicht geltend machen und sonach mit diesem Vertrage das Aussonderungsrecht des Verkäufers nicht abwehren können. In dem bürgerl. Gesetzbuche ist nun aber eine Vorschrift, aus welcher gefolgert werden müßte, daß ein rein obligatorischer, lediglich auf künftige Eigentumsübertragung gerichteter Kaufvertrag ausgeschlossen sein solle, vielmehr jedes Kaufgeschäft die Wirkungen eines dinglichen Vertrages haben müsse, nicht zu finden. Die Vorschrift des Art. 1583 des bürgerl. Gesetzbuches, welche ebenso wie Art. 938 nur eine Folge aus dem in den Artt. 711, 1138 aufgestellten Prinzipe enthält, ist vielmehr nur so zu verstehen, daß das Eigentum infolge des Kaufvertrages ohne weiteres auf den Käufer übergehe, wenn dies die Absicht der Parteien sei. Für diese Auffassung spricht nicht blos die Natur der Sache, da die sofortige Eigentumsübertragung nicht zum Wesen des Kaufvertrages gehört, sondern auch der Umstand, daß der Kaufvertrag, wenn nicht eine genau bestimmte Sache, sondern eine Ware nach dem Gewichte oder nach der Zahl oder nach dem Maße verkauft wurde, unter allen Umständen nur obligatorische Wirkungen hat (Art. 1585 des bürgerl. Gesetzbuches), und das Gesetz auch in anderen Richtungen den Fall vorsieht, daß ungeachtet eines auf Eigentumsübertragung gerichteten Vertrages das Eigentum doch nicht sofort übertragen worden ist (vgl. Art. 1867 des bürgerl. Gesetzbuches).

Auch die Entstehungsgeschichte des Gesetzes spricht gegen die Auffassung, daß nach den Grundsätzen des französischen Rechtes jeder auf Eigentumsübertragung gerichtete Vertrag, insbesondere der Kaufvertrag, den sofortigen Eigentumsübergang zur Folge haben müsse. Im älteren französischen Rechte hatten formell die Grundsätze des römischen Rechtes Geltung behalten, sodaß das Eigentum nicht „nudis conventionibus", sondern nur durch Tradition und Usukapion erworben werden konnte. Thatsächlich wurde aber eine Tradition, soweit es sich um unbewegliche Sachen handelte, nicht mehr vorgenommen, sondern unter Zuhilfenahme des constitutum possessorium regelmäßig durch eine in den Kaufvertrag aufgenommene Klausel ersetzt, durch welche der Verkäufer erklärte, für den Käufer zu besitzen und welche als „tradition feinte" bezeichnet wurde. Infolge dessen bestand teilweise die Auffassung, durch den die „tradition feinte" oder „tradition civile" enthaltenden Vertrag werde das Eigentum übertragen. Thatsächlich wurde durch die erwähnte „clause de style" fast überall die wirkliche Tradition („tradition réelle") ersetzt. Es galt deshalb vielfach der Satz: „Dessaisine et saisine faite en présence de notaire et de témoins vaut et équipolle à tradition et délivrance de possession".

Durch die Vorschriften des Code civil sollte nun, wie sich aus den Gesetzgebungsverhandlungen mit Bestimmtheit ergiebt, im wesentlichen der Zustand, welcher sich bezüglich der Grundstücke herausgebildet hatte, aufrechterhalten und die „tradition réelle" auch formell beseitigt, zugleich aber auch die bisher gebräuchliche „clause de style" für überflüssig erklärt werden. Der Vertrag selbst sollte ohne weiteres die „tradition réelle" ersetzen.

Bei den Vorschriften, welche bestimmen, daß das Eigentum durch bloßen Vertrag übergehe, handelte es sich sonach nur darum, den Vertragschließenden die Notwendigkeit der Tradition (der „tradition réelle" wie der „tradition feinte") zu ersparen und die Eigentumsübertragung durch bloßen Vertrag zu ermöglichen. Nirgends ist aber die Absicht hervorgetreten, in zwingender Weise vorzuschreiben, daß das Eigentum nicht vorbehalten werden könne, sondern infolge des Kaufvertrages ohne Rücksicht auf den Willen der Parteien sofort auf den Käufer rc. übergehen müsse. Bei dieser Sachlage ist es nicht gerechtfertigt, den Vorschriften der Artt. 711, 938, 1138, 1583 des bürgerlichen Gesetzbuches diesen Sinn beizulegen. Die rechtliche Wirksamkeit des suspensiven Eigentumsvorbehaltes wird denn auch in neuerer Zeit in Rechtslehre und Rechtsprechung fast allgemein anerkannt.

II. Über den Eigentumsübergang beim Distanzkaufe führt das U. v. 7. V. 80 (E. I, 415) aus:*)

Das Handlungshaus B. in Smyrna verkaufte an beide Streitesteile je 200 Kisten Rosinen nämlicher Sorte, die es im Februar 1878 für Rechnung und Gefahr der Käufer auf demselben Schiffe an diese absendete. Die für jeden Käufer bestimmten Kisten waren besonders gezeichnet, und wogen die für den jetzigen Kläger bestimmten 183 Kilogramm mehr. Der Kommissionär S. in Köln, der die beiden Konnossemente gegen Honorierung der an seine Ordre gestellten Tratten aushändigen sollte, verwechselte dieselben, und infolgedessen erhielt jeder Käufer die für den anderen bestimmte Ware. Kläger verlangte nun die ihm bestimmten Kisten vom Beklagten mit dem Erbieten, demselben seine Kisten auszuliefern.

In beiden Instanzen wurde seinem Begehren gemäß erkannt und der Kassationsrekurs verworfen aus folgenden Gründen:

In Erwägung zur Rüge, es sei Art. 1583 Code civil verletzt, weil der Kläger nicht als Eigentümer der vindizierten Ware hätte angesehen werden dürfen;

daß nach den Prinzipien des französischen Rechtes Artt. 1138, 1583 Code civil es zur Übertragung des Eigentumes einer Tradition nicht bedarf, vielmehr der bezügliche Vertragswille genügt, diese Übertragung zu bewirken, und zwar nach der richtigeren Ansicht, sowohl unter den Kontrahenten selbst, als Dritten gegenüber — letzteres vorbehaltlich der Bestimmungen über die Transskription bei Immobilien;

daß das Gesetz bei seinen bezüglichen Bestimmungen zwar zunächst nur den Fall im Auge hat, wo bestimmte einzelne Sachen Gegenstand des Vertrages bilden, seine Prinzipien jedoch, wie unbestritten, auch bei Sachen, die nur generell bestimmt sind, also insbesondere beim Genuskaufe Anwendung finden, und zwar vom Zeitpunkte an, wo die Individuali-

*) Vgl. Z. D. II. § 349 N. 10 S. 473. L. XVI, 140.

sierung des Vertragsgegenstandes im Sinne des Vertrages stattgefunden hat (Art. 1585 Code civil);

daß, was insbesondere den Fall betrifft, wo eine Handelsware auswärts bestellt, und vom Verkäufer dem Besteller zugesendet wird, in Frankreich von jeher der bereits von Casaregis (Disc. 39 Nr. 51) aufgestellte handelsrechtliche Grundsatz Geltung hatte, daß regelmäßig mit der Übergabe der Ware an den zur Beförderung derselben an den Käufer beauftragten Spediteur oder Frachtführer das Eigentum der Ware auf den Käufer übergehe, wie dies insbesondere auch bei Beratung des Art. 100 Code de commerce im Staatsrate anerkannt wurde;

vgl. Locré, Esprit du Code commerce t. I. p. 302;

daß man dabei nicht nur den Fall im Auge hatte, wo Spediteur oder Frachtführer vom Käufer selbst bezeichnet sind, sondern vorzugsweise den gewöhnlichen Fall, wo der Verkäufer im vermutbaren Auftrage des Käufers diese Personen wählt, und annahm, durch Übergabe der Ware an den als Mandatar des Käufers zu betrachtenden Spediteur oder Frachtführer vollziehe sich die Tradition, wie dies auch jetzt noch seitens derjenigen Schriftsteller angenommen wird, welche zum Übergange des Eigentumes Dritten gegenüber die Tradition verlangen, z. B. von Massé, Droit commerciel t. III. Nr. 1598 (vgl. §§ 128, 129 preuß. A. L. R. I. 11);

daß aber der besagte Grundsatz umsoweniger einem Bedenken unterliegen kann, wenn man davon ausgeht, nach den Prinzipien des jetzigen Rechtes sei für den Übergang des Eigentumes in jeder Beziehung nur der Vertragswille, sei es der ausdrücklich erklärte, sei es der nach den Umständen zu vermutende, entscheidend, bedürfe es also eines Eingehens auf die Frage der Tradition gar nicht;

daß nun allerdings nach den Akten und dem unwiderlegt gebliebenen Beweiserbieten die Sachlage im vorliegenden Falle insofern eigenartig gestaltet ist, als das Konossement an die Order des Kommissionärs S. in Köln gestellt war, der es an den Kläger nur nach Acceptation der auf ihn gezogenen Tratte ausliefern durfte;

daß jedoch hierin ganz wohl nur eine Ausübung des nach Art. 1612 Code civil dem Verkäufer zustehenden Rechtes, die Ware bis zur Zahlung des Preises zurückzuhalten, welches die Annahme eines bereits erworbenen Eigentumes nicht ausschließen würde, gefunden werden könnte;

daß aber, auch wenn man in fraglicher Verfügung des Verkäufers einen Vorbehalt des Eigentumes erblicken wollte, doch nur zu folgern wäre, es sei das Eigentum der Ware nicht bereits vom Zeitpunkte der Abladung in Smyrna an auf den Kläger übergegangen, während mit dem Augenblicke, wo dieser die Bedingung für Aushändigung des Konossements erfüllt hatte, also berechtigt war, Konossement und somit die Ware selbst zu verlangen, alle Voraussetzungen zum Übergange des Eigentumes vorlagen, nämlich einerseits der Wille des Verkäufers, die in der Faktura bezeichnete Ware in Eigentum zu übertragen, und andererseits der Wille des Käufers, diese Ware sich übertragen zu lassen, folglich jedenfalls in diesem Zeitpunkte das Eigentum auf Kläger übergegangen sein würde;

daß es dabei auch nicht darauf ankommt, ob das richtige Konossement und somit die richtige Ware ausgeliefert wurde oder nicht, da nicht die Tradition als solche, sondern der Vertragswille den Übergang des Eigentumes bewirkt, wie denn z. B. beim Spezieskaufe kein Zweifel bestehen kann, daß es für den Eigentumsübergang belanglos ist, wenn ein falscher Gegenstand überliefert wurde.

III. **Treten die rechtlichen Folgen des Annahmeverzuges nach Art. 1657 C. c. auch bei Handelskäufen ein?** Diese Frage bejaht für das Gebiet der sg. Fixgeschäfte das U. v. 3. V. 89 (R. A. 80. 3. 146):

Anlangend den Art. 1657 des C. c., so tritt zufolge der Vorschrift desselben beim Verkaufe von Lebensmitteln und beweglichen Sachen — en matière de vente des denrées et effets mobiliers — mit dem Ablauf der zur Empfangnahme bestimmten Frist die Auflösung des Vertrages, ohne daß es einer vorgängigen Aufforderung bedarf, kraft Gesetzes ein. Daß diese allgemein lautende Vorschrift, welche auf der Natur und den Bedürfnissen des Mobilarverkehres beruht (Exposé de motifs, Locré, Bd. XIV S. 157) auch auf Handelskäufe, bei denen der Grund derselben besonders zutrifft, Anwendung findet, ist in der Rheinisch-Französischen Rechtslehre überwiegend, und in der Judikatur konstant angenommen. Daß auch der Verkäufer, zu dessen Gunsten die Auflösung des Vertrages eingetreten, nach allgemeinen Rechtsgrundsätzen Schadenserſatz erlangen kann, bedarf keiner Ausführung.

Voraussetzung des Artikels ist nun aber eine bestimmte vertragliche Abnahmefrist und es verneinen daher Massé droit comm. Bd. III Nr. 1833, Massé et Vergé Bd. IV S. 306, 4. mit Bezugnahme auf ein Urteil bei Sirey 37. 2. 193 die Anwendung desselben auf den Fall, wenn innerhalb eines festgesetzten Zeitraumes, dans un espace de temps, die Abnahme erfolgen soll, weil es in einem solchen Falle an einem terme précis de retirement fehle. Mit Rücksicht auf die Bedeutung und Wirkung, welche die bezogene Gesetzesvorschrift der Frist beilegt, wird grundsätzlich anzunehmen sein, daß das Gebiet derselben auf den Kreis der sog. Fixgeschäfte i. S. des Art. 357 des deutschen Handelsgesetzbuchs zu beschränken ist.

IV. Die **rechtliche Natur der Gewährleistungspflicht des Verkäufers** erörtert grundlegend das U. v. 22. IV. 87. (E. XVIII, 335).*)

Es muß davon ausgegangen werden, daß das französische Recht die Gewährleistungspflicht des Verkäufers als eine die Gegenleistung des Preises bedingende Pflicht der Vertragserfüllung ansieht und aus derselben nicht lediglich eine die Gültigkeit des Vertrages selbst unberührt lassende Entschädigungsforde-

*) Vgl. Z. D. I § 355 S. 502. L. XXIV, 234, 238, 250.

rung des Käufers herleitet. Die Verpflichtung des Verkäufers zur Erfüllung seines Vertrages besteht nach dem Bürgerlichen Gesetzbuche darin, daß er dem Käufer das Eigentum der verkauften Sache überträgt. In diesem Sinne ist die im Art. 1582 a. a. O. gegebene Definition des Kaufvertrages nicht korrekt.

Vgl. Zachariä-Dreyer, Bd. 2 § 349. S. 470.

Der Käufer zahlt den Preis, um das Eigentum der Sache zu erlangen. Überträgt ihm der Verkäufer nicht das Eigentum, so erfüllt er seine vertragliche Pflicht nicht und seiner Kaufpreisforderung fehlt, wenn die Entwährung eintritt, die zu ihrem Bestande erforderliche causa. Der Käufer ist berechtigt, wegen eingetretener Eviktion die ausdrückliche Aufhebung des ganzen Vertrages gemäß Art. 1184 zu verlangen; er kann aber auch, ohne dies zu thun, mit der Gewährleistungsklage den bereits gezahlten Preis als ein indebitum zurückfordern. Diese schon von Dumoulin und Pothier vertretene Theorie ist von dem Bürgerlichen Gesetzbuche, wie aus einzelnen Bestimmungen desselben hervorgeht, adoptiert worden, wenngleich anerkannt werden muß, daß dieselbe nicht in allen ihren Konsequenzen im Gesetze durchgeführt worden ist. Daß in der That der Eviktionsanspruch des Käufers nicht als eine bloße Schadensersatzforderung angesehen werden könne, ergiebt sich schon aus dem Art. 1629 a. a. O., welcher bestimmt, daß der Kaufpreis selbst in dem Falle zurückgegeben werden muß, wenn die Kontrahenten durch besondere Verabredung jede Gewährleistungspflicht des Verkäufers ausgeschlossen haben. Der Gedanke des Gesetzes ist hiernach offenbar, daß der Verkäufer im Falle der Eviktion seinen Anspruch auf den Kaufpreis überhaupt verloren habe, weil die Gegenleistung fehlt. In diesem Sinne ist auch der Art. 1630 zu verstehen, wenn er bestimmt, daß bei eintretender Eviktion, falls die Gewährleistung nicht ausgeschlossen ist, der Käufer die Rückgabe des Preises und außerdem Schadensersatz fordern kann. Der Preis muß zurückgegeben werden, weil die Forderung rückwärts hinfällig geworden ist; der Anspruch auf Schadensersatz dagegen bildet eine persönliche, mit der Eviktion erst ins Leben tretende Forderung des Käufers gegen seinen Verkäufer. Dasselbe Prinzip bezüglich des Kaufpreises ist im Art. 1631 zu erkennen, durch welchen auch in dem Falle, wo zur Zeit der Entwährung die verkaufte Sache entweder durch Nachlässigkeit des Käufers oder durch höhere Gewalt in ihrem Werte verringert ist, der Verkäufer nichtsdestoweniger für verpflichtet erklärt wird, den vollen Kaufpreis zurückzuzahlen. Hätte das Gesetz dem Käufer auch bezüglich des Kaufpreises nur einen mit der Eviktion entstehenden Entschädigungsanspruch zuerkennen wollen, so würde die Konsequenz nur dahin haben führen können, den Käufer als den Eigentümer der Sache den Schaden tragen zu lassen, welcher vor der Entwährung durch die erwähnte Verminderung des Wertes der Sache entstanden sein möchte. Nach derselben Richtung hin lassen sich einzelne Bestimmungen der Art. 1636, 1637 über die Folgen einer teilweisen Entwährung verwerten, welche jedoch zugleich erkennen lassen, daß das

Gesetz den nach Vorstehendem angenommenen Grundsatz bei der Anwendung im einzelnen nicht mit aller Schärfe durchgeführt hat.

V. **Mit Bezug auf die kurze Verjährung nach Art. 1648 C. c.** führt das U. v. 3. II. 85 (E. XII, 352) aus:

Die Einrede der Verjährung erscheint schon deshalb nicht begründet, weil Art. 1648 C. c., wie auch das Reichsoberhandelsgericht in einem Urteile vom 19. April 1879 entschieden hat, nur für die Klage aus redhibitorischen Mängeln gilt, nicht aber für die auf Grund einer besonderen Zusage (dictum et promissum) erhobene Klage.

Im letzteren Falle wird nicht die Gewährleistung wegen eines verborgenen Mangels der Sache und infolge hiervon die Aufhebung des Vertrages begehrt (Artt. 1625, 1641, 1644 Code civil), sondern der Anspruch auf Vertragsauflösung ist darauf gestützt, daß der Verkäufer eine im Vertrage übernommene Verbindlichkeit nicht erfüllt habe (Artt. 1184, 1146 a. a. O.). Es ist nun aber nicht gerechtfertigt, die für die Gewährleistung bestimmte besondere kurze Verjährung auf die auf einem anderen Grunde beruhende Klage auszudehnen.

§ 31.

Cession.

I. **Kann die Übertragbarkeit einer Forderung mit Wirkung gegen Dritte durch Rechtsgeschäft ausgeschlossen werden?** Diese bestrittene Frage verneint*) das U. v. 10. III. 91. (E. XXVII, 339).

Der bei der beklagten Gesellschaft versicherte Bäcker A. cedierte, nachdem er einen Brandschaden erlitten hatte, seinen Entschädigungsanspruch an seine Gläubiger bis zum Betrage der Forderungen derselben. Als diese auf Zahlung des cedierten Betrages klagten, bestritt die Gesellschaft die Zulässigkeit der Klage, weil der Versicherungsvertrag bestimme: „Vor Feststellung der Existenz und des Betrages einer Schadensforderung ist eine Cession der Entschädigungsansprüche der Gesellschaft gegenüber wirkungslos. Letztere ist nicht verbunden, sich auf Verhandlungen über den Schaden und dessen Betrag mit anderen Personen als dem Versicherten oder beziehentlich dessen Erben einzulassen.“ Beide Instanzen wiesen die Klage als zur Zeit unstatthaft ab; das Berufungsurteil wurde aufgehoben.

Das Berufungsgericht geht davon aus, daß die Vertragsbestimmung, welche vor Feststellung der Existenz und des Betrages einer Schadensersatzforderung jede Cession der Entschädigungsansprüche der Gesellschaft gegenüber für wirkungslos erklärt, nach französischem Rechte nicht zu beanstanden sei. Ob nach gemeinem Rechte die Übertragbarkeit einer Forderung mit Wirkung gegen Dritte durch Rechtsgeschäft ausgeschlossen werden könne, ist eine unter den Gerichten und den Rechtslehrern sehr bestrittene Frage.

Für das Gebiet des französischen Rechtes aber muß angenommen werden, daß der § 295 des Entwurfes zum bürgerl. Gesetzbuche, welcher

---

*) Übereinstimmend L. XXIV, 467.

einem solchen Rechtsgeschäfte die Wirkung gegen Dritte versagt, kein neues Recht schaffen wird. Im Interesse der öffentlichen Ordnung und der allgemeinen Wohlfahrt stellt das bürgerl. Gesetzbuch in den Artt. 537, 544 den Grundsatz der freien Verfügungsgewalt des Eigentümers auf und zieht daraus in Art. 1598 die Folgerung, daß jede dem Verkehr unterworfene Sache verkauft werden könne, sofern nicht besondere Gesetze die Veräußerung untersagen. Was hier für das Eigentum an körperlichen Sachen bestimmt ist, findet auch Anwendung auf Klagen und Forderungen, denn das Gesetz stellt dieselben in Art. 529 den beweglichen Sachen gleich und behandelt die Übertragung von Forderungen in Artt. 1689 flg. lediglich als eine Unterart des Kaufvertrages, für welche die Regeln dieses Geschäftes zur Anwendung kommen. Der vertragsmäßigen Ausschließung der Übertragbarkeit wird daher von der Rechtsprechung und Rechtslehre übereinstimmend die Wirkung gegen Dritte versagt.

Der Beklagte macht nun aber geltend, daß § 15 Abs. 2 der Versicherungsbedingungen nicht die Cession der Schadensersatzforderung überhaupt untersage, sondern nur ausspreche, daß die Versicherungsgesellschaft nicht verbunden sei, sich auf Verhandlungen über Feststellung des Schadens und seines Betrages mit anderen Personen als dem Versicherten selbst einzulassen, daß eine solche Beschränkung ihrer Verpflichtungen aus dem Versicherungsvertrage in Bezug auf die Ermittelung der Existenz und Höhe der erst festzustellenden Vergütungsforderung nicht als unzulässig betrachtet werden könne und auch in der Rechtsprechung der französischen Gerichte mehrfach als gültig anerkannt worden sei. Ob dieser Ansicht beizutreten, oder ob, von dem Grundsatze der Unwirksamkeit eines Veräußerungsverbotes bei Forderungen ausgehend, auch der Anspruch auf Feststellung der Vergütung als ein solcher anzusehen sei, dessen Übertragbarkeit mit Wirkung gegen Dritte nicht ausgeschlossen zu werden vermöge, kann aber dahin gestellt bleiben; denn jedenfalls ist die erwähnte Klausel nicht geeignet, das in Art. 1166 den Klägern als Gläubigern gewährte Recht zu beseitigen, alle Rechte und Klagen ihres Schuldners, die nicht ausschließlich seiner Person anhaften, geltend zu machen.

Die Bestimmung des Art. 1166 ist eine Anwendung des in Art. 2093 aufgestellten allgemeinen Grundsatzes, nach welchem das Vermögen des Schuldners das gemeinschaftliche Unterpfand der Gläubiger bildet. Das Recht der Gläubiger findet nur bezüglich derjenigen Rechte seine Grenzen, welche vermöge ihrer Beschaffenheit an die Person des Schuldners gebunden sind. Wie es aber unzulässig ist, durch Vertrag einen Vermögensgegenstand, insbesondere auch eine Forderung dem Verkehre zu entziehen, so kann auch ein Rechtsgeschäft zwischen dem Schuldner und einem Dritten den Anspruch des Schuldners nicht zu einem mit dessen Person unzertrennlich verbundenen machen. Alle dem freien Verkehre unterworfenen Rechte und Klagen des Schuldners, welche Geld oder Geldeswert zum Gegenstande haben, unterliegen, von den gesetzlichen Ausnahmebestimmungen abgesehen, ebenso dem durch Art. 1166 geschaffenen Rechte wie der gerichtlichen Zwangsvollstreckung. In Beziehung auf dieses Recht sind die Gläubiger kraft Gesetzes Bevollmächtigte ihres Schuldners.

Wenn sie in dieser Eigenschaft eine ihrem Schuldner zustehende Klage anstellen, kann ihnen daher nicht die Einrede entgegengehalten werden, daß sich der Beklagte vertragsmäßig das Recht ausbedungen habe, über den Gegenstand des Rechtsstreites nur mit dem Schuldner selbst oder dessen Erben zu verhandeln.

Hiernach war die angefochtene Entscheidung aufzuheben, und da eine prozeßhindernde Einrede im Sinne der §§ 247, 500 Ziff. 2 C. P. O. nicht in Frage steht, die Sache unter Vorbehalt der Entscheidung über die Kosten zur weiteren Verhandlung an das Berufungsgericht zurückzuverweisen.

II. **Die Cession einer Forderung erlangt dem Schuldner gegenüber rechtliche Wirksamkeit erst mit der Signifikation bezw. der Annahme in einer öffentlichen Urkunde.***)

Diesen Rechtsgrundsatz mit seinen Consequenzen hat das R. G. im Widerspruch zu dem U. v. 11. XII. 83 (E. XI, 339) in grundlegender Weise ausgesprochen in dem U. v. 26. IV. 92 (E. XXIX, 295).

Nach Art. 1138 B. G. B. hat die Cession zwar, soweit es sich um das Verhältnis zwischen dem Cedenten und dem Cessionar handelt, ohne weiteres die Wirkung einer (rechtlichen) Übertragung der Forderung. Auch erfolgt nach Art. 1689 unter diesen Personen die (thatsächliche) Übergabe durch Einhändigung der Urkunde über die Forderung. In dieser Richtung kommt es sonach nicht darauf an, ob eine Zustellung der Cession an den Schuldner stattgefunden hat. Dagegen bestimmt Art. 1690, daß dritten Personen gegenüber der Cessionar erst von dem Augenblicke an Inhaber der Forderung wird (est saisi à l'égard des tiers), in welchem die Cession dem Schuldner zugestellt oder von diesem in einer öffentlichen Urkunde angenommen worden ist. Dieser Bestimmung muß mit Rücksicht auf das Verhältnis zwischen den Artt. 1689, 1690, sowie auf die Entstehungsgeschichte und den Zweck der letzteren Vorschrift die Bedeutung beigelegt werden, daß nicht etwa bloß dem Schuldner bis zur Zustellung Zahlung an den Cedenten gestattet wird, wozu Art. 1691 genügt hätte, daß vielmehr, wie dies auch im älteren französischen Rechte der Fall war, ungeachtet der erfolgten Cession bis zu deren Zustellung Dritten gegenüber noch der Cedent als Gläubiger gelten soll. Als solche dritte Personen müssen aber alle durch die Cession berührten Personen außer dem Cedenten und dem Cessionar angesehen werden, und zwar nicht bloß, wie nie bezweifelt worden ist, die Gläubiger des Cedenten und des Cessionars, sowie Cessionare aus einer späteren Zeit, sondern auch der cedierte Schuldner. Für diese Auffassung, welche im älteren Rechte allgemeine Geltung hatte, spricht auch die im Art. 2214 B. G. B. enthaltene Vorschrift. Im Verhältnisse zum Schuldner ist sonach, solange die Voraussetzungen des Art. 1690 nicht gegeben sind, gleichsfalls nur der Cedent als derjenige anzusehen, zu dessen Vermögen die cedierte

*) A. M. Z. D. II § 359 S. 528. Übereinstimmend L. XXIV, 481, 482, 521.

Forderung gehört, und der berechtigt ist, sie geltend zu machen. Der Cessionar hat hiernach in der Regel das dringendste Interesse daran, daß die Cession sofort zugestellt, und er dadurch gegen eine nochmalige Übertragung der Forderung, sowie gegen Zugriffe seitens der Gläubiger des Cedenten gesichert werde. Er kann allerdings, wie in einem Urteile des Reichsgerichtes vom 23. Oktober 1891 (Rep. II. 273/91) ausgesprochen worden ist, die Zustellung der Cession mit der Erhebung der Klage verbinden. Auch kann er die in Art. 1690 vorgeschriebene Mitteilung der Klageschrift selbst einverleiben. Solange eine Zustellung der Cession überhaupt nicht erfolgt und diese auch nicht vom Schuldner in gesetzlicher Form angenommen worden ist, gilt aber dem letzteren gegenüber der Cedent als Gläubiger. Wenn dieser, sei es im Einverständnisse mit dem Cessionar, sei es unter Mißachtung der erfolgten Übertragung, Klage erhebt, kann ihm der Schuldner sonach nicht den Einwand entgegensetzen, daß er wegen der erfolgten Cession nicht mehr zur Klage berechtigt sei.

III. Bezüglich der **Erfordernisse der Signifikation** und der **Wirkung einer sonstigen Kenntnis des Schuldners von der Cession** entnehmen wir dem U. v. 18. XI. 90 (E. XXVII, 319) die folgenden Ausführungen.

Unter der in Art. 1690 Abs. 1 Code civil geforderten „signification du transport“ versteht das Gesetz, daß dem Schuldner von der Thatsache, daß die Forderung von seinem bisherigen Gläubiger an eine andere Person übertragen wurde, Mitteilung gemacht werde, und zwar in einer bestimmten Form. Die Vorschrift bezweckt eine Sicherung dritter Beteiligter darüber, daß und von welchem Zeitpunkte an eine Veränderung in der Person des Forderungsberechtigten eingetreten sei. Die Form im einzelnen, in welcher diese an den Schuldner zu machende Mitteilung geschehen soll, und den Träger dieser Mitteilung hat der Code civil nicht näher bezeichnet. Dies muß sich daher innerhalb der verschiedenen Gebiete, in welchem der Code civil Geltung hat, nach dem betreffenden Landesgesetze richten.

Die Bestimmung des Art. 1690 Code civil, wonach der Cessionar den Besitz der ihm übertragenen Forderung gegen dritte Personen nur durch die „signification du transport“ erlangt, ist noch vervollständigt durch die ausdrückliche Bestimmung des Art. 1691 Code civil, wonach, wenn der Schuldner an den Cedenten gezahlt hat, ehe ihm die Cession signifiziert wurde, er rechtswirksam befreit ist. Aus dieser ausdrücklichen Bestimmung ergiebt sich der Grundsatz des Gesetzes, daß der Cessionar Tilgungsgründe, welche dem Cedenten gegenüber vor der Signifikation entstanden sind, auch sich entgegenhalten lassen muß. Es ist daher nicht gestattet, auch eine sonstige, sich nicht als Signifikation im Sinne des Gesetzes charakterisierende Kenntnis des Schuldners von der Cession der Signifikation mit der Wirkung gleichzustellen, daß schon von jener sonstigen Kenntnis an die Berufung des Schuldners auf Tilgungsgründe die nämliche Beschränkung erleidet wie durch die Signifikation, wobei dahingestellt bleiben kann, welche Wirkungen eine irgendwie erlangte Kenntnis des Schuldners von der Cession bei einer förmlichen fraus oder Kollusion habe. Insbesondere enthält Art. 1295 Code civil gerade eine Bestätigung des aus Art. 1690, 1691 Code civil sich ergebenden Satzes, daß (abgesehen von der Annahme der Cession durch den Schuldner) die Signifikation und erst die Signifikation nur die Kompensation jener Forderungen hindert, welche erst nach der Signifikation entstanden sind.

IV. Eine **Erweiterung der beschränkten Haftung des Cedenten nach Art. 1694 C. c. ist statthaft,** wie das R. G. in dem U. v. 3. XII. 86 (E. XVII, 310) entschieden hat.

Die Revision rügt Verletzung des L. R. S. 1694, weil mit Unrecht die vertragsmäßige Übernahme einer über den Betrag des Cessionspreises hinausgehenden Haftung für statthaft erklärt worden sei. Diese Rüge erscheint jedoch nicht begründet. Zwar ergiebt sich aus der Entstehungsgeschichte des Art. 1694, daß der Gesetzgeber nach dem Vorbilde der l. 22 Cod. mand. 4, 35 die Cession von Forderungen als Mittel zur Einkleidung wucherlicher Verträge ungünstig behandelte und deshalb im Art. 1699 für die Cession streitiger Forderungen das der lex Anastasiana entsprechende Retraktrecht des Schuldners einführte und in Art. 1694 bei der sogenannten garantie de fait die Haftung des Cedenten auf den Betrag des Cessionspreises beschränkte. Aus dieser Besorgnis des Gesetzgebers und der auf ihr beruhenden Beschränkung der gesetzlichen Gewährleistungspflicht des Cedenten, welcher auch die garantie de fait übernommen hat, kann aber nicht gefolgert werden, daß es sich hierbei um eine Vorschrift handele, welche die Handhabung der öffentlichen Ordnung und der guten Sitten zum Zwecke habe, von welcher daher Verträge keine Ausnahme begründen können (L. R. S. 6). Es ist vielmehr anzunehmen, daß es weder der öffentlichen Ordnung noch den guten Sitten widerspreche, wenn der Cedent vertragsmäßig, also bewußt, seine vom Gesetze beschränkte Haftung erweitert. Dafür spricht auch, daß der L. R. S. 1694 nicht, wie z. B. L. R. S. 1660, 1674, 1828, 1837, 2078, 2088, das Verbot einer vertragsmäßigen Abänderung enthält.

§ 32.

Mietvertrag.

I. Zur **Auslegung des Art. 1760 C. c.** bezüglich der Frage, ob ein Schadensersatz nur in dem Falle mißbräuchlicher Benutzung des Mietgegenstandes gefordert werden könne, führt das R. G. in dem U. v. 18. XII. 83 (E. XI, 358) aus:

Das Oberlandesgericht geht im Anschluß an die frühere Entscheidung des Reichsgerichtes (Entsch. in Civils. Bd. 7 S. 20) davon aus, daß, wenn der Konkursverwalter auf Grund des § 17 der Konkursordnung den vom Gemeinschuldner abgeschlossenen Mietvertrag kündige, dem Vermieter ein Entschädigungsanspruch, soweit derselbe nach den Vorschriften des bürgerlichen Rechtes begründet sei, zustehe, nimmt dann aber an, daß Art. 1760 Code civil, der nach seiner allgemeinen Fassung auch auf den vorliegenden Fall Anwendung finde, eine Ausnahme von der allgemeinen Regel über Schadensersatzpflicht (Art. 1149 Code civil) dahin bilde, daß der Ersatzanspruch, abgesehen von einem durch den Mißbrauch des Mietobjektes entstandenen Schaden, lediglich in dem für die zur Wiedervermietung erforderliche Zeit zu zahlenden Mietpreise bestehen solle.

Diese Annahme muß als rechtsirrtümlich erachtet werden. Zunächst scheint es verfehlt, wenn das Oberlandesgericht den Art. 1760 a. a. O. an den Schlußsatz des Art. 1149 a. a. O. zu knüpfen versucht. Wenn nämlich letztere Gesetzesvorschrift, welche den allgemeinen Grundsatz ausspricht, daß dem Gläubiger der durch die Nichterfüllung des Vertrages entstandene Verlust und entgangene Gewinn zu ersetzen sei, am Schlusse die dort erwähnten Ausnahmen und Modifikationen vorbehält, „sauf les exceptions et modifications ci-après“, so bezieht sich dieser Vorbehalt ersichtlich auf die unmittelbar folgenden Vorschriften der Artt. 1150 flg.; — es ist aber aus demselben, der den Art. 1760 gewiß nicht vor Augen hat, für die Frage, ob letzterer im restriktiven Sinne zu interpretieren sei, ein Anhalt nicht zu schöpfen. Auch aus dem Wortlaute des Art. 1760 ergiebt sich kein durchschlagendes Argument für die Auffassung des Oberlandesgerichtes, denn damit, daß derselbe nur den Fall des „abus“ hervorhebt, ist nicht ohne weiteres auch die Annahme gerechtfertigt, daß der Gesetzgeber einen in anderer Richtung nach allgemeinen Regeln begründeten Ersatzanspruch habe ausschließen wollen. Und gegen diese Annahme spricht entscheidend die Paraphrase, mit welcher der Tribun Mouricault denselben (Locré, Bd. 14 S. 435) vor dem gesetzgebenden Körper erläutert:

„S'il y a résiliation du bail . . . . . pour le fait du locataire, dans l'une des circonstances indiquées par la loi, le locataire, indépendamment des dommages et intérêts à sa charge, sera tenu du loyer pour le temps ordinairement laissé au propriétaire pour s'assurer d'un nouveau locataire.“

Hiernach entscheidet sich richtiger Anschauung gemäß die Frage des Schadensersatzes hier nach den allgemeinen gesetzlichen Prinzipien. So betrachtet auch Laurent, Bd. 25 Nr. 379 den Art. 1760 als eine Anwendung der letzteren enthaltend, und Zachariä (Puchelt), Bd. 2 S. 540, giebt den Schlußsatz desselben so wieder:

„Unbeschadet übrigens des Schadensersatzes, den der Mieter sonst noch, z. B. wegen eines Mißbrauches der Sache, zu leisten verbunden sein kann.“

Hiernach erscheint der streitige Anspruch, der einen Schadensersatz für die Wiedervermietung zu geringerem Preise zum Gegenstande hat, im Prinzipe begründet.

II. **Hat der Besteller das Rücktrittsrecht nach Art. 1794 C. c. auch dann, wenn der Unternehmer den Stoff der anzufertigenden Sache liefert?** Die bestrittene Frage bejaht*) das G. R. in dem U. v. 9. XII. 84 (E. XII, 348).

*) Übereinstimmend Z. D. II § 374 N. 18 S. 593. L. XXVI, 19.

Der Art. 1794 Code civil, um dessen Anwedung es sich handelt, steht in dem dritten Abschnitte des Kap. 3 Tit. 8 vom Mietsvertrage unter der Überschrift „Des devis et marchés“, welche nach Art. 1779 Abs. 3 eine Unterart der louage d'ouvrage bilden. Nach Vorschrift des Art. 1787 a. a. O., welcher den genannten Abschnitt eröffnet, kann der Werkverdingungsvertrag in der Weise geschlossen werden, daß der Unternehmer lediglich seine Arbeit oder seinen Gewerbfleiß hergiebt, oder auch zugleich den Stoff liefert, und die daran sich anschließenden Art. 1788—1799 bestimmen, welche rechtlichen Folgen unter der einen und anderen Voraussetzung im Falle des Unterganges der Sache eintreten. Nachdem dann in den folgenden Artikeln (Art. 1791 bezüglich der nach Stück oder Maß zu liefernden Arbeiten, Art. 1792, 1793 in betreff der Unternehmung von Bauten) besondere Regeln gegeben werden, folgt Art. 1794, welcher bestimmt, daß derjenige, welcher einen Werkverdingungsvertrag in Bausch und Bogen — marché à forfait — geschlossen hat, nach Belieben den Vertrag auflösen kann, wenn er den Unternehmer für alle seine Arbeit, seine Auslagen und den zu erzielenden Gewinn entschädigt. Der Grund dieser Bestimmung ist der, daß der Besteller nicht an den Vertrag gebunden sein soll, wenn er an dessen Ausführung kein Interesse mehr hat, z. B. weil der Gegenstand desselben nicht weiter für ihn von Nutzen ist, weil ihm vielleicht unter veränderten Verhältnissen die Mittel zur Zahlung fehlen 2c. Das Gesetz gestattet ihm deshalb den freien Rücktritt, während es andererseits das Interesse des Unternehmers dadurch wahrt, daß es den Besteller zur vollständigen Schadloshaltung auch für den entgangenen Gewinn verpflichtet.

Wenn es sich nun fragt, ob die bezogene Gesetzesvorschrift auf beide Fälle des Art. 1787 a. a. O. anzuwenden, oder, wie das Oberlandesgericht annimmt, auf den Fall, wo der Unternehmer lediglich seine Arbeit hergibt, zu beschränken sei, so müssen die Gründe, welche für die erstere Annahme sprechen, als überwiegend erachtet werden. Zunächst ist unbedenklich, daß Art. 1794 nach seinem allgemeinen Wortlaute, und darauf weist auch die Stellung desselben hin, den einen wie den anderen Fall des Art. 1787 a. a. O. umfaßt, und sodann trifft nicht minder der angeführte Grund des Gesetzes auch in dem Falle, wenn der Unternehmer zugleich den Stoff liefert, im vollen Maße zu. Demgegenüber macht das Oberlandesgericht nun geltend, daß zwischen den beiden Fällen des Art. 1787 ein rechtlicher Unterschied bestehe, daß nämlich der Vertrag in dem zuletzt genannten Falle, wo derselbe sich als Lieferungsvertrag charakterisiere, wie das von dem ersten Richter auf Grund des Art. 1711 und der Entstehungsgeschichte des Art. 1787 zutreffend ausgeführt, nach den Grundsätzen von dem Kaufe zu beurteilen sei, und daß bei synallagmatischen Verträgen der einseitige Rücktritt eines Kontrahenten prinzipiell ausgeschlossen erscheine (Art. 1184 a. a. O.). Dabei ist nun aber nicht außer acht zu lassen, daß ein Vertrag der fraglichen Art, bei dem es sich immerhin nur von dem Kaufe einer erst anzufertigenden, also künftigen Sache handelt, und die Perfektion desselben, sowie der Eigentumsübergang erst mit der Annahme der fertig gestellten Sache eintritt, einen aus Werkmiete und Kauf gemischten Charakter hat, und daher kein rechtliches Hindernis besteht, die Auflösung eines solchen Vertrages auf Grund des Art. 1794 a. a. O., wie der Wortlaut und Grund des letzteren es gestatten, zuzulassen. Ist nun nach vorstehendem die Anwendung des Art. 1794 a. a. O. auf den gegenwärtigen Fall begründet, so stand der Klägerin kein Recht zu, nach der Rücktrittserklärung der Beklagten die fragliche Maschine fertig zu stellen und die Zahlung des eingeklagten Kaufpreises zu fordern.

§ 33.

Gesellschaftsvertrag.

Die Voraussetzungen der Kündigung eines Gesellschaftsvertrages behandelt das U. v. 26. IX. 90. (E. XXVII, 301).

Die Streitteile haben zu Ende des Jahres 1887 oder Anfang des Jahres 1888 mündlich einen Gesellschaftsvertrag zu dem Zwecke geschlossen, das liegenschaftliche Anwesen der Altammann G. Eheleute in Sch. auf gemeinschaftliche Rechnung zu kaufen und wieder zu verkaufen. Der Beklagte hat am 26. November 1888 die Gesellschaft den Klägern gekündigt, am 6. Oktober 1889 das bezeichnete Anwesen gekauft und es bald darauf mit beträchtlichem Gewinne wieder verkauft. Die Kläger klagten auf Anerkennung ihrer Beteiligung am Gewinne, indem sie jene Kündigung sowohl an sich, als weil sie nicht redlicherweise geschehen sei, für unstatthaft erachteten. Das die Klage abweisende Urteil des Oberlandesgerichtes wurde aufgehoben.

1. Soweit es sich darum handelt, ob, abgesehen von der klägerischerseits behaupteten Unredlichkeit der vom Beklagten vorgenommenen Kündigung, der zwischen den Streitteilen abgeschlossene Gesellschaftsvertrag gekündigt werden konnte, ist das Gesetz nicht verletzt.

Nach L. R. S. 1869 ist eine einseitige Kündigung der Gesellschaft nur bei Gesellschaften „von unbestimmter Dauer“ bezw. nach Art. 1869 Code civil nur bei sociétés dont la durée est illimitée zulässig; es ist daher zu prüfen, ob die vorliegende Gesellschaft, welche von den Parteien zu dem Zwecke geschlossen wurde, das liegenschaftliche Anwesen der Altammann G. Eheleute in Sch. auf gemeinschaftliche Rechnung zu kaufen und wieder zu verkaufen, von dem Gerichte ohne Gesetzesverletzung als eine Gesellschaft von unbestimmter Dauer im Sinne des L. R. S. 1869 betrachtet werden konnte. Dies ist aber zu bejahen.

Zwar ist eine Gesellschaft von bestimmter Dauer — und daher nicht unter L. R. S. 1869 fallend — nicht etwa bloß dann anzunehmen, wenn ein bestimmtes Endziel ausdrücklich vereinbart ist, sondern auch dann, wenn der bezügliche Wille der Parteien sonst zu entnehmen ist. Allein andererseits führt ein Zusammenhalt der Bestimmungen des Art. 1869 Code civil (in Verbindung mit Art. 1871) zu jenen des Art. 1844 Code civil nicht zu der notwendigen Auslegung, es begreife Art. 1869 nur die im ersten Satze des Art. 1844 bezeichneten Gesellschaften, dagegen nie die im zweiten Satze des Art. 1844 bezeichneten; vielmehr erscheinen beide in Art. 1844 bezeichneten Kategorien von Gesellschaften, wie der Beginn des Art. 1844 und dann das Wort „ou“ in Art. 1844 zeigt, als fallend unter die sociétés, über deren Dauer eine „convention“ (Art. 1844) nicht besteht, welche daher keinen „terme convenu“ nach dem Wortlaute des Art. 1871 haben; Art. 1871 bildet aber den Gegensatz zu Art. 1869; jene Gesellschaften, welche nicht unter Art. 1871 fallen, gehören daher — sonach auch in der zweiten Kategorie des Art. 1844 — unter die sociétés dont la durée est illimitée im Sinne des Art. 1869.

Es ist deshalb auch bei einer Gesellschaft, bei welcher es sich um eine auf die Erwerbung eines bestimmten Gegenstandes gerichtete Unternehmung handelt, die rechtliche Möglichkeit einer Anwendbarkeit des Art. 1869 an sich nicht zu verneinen, in erster Reihe aber immer in thatsächlicher Hinsicht der Wille der Parteien bei Eingehung der Gesellschaft über eine bestimmte Dauer nach allen Umständen zu ermitteln. Im vorliegenden Falle ist nun aber thatsächlich angenommen worden, eine Bestimmung über die Dauer des Vertrages sei weder ausdrücklich vereinbart worden, noch folge sie aus der erkennbaren Absicht der Parteien, welche vielmehr nach der Sachlage vorbehaltlich eines der Auflösungsgründe des L. R. S. 1865 Ziff. 2—5 in unbestimmter Dauer hätten in der Gesellschaft bleiben wollen.

Hiernach war auch im vorliegenden Falle die rechtliche Möglichkeit einer Kündigung an sich nicht ausgeschlossen.

2. Dagegen lassen die Erwägungen, aus welchen das Oberlandesgericht den von den Klägern vorgeschlagenen Beweis nicht erhoben hat, eine richtige Anwendung der L. R. S. 1869, 1870 darüber, daß die Kündigung der Gesellschaft nicht unredlicherweise geschehen dürfe, vermissen.

Inhaltlich des Thatbestandes des oberlandesgerichtlichen Urteiles berufen sich die Kläger auf G. B. als Zeugen dafür, daß diesem der Beklagte vor seiner Kündigung vom 26. November 1888 erklärt habe, er kündige den Klägern die Gesellschaft deshalb, weil er jetzt die Möglichkeit sehe, das fragliche Anwesen nicht nur zu kaufen, sondern auch zu verkaufen. Das Oberlandesgericht hat nun diese von G. B. zu bezeugende Äußerung deshalb für rechtlich unerheblich erachtet, „weil hierin nur eine etwaige Hoffnung des Beklagten, das Anwesen erwerben und veräußern zu können, zu erblicken wäre, welche Hoffnung aber an der von dem Willen eines Dritten abhängigen Thatsache als gescheitert zu betrachten sei, daß es ihm in der That nicht gelungen sei, im Zeitraume vom November 1888 bis zum Oktober 1889 sie zu verwirklichen,“ und hat weiter beigefügt: „Am 26. November 1888 hatte Beklagter einen Gewinn noch nicht gemacht und noch nicht in sicherer Aussicht, und kann daher die Kündigung von ihm nicht geschehen sein, um sich einen für gemeinsame Rechnung zu machenden Gewinn allein zuzueignen.“ Diese Erwägungen des Oberlandesgerichtes scheinen auf der Annahme zu beruhen, daß der Begriff einer unredlichen Kündigung im Sinne der L. R. S. 1869, 1870 sich nicht schon dadurch erfülle, daß der Kündigende zur Zeit der Kündigung seinerseits die Absicht habe, einen Gewinn, zu dessen Erlangung die Gesellschaft geschlossen worden, für sich allein zu machen, sondern es sei dazu weiter erforderlich, daß bereits im Augenblicke der Kündigung eine Aussicht auf die Erreichung des beabsichtigten Erfolges bestanden habe, daß also dem unredlichen subjektiven Willen auch die Aussicht auf einen objektiven Erfolg zur Seite gestanden habe. Eine derartige Auslegung würde aber mit dem Zwecke und Wortlaute des Gesetzes nicht vereinbar sein, in welch letzterer Hinsicht noch zu bemerken ist, daß auch der badische Gesetzestext mit den Worten des L. R. S. 1870 „Gewinn, der für gemeinsame Rechnung zu machen gewesen wäre" keinen anderen Sinn verbindet, als Art. 1870 Code civil mit den Worten „le profit, que les associés s'étaient proposé de retirer en commun."

Nach dem vorstehend unter Ziff. 2 Gesagten war das Urteil des Oberlandesgerichtes aufzuheben.

§ 34.

Hinterlegungsvertrag.

Die Vorschrift des Art. 1939 Abs. 1 C. c., nach welcher im Falle des Todes des Deponenten die hinterlegte Sache nur an dessen Erben herausgegeben werden kann, **ist eine zwingende Rechtsnorm.***) So entschieden durch U. v. 19. II. 89 (E. XXIII, 311).

Nachdem zunächst in dem Art. 1937 Code civil bestimmt worden, daß die hinterlegte Sache von dem Depositar an denjenigen, der sie ihm anvertraut hat, oder den als Empfänger derselben bezeichneten Dritten auszuliefern ist, schreibt der Art. 1939 in seinem ersten Absatze vor, daß im Falle des Todes des Deponenten die Sache nur an die Erben desselben herausgegeben werden kann, „en cas de mort de la personne, qui a fait le dépôt, la chose déposée ne peut être rendue qu'à son héritier". Was nun die Bedeutung dieser Gesetzesbestimmung betrifft, so spricht schon der Wortlaut derselben nicht für die Auffassung, daß sie lediglich eine Anwendung des allgemeinen Grundsatzes von der Rechtsnachfolge des Erben bei dem Depositum enthalte, und dafür hätte es auch eines besonderen Ausdruckes im Gesetzbuche nicht bedurft. Vielmehr führt der angegebene Wortlaut derselben zu der Annahme, daß sie, an den Art. 1937 a. E. anknüpfend, den Fall voraussetzt und regelt, daß die hinterlegte Sache für einen dritten Empfänger bestimmt ist. Diese Annahme findet in der Entstehungsgeschichte des Art. 1939 Abs. 1, namentlich in der Erläuterung des Tribunen Favard im gesetzgebenden Körper,

vgl. Locré, Bd. 15 S. 136 Nr. 10,

ihre volle Bestätigung. Favard wirft die Frage auf, an wen im Falle

---

*) Übereinstimmend Z. D. II § 403 N. 11 S. 655. L. XXVII, 118.

des Todes des Deponenten die hinterlegte Sache herauszugeben sei, ob an den bezeichneten Empfänger, oder an die Erben des Deponenten, und äußert zunächst, „daß es auf den ersten Anblick scheine, daß dieselbe dem als Empfänger bestimmten Dritten zukommen müsse, indem diesem eine Art von erworbenem Rechte auf dieselbe beizulegen sei;“ fährt dann aber fort: mais en y réfléchissant on voit, que le déposant a conservé jusqu'a sa mort la propriété du dépôt, qu' il a pu le retirer à volonté, et que la destination projetée n'ayant pas eu son éxécution, il en resulte, que l'héritier du déposant lui succède dans la plenitude de ses droits; qu'ainsi le dépositaire ne peut pas, à l'insu de l'héritier disposer du dépôt en faveur de la personne, qui lui avait été désignée, parceque le dépôt serait un fideicommis, qui aurait souvent pour but de cacher des dispositions prohibées. Le législateur a du écarter soigneusement tout ce qui pouvait favoriser la violation de la loi sur la disponibilité des biens, surtout après lui avoir donné la latitude, qu'elle devait avoir dans nos moeurs. On ne peut donc, qu'approuver la disposition du projet . . .

Aus dieser Äußerung ergiebt sich die Bedeutung und Absicht des Gesetzes völlig klar. Dasselbe bezieht sich auf die Hinterlegungen, deren Gegenstand bestimmungsgemäß einem dritten Empfänger auszuliefern ist; es will verhindern, daß Hinterlegungen derart zur Umgehung der gesetzlichen Verfügungsbeschränkungen mißbraucht werden, und dem Zwecke dient die in Rede stehende, eine zwingende Norm enthaltende Vorschrift. Diese Vorschrift lautet nun ganz allgemein und findet besonders auf den Fall eines an die Hinterlegung geknüpften mandatum post mortem, wie er hier vorliegt, Anwendung.

Wenn demgegenüber das Oberlandesgericht annimmt, daß die mehr besprochene Bestimmnng hier nicht direkt Platz greife, weil der hinterlegte Obligationsakt nicht sowohl als Vermögensobjekt, nicht als Träger, sondern nur als Beweismittel der Forderung in Betracht komme, so erscheint das verfehlt. Daß auch ein solcher Schuldtitel, welcher keinen selbständigen Vermögenswert hat, Gegenstand einer Hinterlegung sein kann und dann allen für letztere maßgebenden gesetzlichen Regeln, speziell dem Art. 1939 Abs. 1 Code civil unterworfen ist, kann keinem begründeten Zweifel unterliegen, und daß der oben hervorgehobene legislatorische Grund des letzteren hier ebenfalls zutrifft, das beweisen die Veranlassung und der Gegenstand des vorliegenden Rechtsstreites. Ist nun aber die bezogene Gesetzesbestimmung maßgebend, so folgt unmittelbar, daß der Depositar dadurch, daß er den fraglichen Schuldtitel dem Beklagten auslieferte, derselben zuwider gehandelt hat, letzterer daher diesen Titel ohne rechtlichen Grund besitzt und somit diesen an die klagenden Erben des Deponenten herauszugeben verpflichtet ist. Damit wäre dann die Zusprechung der Klage, wie sie in dem Berufungsurteile erfolgt ist, gerechtfertigt.

§ 35.

Bürgschaftsvertrag.

I. Für die Auslegung des Art. 2037 C. c.*) ist grundlegend das U. v. 4. I. 80 (E. III, 347). Dasselbe erörtert die Frage, ob es bei der auf Art. 2037 cit. gestützten Einrede auf den Umfang der zur Befriedigung des Bürgen, welcher nach der Zahlung auf den Hauptschuldner zurückgreifen wird, übrig gebliebenen Unterpfänder, oder aber auf den Wert der aufgegebenen Unterpfänder ankomme.

Der Kläger hat im August 1875 den Eheleuten S. Liegenschaften und Fahrnisse für zusammen 29485,72 M. verkauft, sich Hypothek vorbehalten, und die Beklagten haben für diesen Kaufpreis die sammtverbindliche Bürgschaft übernommen. Der Klage auf Bezahlung eines fälligen Termines hielten sie entgegen: Der Kläger habe später eingewilligt, daß das mittlere Stück der Kaufobjekte einem anderen Gläubiger für 5000 Mark verpfändet werde, dieses sei in der Folge im Zwangswege verkauft worden. Durch die Entziehung dieses Stückes sei auch der Wert des hinter demselben gelegenen vermindert und damit eine Gesamtverminderung des Wertes der Pfandobjekte von 18900 M. bewirkt worden. Außerdem habe Kläger zu Gunsten einer später aufgenommenen Hypothek von 13715 M. auf den Vorrang verzichtet.

Eine erhobene Schätzung ergab einen Wert der noch vorhandenen Pfandobjekte von 20000 M.; das Oberlandesgericht berechnete, daß, wenn man jene 13715 M. abziehe, immer noch soviel übrig bleibe, um den eingeklagten Termin zu decken, wenn die Beklagten solchen bezahlt haben würden, und bestätigte deshalb das verurteilende Erkenntnis erster Instanz. Das Urteil ist aufgehoben und die Klage abgewiesen worden.

Das angefochtene Urteil mußte wegen Verletzung der L. R. S. 1252, 2037 aufgehoben werden. Ersterer ist, wie der Vertreter des Revisionsbeklagten selbst einräumte, deshalb verletzt, weil bei der vom Oberlandesgerichte angestellten Berechnung, ob der auf 20000 Mark geschätzte Wert der noch vorhandenen Liegenschaften zur Befriedigung der Beklagten ausreiche, wenn sie die eingeklagte Summe bezahlt haben würden, übersehen worden ist, daß ihnen nicht nur die Pfandforderung des K., sondern auch der dann immer noch die Summe von 15000 Mk. übersteigende Betrag der Restkaufpreisforderung des Klägers selbst vorgeht, sodaß nicht anzunehmen ist, daß die Bürgen mit Erfolg ihren Zugriff auf die dem Kläger verhafteten Liegenschaften nehmen können. — Wenn sich der Anwalt des Revisionsbeklagten auf das in der mündlichen Verhandlung erfolgte Zugeständnis berufen hat, daß der Verzicht auf den Vorrang zu Gunsten des K. mit Zustimmung der Revisionskläger erklärt worden sei, so ist hiergegen zu bemerken, daß dies an der Thatsache, daß die Forderung des K. zuerst zur Befriedigung gelange, nichts ändern kann, und daß der Verzicht zu Gunsten des M., wegen dessen die Ein-

*) Vgl. Z. D. II § 428 S. 708, 709.

rede auf Grund des L. R. S. 2037 vorgeschützt wurde, erst später erfolgt ist, die Beklagten aber um so weniger eine weitere Verminderung der hypothekarischen Sicherheit gelten zu lassen brauchen, wenn bereits früher schon eine solche bewirkt worden war.

Was den L. R. S. 2037 betrifft, so billigt das Berufungsgericht dessen Auslegung durch die erste Instanz, welche dahin geht, die daraus abgeleitete Einrede habe eine Entschädigung zum Gegenstande, könne also nur insoweit geltend gemacht werden, als ein Schaden stattgefunden habe.

Die Folge dieser Auslegung bezw. der Annahme, daß L. R. S. 2037 auf dem Prinzipe der Beschädigung beruhe, war die, daß die Entscheidung nicht davon abhängig gemacht wurde, in welchem Betrage oder Worte der Kläger den Beklagten den Eintritt in seine Rechte, Pfänder und Vorzüge unmöglich gemacht habe, sondern davon, ob der noch vorhandene Rest dieser Pfänder ausreiche, damit die Beklagten den Rückgriff darauf nehmen können. Diese Auslegung des L. R. S. 2037 kann aber nicht gebilligt werden. Aus der Geschichte seiner Entstehung ergiebt sich, daß er mit dem Rechte des Bürgen, welcher bezahlt hat, kraft Gesetzes in alle Rechte des Gläubigers einzutreten (L. R. S. 2029, 1251 Ziff. 3) im Zusammenhange steht, also ähnliches bestimmt, wie die l. 95 § 11 Dig. de sol. 46, 3; l. 27 § 5. l. 28 Dig. mand. 17, 1 beim mandatum qualificatum vorsehen. — Sowohl Treilhard im Exposé des motifs, als Chabot im Berichte an das Tribunat, wie auch Lahary im gesetzgebenden Körper, verweisen ausdrücklich auf die dem Bürgen zustehende Subrogation. Demnach ist die Bedeutung der Einrede nicht die, daß der Gläubiger, welcher den Eintritt des Bürgen in seine Rechte und Pfänder unmöglich machte, den Bürgen beschädigt, sondern die, daß er eine ihm obliegende Verbindlichkeit nicht erfüllt, ihr zuwidergehandelt habe. Es faßt deshalb gerade der im angefochtenen Urteile angeführte Laurent (Bd. 28 Nr. 302) das Verhältnis zwischen Gläubiger und Bürgen in dieser Beziehung als ein synallagmatisches auf, sodaß die Einrede als exceptio non adimpleti contractus erscheint (L. R. S. 1184). Demnach gehört zur Begründung der Einrede nicht die Substanziierung eines Schadens in der Richtung, daß und inwieweit die übriggebliebenen Mittel des Hauptschuldners zur Schadloshaltung des Bürgen unzureichend seien, sondern es kommt darauf an, bis zu welchem Betrage der Gläubiger Sicherheiten aufgegeben, bezw. sich außer Stande gesetzt habe, dem Bürgen den Eintritt in solche zu ermöglichen, wobei dann allerdings dem Gläubiger die Replik zusteht, daß die von ihm aufgegebenen Rechte ganz oder teilweise wertlos gewesen seien. So fassen auch insbesondere Marcadé und Laurent, auf welche die Instanzgerichte sich beziehen, die Sache auf. Ersterer bemerkt ausdrücklich: la caution ne saurait avoir droit de décharge que jusqu'à concurrence de la somme pour laquelle elle aurait en recours contre le debiteur, si le créancier ne s'était pas mis dans le cas de ne pouvoir lui céder ses droits, und letzterer faßt a. a. O. Nr. 306 das Prinzip dahin: l'exception est fondée surceque le créancier à détruit, en tout ou en partie, les garanties qui assuraient le payement de la créance; si les garanties assuraient le payement de toute la dette, et si elles ont péri par la faute du créancier, la caution sera entièrement déchargée si elles n'ont péri qu'en partie, la décharge sera proportionelle au préjudice approuvé par la caution.

Der Unterschied, ob man davon ausgeht, ob zur Zeit der Klage der übriggebliebene Rest der ursprünglichen Sicherheit noch ausreiche, oder davon, wieweit der Gläubiger den Eintritt in letzteren unmöglich gemacht habe, ist schon um deswillen ein wesentlicher, weil im ersteren Falle der Bürge zur sofortigen Einklagung des Hauptschuldners genötigt und ihm jeder Nachteil auferlegt wird, welcher aus etwaiger späterer Verminderung des Wertes der noch vorhandenen Pfandobjekte entstehen kann. Wenn zur Sicherung des Gläubigers doppelte Hypothek bestellt war und im Vertrauen auf diese Bürgschaft geleistet worden ist, so kann jenem nicht schlechthin die Minderung auf eine einfache Hypothek gestattet sein; die Hypothek, welche für die Gläubiger unteilbar ist, ist dies auch für den Bürgen (L. R. S. 2114, 2029).

II. Über den **Zahlungsort für den Bürgen** führt das U. v. 5. X. 83. (E. X, 283) aus:

Die Bürgschaft ist accessorischer Natur, sowohl im französischen, als auch im römischen Rechte;

vgl. Entsch. des R. G.'s in Civils. Bd. 8 Nr. 107 S. 366,

allein daraus folgt nicht, daß der Bürge stets am Wohnsitze des Hauptschuldners zu erfüllen hat, sofern lediglich aus der Vorschrift des Landrechtsatzes 1247 Abs. 2 dieser Ort sich als Erfüllungsort für den Hauptschuldner ergiebt.

Wenn dort das Gesetz bestimmt, daß abgesehen von den beiden Fällen des ersten Absatzes, nämlich kontraktlichen Ortsbestimmungen und Lieferung einer vollbestimmten Sache, „die Zahlung in dem Wohnsitze des Schuldners geschieht", so entspricht dies dem Art. 324 H. G. B., und kommt jedem Schuldner für seine Person zu statten. Der Bürge, welcher den Gläubiger befriedigt, zahlt allerdings eine fremde Schuld, aber für eigene Rechnung und kraft eigener Verbindlichkeit, wenn auch mit dem Rechte des Rückgriffes auf den Hauptschuldner; er erscheint daher im Verhältnisse zum Gläubiger als Schuldner, welcher gemäß L. R. S. 1247 im Zweifel an seinem Wohnsitze zu erfüllen hat, da das Gesetz nicht zwischen den einzelnen Schuldnern unterscheidet und sich insbesondere nicht auf den Hauptschuldner beschränkt.

Dem Berufungsgerichte ist daher darin beizustimmen, daß der Bürge nicht schon wegen der accessorischen Natur der Bürgschaft seine Verpflichtung regelmäßig am Wohnsitze des Hauptschuldners zu erfüllen hat, und daß deshalb allein auch nicht an diesem Orte sein Gerichtsstand nach Maßgabe des § 29 C. P. O. begründet ist.

Daran ändert auch, soweit es den L. R. S. 1247 Abs. 2 betrifft, der Umstand nichts, daß der Beklagte die Bürgschaft als Selbstschuldner übernommen hat, wodurch vielmehr, wie sich aus dem folgenden ergeben wird, dessen Stellung als ein Schuldner, welcher der Regel nach an seinem eigenen Wohnorte zahlt, um so klarer hervortritt.

Der selbstschuldnerische Bürge hat nämlich zufolge L. R. S. 2021, 2021a gegenüber dem Gläubiger die Samtverbindlichkeit mit dem Hauptschuldner übernommen, sodaß er hinsichtlich aller Rechte und Pflichten für den Gläubiger einer von mehreren Solidarschuldnern ist, mithin auch, wie jeder von mehreren Schuldnern kraft L. R. S. 1247 Abs. 2 an seinem persönlichen Wohnsitze zu zahlen hat.

Gerade diese Stellung des samtverbindlichen Bürgen führt aber zu der weiteren Frage, wie es sich verhält, wenn der Abs. 1 L. R. S. 1247 Platz greift, insbesondere wenn im Vertrage ein Zahlungsort bestimmt ist. Der Gläubiger, welcher mit einem Schuldner kontrahiert, verpflichtet durch die im Vertrage enthaltene Bestimmung des Zahlungs- oder Erfüllungsortes den Schuldner, an diesem Orte, nicht an seinem Wohnsitze zu zahlen oder zu erfüllen; denn zufolge L. R. S. 1247 entscheidet über den Zahlungsort in erster Reihe der Parteiwille durch ausdrückliche oder stillschweigende Übereinkunft. Was hier von dem einzigen Schuldner gesagt ist, gilt auch von der Mehrheit von Schuldnern; dafern nicht der Vertrag für den einen oder anderen etwas Besonderes bestimmt, müssen alle Verpflichteten an dem konkreten Zahlungsorte erfüllen oder zahlen. Das Eigentümliche der Samtverbindlichkeit besteht nun darin, daß jeder Schuldner auch bei teilbaren Verbindlichkeiten auf Anfordern des Gläubigers das Ganze zu leisten verpflichtet ist (L. R. S. 1200, 1204). Dies schließt allerdings nicht aus, daß der eine Samtschuldner auf andere Weise, als der andere zur Zahlung verpflichtet sei (L. R. S. 1201), mithin kann auch der kontraktliche Zahlungsort für den Samtschuldner verschieden bestimmt werden. Ist aber eine solche Bestimmung im Vertrage nicht enthalten, dann ist der kontraktliche Erfüllungsort der gleiche für die samtverbindlichen Schuldner, wie nach dem oben Gesagten für mehrere gewöhnliche Schuldner.

III. **Eine betagte Forderung wird durch Eröffnung des Konkursverfahrens gegen den Hauptschuldner dem Bürgen gegenüber nicht fällig.** U. v. 11. II. 81. (E. III, 357).

Das Berufungsgericht stellt nicht, wie der Vertreter der Revisionsbeklagten annimmt, den Willen der Parteien dahin fest, daß danach die dem Hauptschuldner bewilligten Zieler dem Bürger nicht in höherem Maße zu statten kommen sollten wie jenem; die Ausführungen in den Gründen enthalten keine Auslegung des konkreten Bürgschaftsvertrages, sie beziehen sich vielmehr auf die samtverbindliche Bürgschaft überhaupt und treten derjenigen Doktrin und Rechtsprechung bei, wonach die Bestimmung des L. R. S. 1188 nicht nur gegen den Hauptschuldner, welcher gantmäßig geworden, sondern auch gegen den Bürgen gelten soll. Es sprechen jedoch überwiegende Gründe für die entgegengesetzte Auslegung des Gesetzes.

Daß mit Eröffnung des Konkurses betagte Forderungen fällig werden, steht weder mit dem Forderungsrechte, noch mit dem Wesen der Befristung im Zusammenhange, beruht vielmehr auf dem Zwecke des Konkursverfahrens, das gesamte Schuldenwesen auf einmal zu erledigen; § 58 K. O. soll sich, wie unzweifelhaft aus den Motiven hervorgeht, nur auf die Konkursgläubiger und die Grenzen des Konkursverfahrens beziehen, wozu in § 27 des badischen Einführungsgesetzes zu den Justizgesetzen noch bestimmt ist, daß er auch auf die Forderungen solcher Gläubiger Anwendung finde, welche zur abgesonderten Befriedigung berechtigt sind.

Aus dieser konkursrechtlichen Bestimmung kann daher keinesfalls hergeleitet werden, daß die Fälligkeit der Forderung auch zum Nachteile des Bürgen eintrete; dies erkennen die Kommentatoren an, wie denn auch fast alle Schriftsteller über das französische Handelsrecht darin einig sind, daß nach der Fassung des Art. 448 Code de commerce im Art. 144 des Gesetzes vom 28. Mai 1838 durch das Falliment des Hauptschuldners dem Bürgen die Zahlungsziele nicht entzogen werden. Es müßte daher der Satz, daß diese gegen den Hauptschuldner (oder nach § 58 a. a. O. nur gegen die Konkursmasse) eintretende Fälligkeit auch gegen den Bürgen wirke, aus dem Wesen der Bürgschaft hergeleitet werden können, was jedoch nicht der Fall ist.

Der accessorischen Natur der Bürgschaft widerstreitet es so wenig wie der Samtverbindlichkeit (L. R. S. 1201), daß der Bürge unter anderen Modalitäten verhaftet sei wie der Hauptschuldner, und wenn Bedingungen oder Termine vereinbart worden sind, welche diesem und dem Bürgen zu gute kommen, so würde es gegen die Grundsätze über Erfüllung der Verträge verstoßen, wenn eine nachträgliche Aufhebung durch einseitiges Vorgehen des Hauptschuldners zum Nachteile des Bürgen zugelassen würde; so wenig jener durch eine Verzichterklärung die bewilligten Termine zum Nachteile des letzteren aufheben kann, ebensowenig kann diese Folge an ein Ereignis geknüpft werden, welches nur den Hauptschuldner, nicht auch den Bürgen trifft. Die Bürgschaft soll für den Fall Sicherung verschaffen, daß der Hauptschuldner nicht bezahlt, und diese Sicherheit wird dadurch, daß derselbe vor Ablauf der Termine zahlungsunfähig wird, in keiner Weise gemindert, und liegt deshalb kein innerer Grund vor, auch gegen den Bürgen vor Fristablauf zu klagen und denselben durch sofortige Beitreibung der ganzen Forderung möglicherweise ebenfalls in Konkurs zu bringen.

Aus L. R. S. 2011, 2021 kann das Gegenteil nicht hergeleitet werden, denn mit den Worten „auf den Fall, da nicht der Schuldner selbst die Schuld berichtet“ und nur „verbunden, wenn der Schuldner selbst nicht zahlt“, soll blos auf den in L. R. S. 2021 flg. näher geregelten subsidiarischen Charakter der Bürgschaft hingewiesen, keineswegs aber im Widerspruche mit L. R. S. 1134, 1186, 2015 bestimmt werden, daß jede Handlung oder jedes Verhalten des Schuldners, wodurch er die Fälligkeit der Schuld herbeiführt, auch dem dabei unbeteiligten Bürgen schaden soll.

Auch daraus, daß (L. R. S. 2016) Handlungen oder Säumnis des Schuldners, welche den Umfang und Inhalt der Verbindlichkeit selbst erweitern, auch eine unbestimmt übernommene Bürgschaft zu erschüttern vermögen, folgt noch nichts für die Macht des Hauptschuldners, durch sein späteres Verhalten die bei der Bürgschaftsübernahme bestimmt verabredeten Nebenbestimmungen des Vertrages zum Nachteile des Bürgen aufzuheben.

Wenn noch geltend gemacht wird, daß der Bürge das Gesetz gekannt habe und daher sich besondere Zahlungsziele hätte bedingen müssen, wenn er der Gefahr ausweichen wollte, bezahlen zu müssen, sofern die Gant gegen den Hauptschuldner eine vorzeitige Fälligkeit herbeiführt, so fällt dieses Argument mit der Voraussetzung, auf der es beruht, nämlich daß L. R. S. 1188 auch gegen den Bürgen anwendbar sei.

§ 36.

Pfandvertrag.

Über den Besitz des Faustpfandgläubigers als Voraussetzung seines Vorzugsrechtes, führt das U. v. 2. XII. 81 (E. V, 338) aus:*)

Die Klägerin forderte Zusprechung einer Summe von 19 200 M., welche aus dem Verkaufe eines dem Mitbeklagten K. zugehörig gewesenen Tabakslagers erlöst worden, gestützt darauf, daß ihr letzteres, welches in dem Hause von H. sich befunden, im Februar 1879 von K. in der näher angegebenen Weise zum Faustpfande bestellt, ihr auch demnächst in Bekräftigung desselben ein Schlüssel zu dem Lager übergeben sei.

Seitens der Beklagten wurde Abweisung der Klage beantragt, indem sie namentlich geltend machten, daß eine Übertragung des Besitzes der verpfändeten Waaren nicht stattgefunden, der Schuldner K. nach wie vor mit Zustimmung der Klägerin im Besitze des Lagerschlüssels geblieben sei und wiederholt ohne Zuziehung derselben über Bestände des Lagers verfügt habe, mithin von einem rechtswirksamen Faustpfande hier nicht die Rede sein könne.

Von den Vorinstanzen ist nach dem Antrage der Beklagten erkannt, und die gegen das zweite Urteil eingelegte Revision zurückgewiesen.

Der Faustpfandvertrag ist ein Realvertrag; das Vorzugsrecht, welches das Gesetz an denselben knüpft, beruht nicht auf der Qualität der Forderung, sondern auf dem Besitze, und es bestimmt daher Art. 2076 Code civil, daß dasselbe nur unter der Voraussetzung besteht, daß der Gläubiger oder ein von den Parteien erwählter Dritter in den Besitz des Pfandobjektes gesetzt worden, auch nur so lange fortdauert, als derselbe in diesem Besitze verblieben ist. Es folgt aus der bezogenen Gesetzesvorschrift, daß, wenn der Schuldner seinerseits, sei es auch auf Grund eines constitutum possessorium, den Besitz der Pfandsache fortgesetzt hat, von einem wirksamen Faustpfandrechte nicht die Rede sein kann. Das Gesetz konnte auch in diesem Falle, angesichts des im Art. 2279 a. a. O. ausgesprochenen Prinzipes, daß bei Mobilien der Besitz als Titel gilt, ein solches Recht

*) Vgl. Z. D. II § 433 S. 717. L. XVIII, 471—486.

nicht statuieren, wenn es nicht die Interessen gutgläubiger, mit dem Schuldner kontrahierender Dritter in ungerechtfertigter Weise gefährden wollte. Der reelle äußerlich erkennbare Besitz des Pfandobjektes, wie ihn der Art. 1141 a. a. O. voraussetzt, ist somit die gesetzliche Bedingung für das Vorzugsrecht des Faustpfandgläubigers.

Hiervon ausgehend hat das Oberlandesgericht die Frage, ob Art. 2076 Code civil hier der Revisionsklägerin zur Seite stehe, ohne Rechtsirrtum verneint. Im vorliegenden Falle steht nämlich thatsächlich fest, daß das verpfändete Tabakslager in einem von dem Schuldner K. gemieteten Lokale sich befand, daß letzterer mit Genehmigung der Revisionsklägerin nach wie vor den Schlüssel zu demselben besessen, und wiederholt ohne Zuziehung jener Tabak von dem Lager zu seinen Zwecken entnommen hat. Wenn nun demgegenüber die Revisionsklägerin sich zunächst darauf beruft, daß, wie unter Beweis gestellt worden, nach der geschehenen Verpfändung der Direktor L. sofort im Februar 1879 die Lagerbestände im Einzelnen aufgenommen und für die Volksbank förmlich übernommen habe, — so erscheint diese Auf- bezw. Übernahme, da sie nur auf dem Papiere stattgefunden, eine Veränderung des bestehenden thatsächlichen Verhältnisses aber nicht zur Folge gehabt hat, durchaus unerheblich. Der weiter unter Bezugnahme auf Art. 1606 Code civil hervorgehobene Umstand, daß der Revisionsklägerin sodann auch ein Schlüssel zu dem Tabakslager übergeben sei, verliert seine Bedeutung völlig dadurch, daß der Schuldner fortwährend mit Zustimmung jener im Besitze seines Lagerschlüssels geblieben, letztere also durch die Aushändigung eines zweiten Schlüssels zu einem ausschließlichen Herrschaftsverhältnisse über die Pfandobjekte nicht gelangt ist. Laurent, Bd. 28 Nr. 470 flg.

Daß der Schlüssel, wie die Revisionsklägerin geltend macht, dem Schuldner um deswillen überlassen worden sei, weil dessen Mitwirkung bei der Behandlung des Tabaks erforderlich gewesen, derselbe auch mit ihrer Zustimmung Entnahmen von dem Lager habe machen dürfen, vermag an der Bedeutung jener Thatsache, da zu den angegebenen Zwecken selbstverständlich ein Schlüssel in der Hand der Revisionsklägerin genügte, in keiner Weise etwas zu ändern. Inwiefern endlich die Anführung der Revisionsklägerin, daß nach den Regeln des Code de procédure bei Zwangsvollstreckungen der Schuldner zum Hüter der gepfändeten Gegenstände habe bestellt werden können, für die vorliegende Frage von Einfluß sein soll, ist nicht näher begründet und erscheint nicht ersichtlich.

Schließlich ist noch auf die Vorschrift des § 14 K. O. hinzuweisen, welche im Einklange mit Art. 2076 Code civil und Art. 309 H. G. B. bestimmt, daß Faustpfandrechte im Sinne des § 40 derselben an beweglichen körperlichen Sachen nur dann bestehen, wenn der Pfandgläubiger oder ein Dritter für ihn den Gewahrsam der Sache erlangt und behalten hat.

Dritter Abschnitt.

Obligationen, welche ohne Vertrag entstehen.

§ 37.

Quasicontrakte, insbesondere Geschäftsführung ohne Auftrag.

I. Die **Voraussetzungen der Klage aus Geschäftsführung ohne Auftrag** normiert das U. v. 14. VI. 87. (E. XVIII, 356.) In dieser Hinsicht wird ausgeführt:

1) Über die zur Geschäftsführung erforderliche **Absicht**: (S. 358).

Der vom Landgerichte aufgestellten und vom Berufungsgericht gebilligten Rechtsansicht kann nicht beigepflichtet werden, daß die Klage aus Geschäftsführung auch demjenigen zustehe, welcher sein eigenes Geschäft zu führen vermeinte. Diese Klage unterscheidet sich vielmehr gerade dadurch von derjenigen auf Ersatz der Bereicherung (de in rem verso), daß in der Absicht, den Anderen zu verpflichten, dessen Geschäft zu führen (gérer l'affaire d'autrui) gehandelt worden ist. Eine solche Absicht, durch welche die Analogie zwischen Geschäftsführung und Mandat (Art. 1372 C. c.) bewirkt wird, ist aber bei demjenigen ausgeschlossen, welcher nicht das Geschäft eines Anderen, sondern nur sein eigenes besorgen wollte.

2) Über die **Nützlichkeit der Geschäftsführung** (S. 359).

In dieser Beziehung geht das angefochtene Urteil mit Recht davon aus, daß nicht der schließliche Erfolg entscheidend sei, sondern nur die Rücksicht, ob die dem Beklagten obliegende Verpflichtung so erfüllt worden sei, wie er selbst sie notwendiger- oder vernünftigerweise hätte erfüllen müssen. Hat die Klägerin in solcher Weise gehandelt, so ist das Geschäft des Beklagten gut geführt worden (bien administrée).

II. Über die **Ansprüche aus der Geschäftsführung gegen den ausgesprochenen Willen des Geschäftsherrn** entscheidet grundlegend das U. v. 18. XI. 90. (E. XXVII, 331.)

Verfehlt ist die Rüge, daß der Beitragsweigerung der Beklagten gegenüber jeder Ersatzanspruch des Klägers grundsätzlich ausgeschlossen erscheine. Hierbei handelt es sich um die Streitfrage, ob demjenigen, welcher gegen den ausgesprochenen Willen des Geschäftsherrn in dessen Angelegenheiten gehandelt hat, eine Klage aus der Geschäftsführung — die actio negotiorum gestorum contraria — auf Ersatz des Aufgewendeten zusteht. Diese Frage, welche unter den römischen Juristen streitig war, ist von Justinian in l. ult. C. 2, 19 grundsätzlich verneint worden. In der gemeinrechtlichen Jurisprudenz wird aber, gestützt auf l. 14 § 13 Dig. de religiosis 11, 7 und l. unica § 3 Dig. de via publica 43, 10, eine Ausnahme von diesem Grundsatze für die Fälle gemacht, in welchen es sich um die Erfüllung gesetzlicher oder sittlicher Pflichten des Geschäftsherrn handelt.

Vgl. Windscheid, Pandekten Bd. 2 S. 430 Anm. 20; Dernburg, Pandekten Bd. 2 S. 325.

Was nun das französische Recht angeht, so findet sich in dem Code civil, der von dem Quasikontrakte der Geschäftsführung in den Art. 1472—75 handelt, keine für die vorliegende Frage entscheidende Bestimmung, und ist daher auf das ältere Recht und die Lehre Pothier's zurückzugehen. Letzterer führt nun (Ausgabe Suffrein, Bd. 6 N. 181 flg.), nachdem er zunächst die Meinungsverschiedenheiten der römischen Juristen und die erwähnte Entscheidung Justinian's hervorgehoben hat, aus, daß bei einem Handeln gegen das Verbot des Geschäftsherrn der Quasikontrakt der negotiorum gestio sich nicht bilden und deshalb auch in einem solchen Falle die actio negotiorum gestorum contraria nicht gegeben sein könne, daß es aber der französischen Rechtsanschauung entspreche, in solchen Fällen, wo durch das Handeln des Dritten dem Geschäftsherrn ein Vorteil verschafft, letzterer z. B. durch dessen Zahlung von einer Schuld befreit sei, nach den Grundsätzen der natürlichen Billigkeit, welche nicht gestatte, daß sich jemand zum Schaden eines Anderen bereichere, wenn auch die genannte Klage nicht Platz greife, doch eine actio in factum auf Ersatz der Bereicherung gegen den Geschäftsherrn zuzulassen. Am Schlusse der Ausführung heißt es: „La question doit souffrir moins de difficulté dans notre jurisprudence française, où l'on ne s'attache pas aux noms des actions et où l'équité naturelle est seule suffisante pour produire une obligation civile et une action. Or, lorsque vous profitez d'une affaire que j'ai faite, quoique contre votre défense, pour vous faire du bien malgré vous, l'équité naturelle qui ne permet pas de s'enrichir aux dépens d'autrui, vous oblige à m'indemniser de ce qu'il m'en a coûté jusqu'à concurrence du profit, que vous en retirerez. C'est l'avis d'Automne sour la loi fin. Cod. de negot. gest. qui dit, que la décision de cette loi n'a pas lieu dans nos moeurs.“ Diese Rechtsauffassung Pothier's ist dann auch unter der Herrschaft des Code civil in der französischen Jurisprudenz die weitaus überwiegende.

Vgl. Zachariä-Dreyer, Bd. 2 § 441 Anm. 2 S. 728.

Abweichender Meinung sind Aubry und Rau (Bd. 4 S. 726 Anm. 9), welche sich auf den Satz stützen, daß in einem Falle der vorliegenden Art bei dem Handelnden die Absicht einer Liberalität oder wenigstens des Verzichtes auf Ersatz vorausgesetzt werden müsse. Dem ist aber nicht beizupflichten. Zunächst kennt nämlich das französische Recht eine gesetzliche Vermutung der angegebenen Art nicht, und sodann ist thatsächlich hier die Annahme einer solchen Absicht nach den Umständen des Falles ausgeschlossen. Wie aber zu bemerken, lassen Aubry und Rau einen Ersatzanspruch dann zu, wenn der Dritte für seine Einmischung ein begründetes Interesse, sei es auch nur der Affektion oder der Familienehre, hatte und von ihm nicht in liberaler Absicht gehandelt worden ist. Damit findet dann eine ziemlich weitreichende Ausnahme ihre Anerkennung. Wenn ferner Laurent (Bd. 20 N. 336, 338) den Ersatzanspruch verneint, indem er grundsätzlich davon ausgeht, daß die Bereicherungsklage nur als eine action analogue de celle de gestion d'affaires aufzufassen sei, und, da dem Verbietenden gegenüber von einer

Geschäftsführung für denselben begrifflich keine Rede sein könne, damit auch jene Klage ausgeschlossen erscheine, so vermag diese Motivierung nach dem Ausgeführten eine entgegengesetzte Auffassung nicht zu begründen. Schließlich ist noch hervorzuheben, daß das badische Landrecht in seinem Zusatzartikel 1375 a den Ersatzanspruch, von dem es sich handelt, in dem vorstehend entwickelten Sinne gesetzlich sanktioniert hat.

§ 38.

Delikte.

I. Über den **Begriff der Verschuldung** (négligence, imprudence) als Grund der Schadensersatzpflicht ist in dem U. v. 6. XI. 83. (E. X, 289) ausgeführt:*)

Wie das St. G. B. den Begriff Fahrlässigkeit nicht definiert hat, ist dies auch im Civilgesetzbuche nicht geschehen, indem der Satz 1383 als Grund der Schadensersatzpflicht „Nachlässigkeit oder Unverständigkeit" (négligence, imprudence) benennt, was nur Umschreibungen der Kulpa sind. Indessen folgt doch jedenfalls daraus, daß nicht etwa (wie bisweilen in der Praxis angenommen wird) jeder nicht gewollte Erfolg einer Handlung oder Unterlassung, welcher einen anderen beschädigt, den Thäter kraft Satzes 1383 zum Schadensersatze verpflichtet; zu dem Kausalnexus zwischen Handlung und Beschädigung muß vielmehr hinzutreten, daß das Thun oder Lassen den Charakter einer Nachlässigkeit oder Unvorsichtigkeit an sich trägt.

In der Nachlässigkeit liegt ein Mangel an der gehörigen Geistesspannung eines sorgfältigen Mannes.

Unverständigkeit oder Unvorsichtigkeit (imprudence) drückt den Mangel der für den sorgfältigen Mann erforderlichen Ueberlegung aus.

Damit ist es nun unvereinbar, wenn das Berufungsgericht das Prinzip aufstellt, die Voraussehbarkeit des Unfalles gehöre ebensowenig, wie das Bewußtsein der Unachtsamkeit zu den Voraussetzungen der außerkontraktlichen Verschuldung.

Wenn jemand mit voller Sorgfalt und Ueberlegung sein Geschäft besorgt und dabei das Bewußtsein eines unterlaufenen Versehens nicht hat und nicht haben kann, so darf ihm der nicht gewollte Erfolg nicht als Verschulden zugerechnet werden; denn die Zurechenbarkeit setzt voraus, daß der Betreffende das Geschäft besser, als geschehen, verrichten konnte, während die unbewußte Unachtsamkeit, von der das Berufungsgericht spricht, auf dem Gebiete des Zufalles liegen kann, da eine solche Unachtsamkeit keineswegs immer Folge von Nachlässigkeit oder Unverständigkeit ist, was doch zur Kulpa gehört.

Auch ist nicht zutreffend, wenn das Berufungsgericht den Mangel der Voraussehbarkeit des Erfolges bei der Kulpa des Satzes 1383 als unerheblich erklärt. Wie es im Strafrechte zweifellos ist, daß ein Erfolg, welcher auch für den sorgfältigen Mann nicht voraussehbar war, keine strafbare Fahrlässigkeit bildet, vgl. Entsch. d. R. G.'s in Straff. Bd. 3 S. 308, Bd. 6 S. 146, 249, so muß das gleiche Prinzip auch für das Civilrecht gelten; denn der Erfolg, der selbst für den Sorgfältigen nicht

---

*) Vgl. L. XX, 464.

vorauszusehen war, ist ein Zufall, für welchen nicht gehaftet wird. Dies drückt auch aus l. 31 Dig. ad leg. Aq. 9,2, wo es heißt: culpam autem esse, quod, cum a diligente provideri potuerit, non esset provisum.*)

II. Über den **Ausschluß des Ersatzes moralischen Schadens** vgl. das § 19 unter III. abgedruckte U. v. 27. VI. 82. (E. VII, 295).

III. Über die **solidarische Haftung aus Delikten** vgl. das § 22 abgedruckte U. v. 4. VI. 89 (E. XXIII, 329).

IV. Über **Schadensersatzansprüche aus Verletzung der Normen des Nachbarrechtes** vgl. das § 8 unter II abgedruckte U. v. 29. IV. 90 (E. XXVI, 352).

V. Über **Schadensersatzansprüche aus außerehelicher Schwängerung** vgl. das § 44 abgedruckte U. v. 25. X. 92 (R. A. 85. 2. 56).

§ 39.

Quasidelikte.

I. Den **Begriff des préposé** entwickelt das U. v. 21. II. 88 (P. XIX, 507).

Das Berufungsgericht hat ohne Rechtsirrtum in den Beziehungen der Postverwaltung zum Postboten S. das Verhältnis des commettant zum préposé i. S. des Art. 1384 C. c. angenommen. Namentlich bezieht sich der Ausdruck „préposé“ nicht etwa nur auf Personen, welche als Vorgesetzte von anderen Bediensteten zu betrachten, also mit der Oberleitung eines Geschäftes beauftragt sind, sondern darauf, daß jemand einem Geschäfte vorgesetzt, mit einer Dienstleistung betraut ist.

II. Über die **Bedeutung der Worte „dans les fonctions“** in Art. 1384 C. c. führt d. U. v. 11. X. 89 (E. XXIV, 334) aus:**)

Nach der überwiegend in der französischen Doktrin und Rechtsprechung vertretenen, für richtig zu erachtenden Auffassung kann es zur Anwendung des Art. 1384 nicht genügen, daß etwa ein zeitliches Zusammentreffen der schädigenden Handlung mit der Ausführung des Auftrages stattfindet, noch auch, daß die schädigende Handlung aus Anlaß oder infolge der Ausführung des Auftrages ausgeübt worden ist. Vielmehr ist erforderlich, daß die Handlung zur Vollziehung des Auftrages „dans l'exercice des fonctions“ stattgefunden habe. Es muß also die schädigende Handlung in den Kreis derjenigen Verrichtungen gehören, welche die Ausführung des Auftrages darstellen. Handlungen, welche außerhalb dieses Kreises liegen, erzeugen nicht die Haftpflicht des Kommittenten. Liegt aber eine schädigende Handlung der ersteren Art vor, so ist der Auftraggeber für die Folgen derselben verhaftet, ohne Rücksicht darauf, ob er im einzelnen Falle eine solche Handlung seines Beauftragten vorhersehen oder verhindern konnte, und ob etwa ein ursächlicher Zusammenhang zwischen der Handlung und dem Auftrage obwaltet.

III. Die **Anwendbarkeit des Art. 1384 C. c. auf das Verhältnis zwischen einer offenen Handelsgesellschaft und dem zu ihrer Vertretung befugten Gesellschafter** bejaht das U. v. 29. VI. 83 (E. X, 301).

---

*) A. M. U. v. 19. X. 88. (R. A. 80. 3. 24), welches ausspricht, daß zum Begriffe der Verschuldung nach Art. 1383 l. c. die Voraussehbarkeit des Erfolges nicht gehöre.

**) Übereinstimmend L. XX, 582 flg.

Durch rechtskräftiges Straferkenntnis vom 27. Oktober 1880 ist gegen M. M. wegen unbefugten Gebrauches der Marke des F. M. eine Geldstrafe ausgesprochen, und es hat demnächst auf die von letzterem erhobene Entschädigungsklage das Oberlandesgericht die beiden Teilhaber der beklagten Handelsgesellschaft M. M. und F. solidarisch zu einem Schadensersatze von 6000 M. verurteilt. Die von F. eingelegte Revision ist, soviel die Verurteilung im Prinzipe betrifft, vom Reichsgerichte zurückgewiesen.

Nach Art. 114 H. G. B. ist jeder zur Vertretung der offenen Handelsgesellschaft befugte Gesellschafter ermächtigt, alle Arten von Geschäften und Rechtshandlungen im Namen der Gesellschaft vorzunehmen, und es wird die Gesellschaft durch die Rechtsgeschäfte, welche ein solcher Gesellschafter in ihrem Namen schließt, berechtigt und verpflichtet.

Die bezogene Gesetzesvorschrift spricht den letzteren Satz allerdings nur, soweit es sich um Rechtsgeschäfte des Gesellschafters handelt, aus, und ist der Art. 115 des preuß. Entwurfes, welcher die Handelsgesellschaft für den von ihren Vertretern bei der Geschäftsführung Dritten zugefügten Schaden verhaftet erklärte, bei der letzten Lesung gestrichen, um es bezüglich dieser Frage bei dem bürgerlichen Rechte zu belassen.

Vgl. Protokolle S. 4518, 4528; Entsch. des R.O.H.G.'s Bd. 19 S. 202.

In der gegenwärtigen Sache liegt aber der besondere Fall eines Rechtsgeschäftes des M. M. vor, dessen Abschluß und Ausführung zugleich auf eine Benachteilung des Klägers gerichtet war, also ein Fall, wo das Rechtsgeschäft selbst ein Delikt gegen einen Dritten enthält. Will man nun auch in einem Falle der Art, wo zugleich der Satz in Betracht kommt, daß die Gesellschaft, welcher der Vorteil des in ihrem Namen abgeschlossenen Geschäftes zufließt, auch den durch letzteres entstandenen Schaden tragen müsse, den Art. 114 a. a. O. nicht anwenden, so greift doch jedenfalls, wie man auch den rechtlichen Charakter der offenen Handelsgesellschaft konstruieren möge, Art. 1384 Code civil hier Platz. Faßt man nämlich letztere — gegen die herrschende Ansicht — als juristische Person auf, so tritt der vom Reichsgerichte wiederholt ausgesprochene Satz ein, daß dieselbe als commettant ihrer Vertreter, durch welche sie handelt, anzusehen ist; verneint man jene Auffassung, so liegt die Vollmachtserteilung in dem Eingehen einer solchen Gesellschaft, das heißt eines Rechtsverhältnisses, mit dessen Vorhandensein die Vollmacht kraft Rechtssatzes verbunden ist.

Der Art. 1384 Code civil ist nicht, wie der Kläger mit dem ersten Richter annimmt, eine ganz singuläre, auf das Verhältnis zwischen Handelsgesellschaftern nicht zu beziehende Vorschrift — derselbe enthält vielmehr eine generelle Rechtsnorm, welche alle unter seinen Wortlaut fallenden Vollmachts- bezw. Vertretungsverhältnisse beherrscht. Es handelt sich dabei auch nicht um eine Vollmacht zur Begehung von Delikten, sondern lediglich um eine Vollmacht zur Geschäftsführung, welche gesetzlich die Verbindlichkeit nach sich zieht, daß der Vollmachtgeber, bezw. Vertretene für die Folgen dieser Geschäftsführung, namentlich auch für den durch dieselbe herbeigeführten Schaden mitverhaftet ist.

IV. Über die **Haftbarkeit für durch Sachen bewirkten Schaden** entscheidet das R. G. in dem U. v. 15. I. 89. (E. XXII, 384) anläßlich des folgenden Falles:

Der Beklagte besitzt in M. ein Grundstück, auf welchem sich ein Laboratorium zur Bereitung von Feuerwerkskörpern befand. Am 2. XI. 84 nachts gegen 11 Uhr brach in dem Laboratorium ein Brand aus, welcher die Explosion von darin aufbewahrten Feuerwerksgegenständen und die Zerstörung des gesamten Laboratoriums zur Folge hatte. Der Kläger klagt auf Ersatz des Schadens, welchen er infolge Verletzung durch einen durch die Explosion gegen ihn geschleuderten Stein erlitten haben wollte. Die Klage wurde in beiden Instanzen abgewiesen mit der Begründung, daß ein Verschulden des Beklagten an der Entstehung des Brandes von dem Kläger nicht bewiesen sei. Die Revision wurde zurückgewiesen.

Mit Recht wurde die im zweiten Rechtszuge klägerischerseits vertretene Anschauung, daß der Beklagte für den dem Kläger zugegangenen Schaden hafte, sofern nicht von dem Beklagten der Nachweis seiner Schuldlosigkeit erbracht werde, von dem Oberlandesgerichte nicht geteilt, sondern angenommen, es hafte der Beklagte nur unter der Voraussetzung, daß klägerischerseits ein Verschulden des Beklagten nachgewiesen werde.

Die Haftbarkeit außerhalb Vertragsverhältnissen für Schaden durch Sachen, die jemand in Verwahr hat, richtet sich, soweit nicht das Gesetz ausdrücklich besondere Bestimmungen getroffen hat, nach den Bestimmungen der Artt. 1382, 1383, Code civil bezw. der L. R. S. 1382, 1383, erfordert sonach, soweit nicht solche besondere Bestimmungen etwas anderes vorschreiben, den von dem Beschädigten zu erbringenden Nachweis einer faute, négligence oder imprudence dessen, welcher die Sache in Verwahr hat; keineswegs aber hat das Gesetz in Art. 1384 Abs. 1 Code civil (bezw. L. R. S. 1384) allgemein bezüglich der Sachen, die jemand in Verwahr hat, eine gesetzliche Vermutung dahin aufgestellt, daß der durch sie physisch verursachte Schaden auf einem Versehen, nämlich einer Unterlassung der schuldigen Überwachung oder Verwahrung der Sache von seiten des Inhabers der Sache beruhe, und ausgesprochen, es liege demjenigen, welcher eine Sache in Verwahr hat, bei einem durch dieselbe verursachten Schaden seinerseits der Beweis der Schuldlosigkeit ob. Hätte das Gesetz mit der Bestimmung des Art. 1384 Abs. 1, soweit sie von der Haftung für Schaden durch Sachen spricht, einen derartigen allgemeinen Grundsatz aufstellen wollen, welcher den Inhaber von Sachen ganz beliebiger Art schwer belasten würde, so hätte es dies ganz anders und deutlicher ausdrücken müssen. Für eine solche Auslegung des Gesetzes geben auch die Gesetzesmaterialien (bei Locré, Législation Bd. 13 S. 8 flg.) keinen Anhalt.

Die Bestimmung des Art. 1384, Abs. 1, soweit er von der Haftung für Schaden durch Sachen handelt, kann teils dahin aufgefaßt werden, das Gesetz habe auch ausdrücklich aussprechen wollen, es hafte derjenige, welcher eine Sache in Verwahr habe, dann, wenn eine faute, négligence oder imprudence vorliege, vermöge des Grundsatzes der Art. 1382, 1383 nicht bloß für den unmittelbar durch eine menschliche Handlung, sondern auch für den unmittelbar durch eine Sache hervorgerufenen Schaden, teils kann sie als eine Bestimmung betrachtet werden, die, sofern sie noch etwas Weiteres besagen wollte, erst durch die folgenden Artt. 1385, 1386 ihren konkreten Inhalt finden sollte. Jedenfalls aber stellt das Gesetz in Art. 1384 Abs. 1 nicht ganz allgemein den Grundsatz auf, daß bei Beschädigung durch Sachen derjenige, welcher sie in Verwahr hat, für den Schaden hafte, sofern er nicht seine Schuldlosigkeit beweise.

V. **Die Haftung für durch Tiere bewirkten Schaden***) behandelt grundlegend das U. v. 11. XII. 85. (E. XIV, 316).

Der Dienstknecht B. war durch ein seinem Dienstherrn zugehöriges Pferd geschlagen und verletzt worden. Das Landgericht wies seine Klage ab, weil das Pferd der Pflege und Wartung des Klägers anvertraut gewesen sei. Die Berufung wurde verworfen, weil Beklagter den Beweis erbracht habe, daß ihn kein Verschulden treffe. Auf Revision wurde das Berufungsurteil aufgehoben.

Es erscheint nicht zutreffend, wenn der Berufungsrichter die aus dem Art. 1385 Code civil hergeleitete Verantwortlichkeit des Beklagten um deswillen für ausgeschlossen hält, weil derselbe den Nachweis erbracht habe, daß ihm ein Verschulden an dem Unfalle nicht zur Last falle.

Die Verantwortlichkeit des Eigentümers eines Tieres und desjenigen, welcher sich desselben bedient, für den durch das Tier verursachten Schaden giebt sich nach dem Wortlaute der Gesetzesbestimmung als eine obligatio ex lege zu erkennen. Das Gesetz erklärt diese Haftbarkeit in der absolutesten Form und tritt jeder einschränkenden Auslegung durch den Zusatz entgegen, welcher es für unerheblich erklärt, ob sich das Tier unter der Aufsicht der verantwortlichen Person befunden habe, oder ob es verirrt oder entlaufen gewesen sei. Die Haftbarkeit erscheint demnach als eine Folge des Eigentums, beziehungsweise Besitzes, durch dessen Ausübung in eine fremde Rechtssphäre nicht eingegriffen werden darf (vgl. Art. 544 Code civil). Der Eigentümer ist der gesetzliche Vertreter der ihm zugehörigen Sachen, der Schade, welcher durch sein Tier oder einen leblosen Gegenstand, insbesondere ein Gebäude (Art. 1384 Abs. I. und 1386 a. a. O.) einem anderen zugefügt wird, ist so anzusehen, als hätte ihn der Eigentümer selbst verursacht. Auf dieser Auffassung beruhen auch die Bestimmungen des römischen Rechtes über die actio de pauperie, deren eigentlicher Klagegrund in einer culpa des Tieres selbst zu finden ist, für welche der Eigentümer als dessen Schutzherr und Vertreter einzustehen hat.

Diese gesetzliche Bestimmung findet ihre Rechtfertigung allerdings auch in der Betrachtung, daß in der Regel eine Beschädigung durch Tiere nicht eintreten wird, ohne daß den Eigentümer ein Verschulden trifft, sei es, daß er ein gefährliches Tier gehalten, oder die erforderliche Aufsicht unterlassen hat. Wenn man aber auch in dieser gesetzlichen Vermutung die eigentliche ratio legis finden wollte, so würde dieselbe als eine prae-

*) Vgl. Z. D. II. § 448 S. 749.

sumtio juris et de jure erscheinen und durch den Beweis, daß ein Verschulden nicht vorliege, nicht entkräftet werden können.

Die entgegenstehende Ansicht des Berufungsrichters stützt sich auf die Stellung des Art. 1385 a. a. O. in dem Abschnitte über Delikte und Quasidelikte und die Erwägung, daß jedem daraus hergeleiteten Schadensanspruche ein Verschulden zu Grunde liegen müsse. An sich gewährt die Überschrift eines Gesetzesabschnittes nur einen unsicheren Schluß, im vorliegenden Falle aber erscheint der Schluß auch nach dem Inhalte des Abschnittes hinfällig, da derselbe als Quasidelikte Fälle der gesetzlichen Haftbarkeit für fremdes Verschulden behandelt; die maîtres et commettants haften für das Versehen ihrer Beauftragten nicht wegen ihres eigenen Verschuldens, sondern kraft Gesetzes, denn sie können sich nicht durch den Beweis befreien, daß sie zur Verhütung des Schadens außerstande waren. In gleicher Weise kann nach Art. 1386 a. a. O. der Eigentümer eines Gebäudes schadensersatzpflichtig sein, selbst wenn es ihm unmöglich war, zu entdecken, daß das Gebäude einen gefahrdrohenden Fehler in der Bauart hatte.

Mit Unrecht führt man für die entgegenstehende Auffassung den bei den Verhandlungen vorgetragenen Bericht des Redners Bertrand de Greuille an. Derselbe beruft sich zwar zur Rechtfertigung der strengen Bestimmung darauf, daß der durch Tiere verursachte Schade dem Eigentümer anzurechnen sei, welcher es an der erforderlichen Umsicht und Sorgfalt habe fehlen lassen, er fügt aber den allgemein durchschlagenden Verpflichtungsgrund bei, parceque d'ailleurs dans la thèse génèrale rien de ce qui appartient à quelqu'un ne peut nuire impunément à autrui, und bezeichnet damit die in dem Wesen des Eigentumes liegende Verpflichtung als den eigentlichen Grund des Gesetzes.

Der erste Richter hatte die Abweisung der Klage darauf gestützt, daß der Art. 1385 a. a. O. keine Anwendung finde, wenn derjenige, welchem ein Tier zur Pflege und Wartung anvertraut sei, durch dasselbe beschädigt werde. Diese freilich vielfach verteidigte Ansicht findet jedoch in dem Gesetze keinen Halt. Allerdings trifft denjenigen, welcher sich eines Tieres bedient, die gleiche Verantwortlichkeit wie den Eigentümer, so lange er das Tier in seinem Gebrauche hat. Das Tier kann im Gebrauche eines anderen sein, wenn derselbe als Nutznießer, Leiher, Mieter oder Pächter zur Benützung desselben nicht für den Eigentümer, sondern für sich selbst berufen ist. Der Dienstknecht aber, welcher das Pferd seines Herrn führt, hat dasselbe nicht in seinem eigenen Gebrauche, sondern der Herr selbst übt eben den Gebrauch durch seinen Knecht aus.

Mag man nun die durch Art. 1385 gegründete Verantwortlichkeit des Eigentümers als eine gesetzliche Folge des Eigentums auffassen oder ihr die Bedeutung einer praesumtio juris et de jure für eine culpa beilegen; in jedem Falle kann sich der Eigentümer nicht durch den Beweis befreien, daß ihn ein Verschulden nicht treffe; er wird vielmehr nur durch den Beweis entlastet, daß die Beschädigung in höherer Gewalt oder in einem Verschulden des Beschädigten ihre wirkende Ursache habe.

Vierter Teil.

Familienrecht.

Erster Abschnitt.

Die Ehe.

§ 40.

Begründung der Ehe.

Zu der Streitfrage, ob ein **Irrtum über wesentliche Eigenschaften des Ehegatten** die Ungültigkeitsklage begründe, hat das G. R. Stellung genommen in dem U. v. 4. VI. 89 (E. XXIII, 332).*)

Kläger lernte seine spätere Ehefrau am 3. Dezember 1887 kennen. Am 18. Dezember fand die Verlobung und an demselben Tage der erste geschlechtsvertrauliche Verkehr statt. Die Ehe wurde am 28. Februar 1888 im Gebiete des gemeinen Rechtes abgeschlossen, nachdem vorher Beklagte dem künftigen Ehegatten Kenntnis von ihrer Schwangerschaft gegeben hatte. Die Eheleute nahmen ihren Wohnsitz zu O. im Gebiete des rheinischen Rechtes, und hier wurde am 15. Juni 1888 die Ehefrau von einem ausgetragenen Kinde entbunden.

Unter der Behauptung eines wesentlichen Irrtumes klagte der Ehemann auf Ungültigkeitserklärung der Ehe. Das Landgericht wies die Klage ab; die Berufung und Revision wurden zurückgewiesen.

Die Klage auf Ungültigkeitserklärung der Ehe stützt sich lediglich auf die nach dem Thatbestande nicht mehr streitige Behauptung, die Beklagte sei zur Zeit der Eheschließung von einem anderen Manne schwanger gewesen und Kläger habe sich in dem nach Art. 180 des bürgerl. Gesetzbuches die Ungültigkeitserklärung rechtfertigenden Irrtume über die ausschlaggebende, nach dem sittlichen Charakter der Ehe vorauszusetzende Eigenschaft der geschlechtlichen Unbescholtenheit seiner Braut befunden.

Allerdings wird von zahlreichen Rechtslehrern und Gerichten die Ansicht vertreten, daß schon ein Irrtum über die wesentlichen Eigenschaften der Person die Ungültigkeitsklage begründe, der Richter der That also zu würdigen habe, ob nach Lage der Umstände der Irrtum eine wesentliche, zum sittlichen Bestande des Ehebundes voraussetzbare Eigenschaft betreffe.

*) Übereinstimmend Z. D. III § 467 N. 3 S. 60, 61. L. II, 290—298.

Dieser Ansicht aber, welche in bedenklicher Weise die Aufrechterhaltung der Ehe in das richterliche Ermessen stellt, stehen die klaren Bestimmungen des französischen Gesetzbuches entgegen.

Als einziger Grund für die Ungültigkeitserklärung wird im Art. 180 des bürgerl. Gesetzbuches der Irrtum in der Person bezeichnet, das Gesetz schließt also schon nach seinem Wortlaute den Irrtum über Eigenschaften aus. Diese Auffassung findet ihre Bestätigung darin, daß sich die französische Gesetzgebung an das in Frankreich bis dahin geltende kanonische Recht anschloß, welches grundsätzlich nur den Irrtum über die Identität der Person als Ungültigkeitsgrund anerkannte. Bei der Beratung über das Gesetz wurden zwar von einzelnen Rednern Äußerungen gemacht, welche für die entgegengesetzte Ansicht sprachen, der Gesamteindruck der Verhandlungen läßt aber keinen Zweifel, daß das Gesetz sich an das bestehende Recht anschließen sollte. Die von Einzelnen gemachten abweichenden Bemerkungen haben in dem Gesetze selbst keinen Ausdruck gefunden.

Wollte man aber auch außer dem Irrtum über die Identität auch den Irrtum über den Civilstand und selbst über diejenigen physischen, moralischen und gesellschaftlichen Eigenschaften, welche als wesentliche vorausgesetzt werden durften, zur Begründung der Klage für ausreichend erachten, so würde im vorliegenden Falle dem Antrage des Klägers nicht stattzugeben sein; denn nach den bezüglich der gleichzeitigen Verleugnungsklage getroffenen thatsächlichen Feststellungen hatte Kläger im Augenblicke der Eheschließung Kenntnis von der Schwangerschaft seiner Braut, befand sich also nicht im Irrtum über deren geschlechtliche Unbescholtenheit.

§ 41.

Beendigung der Ehe.

I. **Ist die Verurteilung eines Ehegatten zu einer Zuchthausstrafe Ehescheidungsgrund?** Diese wichtige Frage behandelt in ausführlichster Weise das U. v. 6. X. 85. (E. XV, 314).

A. wurde am 27. Juni 1884 wegen Meineides zu einer Zuchthausstrafe von fünf Jahren und zum Verluste der bürgerlichen Ehrenrechte auf die Dauer von zehn Jahren verurteilt. Auf Grund dieser Verurteilung erhob seine Ehefrau, sich auf Art. 232 Code civil stützend, Ehescheidungsklage, welche in zwei Instanzen abgewiesen wurde. Die Revision wurde zurückgewiesen.

Was den Begriff und das Wesen der peine infamante angeht, welche nach Art. 232 Code civil einen Ehescheidungsgrund bildet, so ist derselbe aus der zur Zeit der Einführung dieses Gesetzbuches in Frankreich geltenden Strafgesetzgebung zu schöpfen. In Kraft bestand damals der Code pénal vom $\frac{\text{25. September}}{\text{6. Oktober}}$ 1791, sowie der zumeist prozessualische Bestimmungen enthaltende Code des délits et des peines vom 3. Brumaire des Jahres III. Nach den Vorschriften des letzteren (Artt. 599 flg.) waren die dort aufgezählten Kriminalstrafen entweder Leibes- oder bloß entehrende Strafen — afflictives ou infamantes —, erstere aber zugleich auch immer entehrend. Dieser entehrende Charakter zeigte sich nun darin, daß zufolge Tit. IV Art. 1. 2. des genannten Code pénal, auf welchen das Brumaire-Gesetz in dieser Beziehung verwies, der Verurteilte, abgesehen davon, daß er sich während der Dauer der Strafverbüßung im Zustande der gesetzlichen Interdiktion befand, für immer aller mit der Eigenschaft eines aktiven Staatsbürgers verknüpften Rechte verlustig und dieselben wiederzuerlangen, abgesehen von dem Falle der Rehabilitation, unfähig wurde. Überdies war nach Tit. I a. a. O. die Vollziehung dieser Strafen mit herabwürdigenden Prozeduren, z. B. Ausstellung am Galgen, Pranger u. s. w. verbunden, die jenen Charakter auch äußerlich hervortreten ließen.

Ersichtlich ist hiernach, wie der Berufungsrichter mit Recht annimmt, der dauernde Verlust aller staatsbürgerlichen Rechte, das heißt der Verlust der bürgerlichen Ehre überhaupt — die dégradation civique — das wesentliche Moment für den Charakter der strafrechtlichen Infamie, welche nach Art. 232 Code civil die Ehescheidung begründet. In diesem Sinne ist auch die Entstehungsgeschichte dieser Gesetzesvorschrift von Bedeutung. Der Art. 3 des bezüglichen Entwurfes — Locré Bd. 5 S. 103 — lautete dahin: „si l'un des époux est condamné à une peine afflictive, l'autre époux pourra demander le divorce." Bei der Beratung im Staatsrate wurde die Bemerkung Tronchet's, daß der Artikel zu allgemein gefaßt sei, weil doch an eine derartige Strafe von geringer Dauer die Auflösung der Ehe nicht geknüpft werden könne, von Emery erwidert, daß auch in einem solchen Falle die öffentliche Ausstellung des Verurteilten vorausgehe, durch welche demselben ein Brandmal (flétrissure) aufgedrückt werde. Daran anknüpfend äußert Regnier, daß jede infamierende Strafe die Ehescheidung begründen müsse, „parceque c'est un supplice pour un époux vertueux, de vivre avec un être flètri par la justice." Nachdem Regnaud darauf hingewiesen hatte, daß nach Art. 604 des Brumaire-Gesetzes jede Leibesstrafe auch zugleich entehrend sei, wurde das Amendement von Regnier, zu sagen: „peine afflictive et infamante", weil spätere Gesetze beide Arten von Strafen auseinander halten könnten, angenommen. Bei der schließlichen Redaktion ist dann, ohne daß etwas näheres darüber ersichtlich, die einfache Fassung „peine infamante" gewählt und diese in das Gesetz übergegangen (Locré a. a. O. S. 114).

Im exposé de motifs erläutert dann Treilhard die gesetzliche Bestimmung mit dem Satze: „forcer un époux, de vivre avec un infame — ce serait renouveler le supplice d'un cadavre attaché à un corps vivant" (Locré a. a. O. S. 300). Und endlich spricht sich der Redner des Tribunates dahin aus: „que celui des époux rompt le contrat, qui par sa propre faute dégrade son existence civile, et tel est le sort de celui tombé dans une peine infamante."

An das Gesetz vom $\frac{\text{25. September}}{\text{6. Oktober}}$ 1791, dessen Bestimmungen über die Kriminalstrafen die Grundlage von Art. 232 Code civil bildeten, schloß sich dann der Code pénal vom Jahre 1810 an. Derselbe hat bezüglich der genannten Strafen, welche er (Art. 6) ebenfalls in peines afflictives et infamantes ou seulement infamantes einteilte, sowohl was deren entehrenden Charakter, der durch die vorgeschriebene öffentliche Ausstellung bezw. Brandmarkung der Verurteilten auch äußerlich hervortrat, als was die Wirkungen betrifft, die Grundsätze des früheren Rechtes aufrechterhalten, wie denn auch durch das spätere Gesetz vom 28. April 1832 die dégradation civique als Folge krimineller Verurteilung förmlich ausgesprochen worden ist. Sodann hat aber der Code pénal auch eine Ehrenstrafe für Vergehen eingeführt, die interdiction à temps de certains droits civiques, civils ou de famille (Artt. 9, 42), indem derselbe dem Richter die Befugnis gab, bei Verurteilungen in Zuchtpolizeisachen die Ausübung der in Art. 42 a. a. O. genannten Rechte ganz oder teilweise auf bestimmte Zeit zu untersagen. Diese Untersagung hatte aber im Gegensatze zu den infamierenden Verbrechensstrafen einen entehrenden Charakter nicht.

Das preußische Strafgesetzbuch vom Jahre 1851 kannte den Verlust der bürgerlichen Ehre und die Untersagung der Ausübung der bürgerlichen Ehrenrechte auf Zeit. Der Verlust der bürgerlichen Ehre, dessen Wirkungen im § 12 aufgeführt wurden und im wesentlichen mit den im Art. 34 Code pénale in der Fassung des Gesetzes vom 28. April 1832 aufgeführten Folgen der dégradation civique zusammenfallen, konnte unter bestimmten Voraussetzungen durch richterlichen Anspruch mit der Todesstrafe verbunden werden und trat von Rechtswegen mit jeder Verurteilung zur Zuchthausstrafe ein. Die Untersagung der Ausübung der bürgerlichen Ehrenrechte auf Zeit entsprach andererseits grundsätzlich der angeführten französischen Interdiktion. Somit stellt sich eine nach den Bestimmungen des preußischen Strafgesetzbuches ausgesprochene Zuchthausstrafe als eine entehrende Strafe im Sinne der französischen Gesetzgebung dar.

Das deutsche Strafgesetzbuch hat nun aber, von der Auffassung ausgehend, „daß die lebenslängliche Ausschließung eines Verurteilten, welcher im übrigen der Freiheit und der bürgerlichen Gesellschaft zurückgegeben werde, von den, allen übrigen Gliedern derselben zustehenden Rechten eine Art des bürgerlichen Todes enthalte, der mit dem Wesen einer zeitigen Freiheitsstrafe und dem Zwecke der Strafvollstreckung unvereinbar sei," jedes System von Strafen, welche den Verlust der bürgerlichen Ehre nach sich ziehen, verworfen und ferner den Grundsatz anerkannt, daß die Ehrenfolgen einer strafbaren Handlung nicht von Rechtswegen mit einer bestimmten Strafart zu verbinden, deren Verhängung vielmehr, „weil es gerade hier auf die individualisierende Würdigung der That und des Thäters ankomme, dem Ermessen des Richters zu überlassen" sei (vgl. die Motive zu den §§ 28, 29 des Entwurfes). In diesem Sinne sind denn auch die Vorschriften über die Ehrenstrafen in den §§ 31 bis 37 a. a. O. geregelt. Allerdings ist nun von dem erwähnten Grundsatze bei der Zuchthausstrafe eine Ausnahme gemacht, indem nach § 31 die Verurteilung zu einer solchen die dauernde Unfähigkeit zum Dienste in dem Heere und der Marine, sowie zur Bekleidung öffentlicher Ämter von Rechtswegen zur Folge hat. Diese Bestimmung, welche nicht den Verlust der bürgerlichen Ehre, sondern nur die Entziehung von zwei bestimmten Ehrenrechten ausspricht, und mit Rücksicht auf die bestehende Militairgesetzgebung, sowie auf das besondere Vertrauen und ungeschwächte Ansehen, welches die Träger der öffentlichen Ämter genießen mußten, gerechtfertigt erschien — vgl. die Motive a. a. O. — ist nun aber nur vom Standpunkte der Ehrenminderung aufzufassen, wie das auch bei den Verhandlungen im Reichstage von den Bundeskommissaren wiederholt hervorgehoben worden (vgl. Stenographische Berichte 1870 S. 244, 302).

Mit Unrecht wird sodann auch für die Annahme, daß die Zuchthausstrafe des genannten Gesetzbuches entehrend sei, der § 20 a. a. O. angerufen. Die Bestimmung desselben, „daß da, wo das Gesetz die Wahl zwischen Zuchthaus und Festungshaft gestatte, auf Zuchthaus nur dann erkannt werden dürfe, wenn festgestellt sei, daß die strafbare Handlung aus einer ehrlosen Gesinnung entspringe", ist aber erst, nachdem der § 31 a. a. O. angenommen war, in das Gesetz gelangt und zwar zu dem Zwecke, um zu verhindern, daß bei politischen Verbrechen eine ehrenmindernde Strafe ausgesprochen werde. Auch der Wortlaut derselben nötigt nicht zu der Auffassung, daß von dem Richter in einem solchen Falle auf Zuchthaus erkannt werden müsse, läßt es demselben vielmehr frei, auch unter der angegebenen Voraussetzung Festungshaft, also eine custodia honesta, zu verhängen. Wie hiernach der § 20 a. a. O. jener Annahme zur Stütze dienen soll, erscheint nicht ersichtlich.

Wenn nun klägerischerseits noch geltend gemacht wurde, daß der Begriff der entehrenden Strafe, was vom Oberlandesgerichte übersehen worden, kein festbestimmter sei, vielmehr mit der fortschreitenden Entwickelung einer veränderten Auffassung unterliege, daß daher die Zuchthausstrafe, da der § 31 a. a. O. den Verlust wesentlicher Ehrenrechte an dieselbe knüpfe, und die Volksanschauung ihr einen entehrenden Charakter beilege, auch im gesetzlichen Sinne als entehrend betrachtet werden müsse, so ist dem nicht beizupflichten. Allerdings ist der Begriff der entehrenden Strafe, wie ihn Art. 232 Code civil voraussetzt, nicht unabänderlich fixiert, vielmehr jederzeit der Bestimmung des Gesetzgebers unterworfen. Das deutsche Strafgesetzbuch hat nun aber, wie oben hervorgehoben, das System entehrender Strafen, von welchem aus noch das preußische Strafgesetzbuch mit der Zuchthausstrafe den Verlust der bürgerlichen Ehre verband, grundsätzlich abgelehnt und was die angerufene Volksanschauung betrifft, so könnte dieselbe, auch ihr Bestehen in dem behaupteten Sinne vorausgesetzt, doch nur dann in Betracht kommen, wenn sie, was eben nicht der Fall ist, vom Gesetzgeber sanktioniert wäre. Damit ist aber der klägerischen Argumentation jede Grundlage entzogen.

Hat nun nach alle diesem das Oberlandesgericht mit Recht angenommen, daß die Zuchthausstrafe des deutschen Strafgesetzbuches als eine entehrende Strafe, wie sie der Art. 232 Code civil zur Voraussetzung hat, nicht anzusehen, so kann sie ersichtlich vom Standpunkte der genannten Gesetzesvorschrift diesen Charakter auch dadurch nicht erlangen, daß neben derselben zugleich auf zeitigen Verlust der bürgerlichen

Ehrenrechte erkannt wird, da eine solche Aberkennung nach dem vorstehenden zwar eine Ehrenstrafe, aber nicht eine entehrende Strafe in dem hier allein in Betracht kommenden Sinne bildet.

Wie es sich endlich in den Fällen verhalten möchte, in welchen auf Grund von § 32 Abs. 1 St. G. B. eine Aberkennung der bürgerlichen Ehrenrechte auf Lebenszeit stattfindet, ist hier nicht zu erörtern.

Steht danach aber fest, daß mit den veränderten Prinzipien dieses Strafgesetzbuches wenigstens für alle Fälle, in welchen ein Verlust der bürgerlichen Ehrenrechte überhaupt nicht oder doch nur auf Zeit ausgesprochen wird, die Grundlage für die Anwendung des Art. 232 Code civil weggefallen ist und von letzterer nicht ferner die Rede sein kann, so ist dadurch eine als bedauerlich zu erachtende Lücke in das Gesetz gekommen.

Es steht nun aber lediglich dem Gesetzgeber zu, diese Lücke auszufüllen, und dem Art. 232 a. a. O. dadurch, daß er ihn dem Systeme der Strafen des genannten Gesetzbuches anpaßt, seine Anwendbarkeit wiederzugeben; für das richterliche Arbitrium dagegen ist hier keinerlei Raum. In dem angegebenen Sinne ist denn auch für das Großherzogtum Baden und die Provinz Rheinhessen in den bezüglichen Einführungsgesetzen Vorsorge getroffen.

Vgl. Bingner und Eisenlohr, Einführungsgesetz zum Reichs-Strafgesetzbuche S. 39 und Puchelt, Zeitschrift Bd. 4 S. 703.

Für die preußische Rheinprovinz besteht indessen eine derartige gesetzgeberische Bestimmung nicht.

II. **Scheidung wegen Ehebruches** ist nicht statthaft, falls der eine Ehegatte mit dem Ehebruche des anderen einverstanden war. U. v. 17. I. 90 (R. A. 81. 3. 45).

Es ist nicht rechtsirrtümlich, wenn das Oberlandesgericht der Ehescheidungsklage wegen Ehebruches die von ihm festgestellte Thatsache als entgegenstehend betrachtet, daß der Kläger mit der erwähnten Handlungsweise seiner Frau einverstanden war, daß diese Handlungsweise ohne sein Einverständnis gar nicht stattgefunden hätte, er also für dieselbe wenigstens in gleich hohem Grade die Verantwortlichkeit trage, wie die Beklagte. Damit wird nicht eine im Ehescheidungsverfahren ausgeschlossene Einrede der Wettschlagung zugelassen, nicht die Verschuldung des Beklagten gegen eine Pflichtwidrigkeit des Klägers aufgewogen, sondern es wird nur dem Ehegatten versagt, wegen einer Pflichtwidrigkeit, hier wegen Bruchs der ehelichen Treue seitens der Ehefrau, den Scheidungsantrag zu stellen, wenn er selbst diese pflichtwidrige Handlung gut geheißen und veranlaßt hat. Ein Ehegatte ist nicht berechtigt, sich durch Begünstigung eines Bruchs der ehelichen Treue von Seiten des anderen Ehegatten einen Scheidungsgrund zu schaffen.

III. Über den **Begriff der „injures graves“** führt das u. a. auch die **Einrede der Kompensation im Ehescheidungsprocesse** für unzulässig erklärende U. v. 21. X. 81 (E. V, 336) aus:*)

---

*) Übereinstimmend Z. D. III § 477 N. 12 S. 111, 112. L. III, 213.

Das Vorhandensein einer groben Beleidigung im Sinne von Art. 231 Code civil ist nämlich, wie Doktrin und Praxis mit Recht annehmen, nicht einzig nach den dem Beklagten vorgeworfenen Worten und Handlungen zu beurteilen; vielmehr sind dabei nicht nur Stand und Bildungsgrad der Eheleute, sondern auch alle übrigen Umstände, insbesondere auch in Betracht zu ziehen, ob und inwieweit das Verhalten des klagenden Teiles zu Mißstimmung und Ärger des anderen Teiles und zu den diesem vorgeworfenen Äußerungen und Handlungen Anlaß gegeben habe. Worte und Handlungen, welche an sich als grobe Beleidigungen zu gelten hätten, können diesen Charakter verlieren, wenn die Persönlichkeit, Lebensstellung, der Bildungsgrad, das gesamte eheliche Leben und das Verhalten des angeblich beleidigten Teiles als Maßstab der Beurteilung angelegt werden.

IV. Zu der bestrittenen Frage, **ob eine vor dem Eheabschlusse verübte grobe Verunglimpfung (injure grave) die Ehescheidungsklage begründe,** nimmt das R. G. Stellung in dem U. v. 9. V. 84. (E. XI, 351)*)

Die Beklagte war von einem anderen Manne geschwängert, als sie am 1. Mai 1881 dem Kläger den Beischlaf gestattete, was sie dazu benützte, dem Kläger vorzuspiegeln, er sei der Schwängerer, wodurch dieser bestimmt worden ist, die Beklagte zu heiraten. Am 18. August 1881 hat der Eheabschluß stattgefunden und schon am 24. November 1881 hat die Beklagte ein völlig ausgetragenes Kind geboren, welches die Frucht des Beischlafes mit jenem anderen Manne ist. Erst nach der Geburt des Kindes erfuhr der Kläger den wahren Sachverhalt und hat auf Grund desselben die Ehescheidungsklage wegen grober Verunglimpfung (L.-R. S. 231) gegen die Beklagte erhoben.

Gegen das diese Klage abweisende Urteil des Berufungsgerichtes hat der Kläger zunächst die Verletzung von L. R. S. 231 als Revisionsgrund geltend gemacht und darauf gestützt, das an sich höchst tadelnswerte Benehmen der Beklagten habe seine Wirkung hauptsächlich nach dem Eheabschlusse geäußert, und auch als Ehefrau habe sie die Täuschung fortgesetzt, indem sie den Kläger im Glauben ließ, er habe sie geschwängert. Darin liege eine grobe Verletzung des Sittengesetzes, eine Mißachtung der ehelichen Pflichten, also auch eine schwere Beleidigung des Ehemannes, die alle Merkmale einer groben Verunglimpfung im Sinne von L. R. S. 231 habe.

Diese Ansicht wird zwar von angesehenen Autoritäten verteidigt, z. B. Duranton, Cours de droit français, 4. Aufl. Bd. 2 Nr. 562; Demolombe, Code Napoléon, 3. Aufl. Bd. 4 Nr. 393; Grolmann, Code Napoléon, Bd. 3 S. 78, 79.

Demungeachtet kann der Angriff des Revisionsklägers nicht für zutreffend erachtet werden; denn Entstehung, Absicht und Wortlaut des L. R. S. 231 führen mit Notwendigkeit zur gegenteiligen Meinung. Seit der Konstitution vom Jahre 1791 hatte man sich in Frankreich daran gewöhnt, die Ehe als eine Art von Bilateral-Kontrakt anzusehen, was in den folgenden Jahren zur gänzlichen Freigebung der Ehetrennung führte. Als man bei Beratung des Code Napoléon sich überzeugte, daß dadurch ein für die

*) Übereinstimmend Z. D. III. § 476 S. 108. L. III., 192.

öffentliche Moralität unerträglicher Zustand herbeigeführt worden sei, entschloß man sich zu einschränkenden Bestimmungen, die aber ihre gemeinsame Grundlage in dem Gedanken haben, daß bestimmte Fälle von Verletzungen der durch die Ehe vertragsmäßig übernommenen Pflichten als hinreichende Gründe zur Ehescheidung bezeichnet wurden.

Besonders deutlich tritt die Reminiscenz an die Auffassung der Ehe als doppelseitigen Vertrages in der Ehescheidung auf gegenseitige Einwilligung hervor. Zu demselben Resultate gelangt man aber auch bei der richtigen Ansicht über das Wesen der Ehe: auch wenn dieselbe nicht lediglich ein Vertrag des bürgerlichen Rechtes ist, können die besonderen Pflichten, welche die Ehe auferlegt, erst nach deren Abschluß entstehen, also auch nicht vorher verletzt werden.

Danach hat der Satz 231 die Tendenz, nur das, was zwischen den Eheleuten, d. h. nach dem Eheabschlusse, vorgefallen ist, zu berücksichtigen, und drückt dies auch sehr deutlich aus durch die Worte: „Les époux pourront réciproquement demander le divorce pour excès, sévices, ou injures graves de l'un d'eux envers l'autre.“ Die badische Übersetzung sagt zwar am Schlusse: „des einen gegen den anderen“, läßt also die Worte „von ihnen“ (d'eux) hinweg, was aber den Sinn nicht ändert.

Also müssen auch die Thatsachen, welche die grobe Verunglimpfung (injures graves) bilden, sich nach dem Eheabschlusse ereignet haben.

Die schwere Täuschung, welche die Beklagte gegen den Kläger verübt hat, fällt aber in die frühere Zeit und kann unmöglich als Verletzung der durch die Ehe übernommenen Pflichten angesehen werden, weil damals die Ehe noch nicht bestand. Die Folgen dieser verwerflichen Handlungsweise haben allerdings auch nach dem Eheabschlusse fortgedauert, allein dies ändert nichts an dem rechtlichen Charakter der Ursache. Die Fortsetzung der Täuschung dadurch, daß die Beklagte nicht nach dem Eheabschlusse kraft ihrer ehelichen Pflichten dem Kläger die Wahrheit über ihre Schwangerschaft mitteilte, erscheint als bedeutungslos; denn wollte man selbst eine Verpflichtung zu einem solchen Geständnisse schwerer Schuld unterstellen, so hätte das Geständnis doch gar nichts an der Sachlage geändert. Auch wenn sofort nach dem Eheabschlusse, also nach Beendigung der Funktion des Civilstandesbeamten, die Beklagte dem Kläger den wahren Sachverhalt offenbart hätte, wäre dadurch die Lage des Klägers nicht besser geworden; denn die Beklagte blieb seine Ehefrau. Das Stillschweigen der Beklagten kann daher nicht als eine nach dem Eheabschlusse zugefügte schwere Beleidigung des Ehemannes erachtet werden.

Zu dieser Ansicht bekennen sich auch die Mehrzahl der Schriftsteller.

V. Die **Wirkungen der Aussöhnung** entwickelt das lehrreiche U. v. 24. XI. 91. E. XXVIII, 385.*)

Auf Klage der Ehefrau M. hat das Landgericht unter Abweisung der von dem beklagten Ehemanne erhobenen Widerklage dem Klagantrage ent-

---

*) Vgl. Z. D. III, § 477, S. 110, 111.

sprechend die Ehe der Parteien „wegen Ehebruches, harter Mißhandlung und grober Verunglimpfung, begangen seitens des Ehemannes, für geschieden erklärt." Mit der gegen dieses Urteil, eingelegten Berufung hat der Beklagte gegenüber der Entscheidung über die Klage Abweisung des auf Scheidung wegen Ehebruches gerichteten Begehrens beantragt, indem er diesem Scheidungsgrunde die Einrede der Versöhnung entgegenhielt und geltend machte, daß der verziehene Ehebruch nicht mehr als selbstständiger Scheidungsgrund dienen, sondern nach L. R. S. 273 nur zur Unterstützung der neueren Scheidungsgründe beigezogen werden könnte.

Vom Oberlandesgerichte wurde die auch wegen Ehebruches ausgesprochene Scheidung bestätigt; das Reichsgericht hat jedoch die von dem Beklagten gegen diese Entscheidung ergriffene Revision für begründet erklärt.

Der Entscheidung des Oberlandesgerichtes kann darin nicht beigetreten werden, daß auf Grund des L. R. S. 273 die Scheidung wegen Ehebruches aufrecht erhalten wurde.

Diese Vorschrift, welche keine andere Bedeutung hat als Art. 273 Code civil, dessen Übersetzung sie ist, geht dahin, daß in den beiden Fällen des L. R. S. 272 der auf Grund der Einrede der Versöhnung mit seinem Ehescheidungsbegehren abgewiesene Kläger gleichwohl wegen eines nach der Aussöhnung eingetretenen neuen Scheidungsgrundes wiederum eine Scheidungsklage anstellen und alsdann zu deren Unterstützung auch von den vorigen Gründen Gebrauch machen könne. Sind beide Klagen auf gleichartige Scheidungsgründe gestützt, so wird die hier zu erörternde Streitfrage kaum praktisch, wohl aber dann, wenn verschiedenartige Klagegründe vorliegen und der Scheidung auf den früheren Grund vom Gesetze besondere Wirkungen beigelegt sind. Dies ist gerade bei der Scheidung wegen Ehebruches der Fall, indem hier nach L. R. S. 298, an dessen Stelle die ähnliche Bestimmung des § 33 Ziff. 5 des Reichsgesetzes über die Beurkundung des Personenstandes und die Eheschließung vom 6. Februar 1875 getreten ist, das Verbot der Ehe zwischen dem wegen Ehebruches Geschiedenen und seinem Mitschuldigen eintritt, und nach § 172 St. G. B. gegen den schuldigen Ehegatten und dessen Mitschuldigen wegen Ehebruches Gefängnisstrafen erkannt werden können. Hier wird die Frage von Bedeutung, ob bei der neuen Klage der verziehene Ehebruch auch als Klagegrund oder nur zur Unterstützung des neuen Scheidungsgrundes verwertet werden könne. Daß auch eine frühere ungleichartige Ehescheidungsthatsache zur Unterstützung eines neuen Scheidungsgrundes geeignet sein kann, erscheint nicht zweifelhaft. So können namentlich grobe Beleidigungen, welche in nicht als Ehebruch zu charakterisierenden Verletzungen der ehelichen Treue gefunden werden, durch einen früheren Ehebruch eine solche Unterstützung erhalten, daß das Gericht erstere nunmehr als schwer genug erachten mag, um die Scheidung nach L. R. S. 231 auszusprechen.

Dafür, daß L. R. S. 273 nur die letztere weniger weitgreifende Bedeutung hat, ist zunächst auf den Wortlaut des Gesetzes zu verweisen.

Eine als unbegründet abgewiesene Scheidungsklage kann nicht wieder angestellt werden, wenn sie auf den nämlichen Scheidungsgrund gestützt wird, weil ihr die Einrede der abgeurteilten Sache entgegenstünde. Das Gesetz sagt nun nicht, daß eine wegen Wiederaussöhnung der Eheleute abgewiesene Scheidungsklage auf den nämlichen Scheidungsgrund hin wieder erhoben werden könne, wenn nachgewiesen werde, daß neue Ehescheidungsgründe nach der Aussöhnung eingetreten seien, sondern es anerkennt nur die Zulässigkeit einer weiteren, auf einen neuen Scheidungsgrund gestützten Klage und gewährt dabei dem Kläger die Befugnis, zur Unterstützung seines durch einen neuen Grund charakterisierten Scheidungsanspruches auf die früheren Gründe zurückzugreifen. Es wäre eine Häufung von Scheidungsansprüchen, wenn man die früheren mit dem neuen in einer Klage verbinden würde, während das Gesetz nur eine Unterstützung des durch Klage erfolgten neuen Anspruches, also des neuen Scheidungsgrundes durch den Thatbestand der früheren zuläßt und nicht etwa erklärt, daß die nach L. R. S. 272 eingetretene Wirkung der Versöhnung, die Scheidungsklage zur Erlöschung zu bringen, dann wieder in Wegfall komme, wenn nach der Versöhnung dem verzeihenden Ehegatten aufs neue Anlaß zur Scheidungsklage gegeben wird. Die Wirkung der Aussöhnung wird durch L. R. S. 273 nur darin beschränkt, daß der beleidigte Ehegatte, welcher wegen einer neuen Ursache Scheidungsklage erhebt, durch die frühere Aussöhnung nicht gehindert sein soll, die verziehenen Vergehen zur Unterstützung des Gewichtes und des Beweises des neuen Grundes zu benutzen. Nur in diesem Sinne kann gesagt werden, daß die verziehenen Vergehen wieder aufleben, und daß der beleidigte Teil gegen die Wirkung der Aussöhnung wieder hergestellt werde.

Vgl. Urteil des R. G.'s i. S. Moll gegen Moll vom 24. Juni 1884 Rep. II. 258/84 (Juristische Wochenschrift vom Jahre 1884 S. 228 Ziff. 43) und Entsch. d. R. G.'s in Civils. Bd. 25 S. 340.

Auf eine größere Tragweite der Vorschrift des L. R. S. 373 kann auch aus der Natur der Versöhnung und des darin enthaltenen Verzichtes nicht geschlossen werden.

Das Oberlandesgericht bezeichnet jede Aussöhnung ihrer Natur nach als eine bedingte. Sie beruhe auf dem Versprechen des Ehegatten, dem Verzeihung gewährt wurde, künftig die Pflichten, welche ihm die Ehe auferlegt, getreulich zu erfüllen; mache er sich aber von neuem Verletzungen dieser Pflichten schuldig, so sei die Aussöhnung als nicht geschehen zu betrachten.

Diese von mehreren Schriftstellern, namentlich von Laurent (Bd. 3 Nr. 212) geteilte Ansicht findet eine gewisse Unterstützung in den gesetzgeberischen Vorarbeiten.

Vgl. das „Exposé de motifs, fait par M. Treilhard, dans la séance du Corps Législatif du 30. ventose an XI“ bei Locré, Législation Bd. 5 S. 308 Nr. 28, wo gesagt ist: „Par la réconciliation toute action pour le passé doit être éteinte: mais si de nouveaux torts pouvaient occasionner de nouvelles plaintes, ces griefs effaceraient tout l'effet de la réconciliation, comme elle aurait elle même effacée les premiers griefs; et l'epoux maltraité d'autant plus intéressant qu'il aurait montré plus d'indulgence, rentrerait alors dans tous ses droits."

Allein diese Erläuterung des gesetzgeberischen Gedankens geht in ihrem Ausdrucke über die Wirkungen nachfolgender Ehevergehen auf eine vorausgegangene Verzeihung früherer zu weit. Dies erklärt sich einigermaßen dadurch, daß Art. 273 Code civil zunächst nur den Fall zum Vorwurfe nimmt, wo eine Scheidungsklage auf die Einrede der Versöhnung hin abgewiesen war, also nur auf neue Gründe hin abermals Klage angestellt werden konnte. Erst für Fälle der in gegenwärtigem Rechtsstreite vorliegenden Art, wo einer ersten, aber auf mehrere Gründe gestützten Scheidungsklage eine in der Mitte liegende Verzeihung des der Zeit nach ersten Vergehens entgegengehalten wird, und dem verziehenen Scheidungsgrunde eine besondere Wirkung vom Gesetze beigelegt ist, entsteht das Bedürfnis einer genaueren Feststellung der Wirkung solcher der Versöhnung nachfolgenden Pflichtverletzungen. Es unterliegt keinem Zweifel, daß auch hier L. R. S. 273 Anwendung findet; allein es erscheint als dem Wesen der Ehe und auch der Erfahrung widersprechend, jede Verzeihung eines Ehevergehens als an die stillschweigende auflösende Bedingung geknüpft zu betrachten, daß der Beleidiger sich in aller Zukunft keiner als Scheidungsgrund geltenden Unbill wieder schuldig mache. Will man den Grund des Gesetzes in dieser Weise erläutern, so darf dies doch nicht dazu verleiten, auf Grund dieser Erläuterung nunmehr das strenge Recht der Bedingungen in Anwendung zu bringen und hieraus eine völlige Beseitigung der Versöhnung abzuleiten. Dem verzeihenden Ehegatten sollte nur das Recht gewährt werden, die größere Bedeutung der neuen Kränkungen als Rückfall geltend zu machen und zur Unterstützung des neuen Scheidungsgrundes auch die durch Verzeihung ausgeschlossenen Thatsachen dem urteilenden Richter zu unterbreiten, um auf diese Weise die Scheidung zu erlangen, falls der Thatbestand des neuen Grundes in seiner Isolierung hierzu nicht vollständig ausreichen sollte.

Hieraus ergiebt sich, daß die eingewendete Verzeihung des Ehebruches des Beklagten nicht mit der Wirkung als beseitigt betrachtet werden durfte, um trotzdem auf jenen Ehebruch hin die Scheidung aussprechen zu können. Es war daher das angefochtene Urteil, soweit es die Berufung des Beklagten gegenüber der landgerichtlichen Entscheidung über die Klage der Ehefrau M. verworfen, bezw. auf diese Berufung bestätigend erkannt hat, aufzuheben, die Sache aber, da weder die behauptete Versöhnung noch die behaupteten dieser Versöhnung nachgefolgten Ehebruchsfälle festgestellt sind, zu anderweiter Verhandlung und Entscheidung an das Berufungsgericht zurückzuverweisen.

§ 42.

Vermögensrechtliche Wirkungen der Ehe.

a. Gesetzliches eheliches Güterrecht.

1. **Die Frage, ob ein Ehegatte Mobilien oder Immobilien geerbt habe,**

entscheidet sich nach dem Bestande der ungeteilten Erbschaft, nicht nach der Teilung*). U. v. 30. III. 86. (E. XV, 324).

Die Fiktion des Art. 883 Code civil, daß jeder Miterbe so anzusehen sei, als sei er betreffs der ihm bei der Teilung überwiesenen Nachlaßgegenstände der einzige Erbe und nie Miteigentümer der anderen Nachlaßgegenstände gewesen, hat den Zweck, den Mißständen zu begegnen, welche sich ergeben würden, wenn der Miterbe seine Rechte, soweit es die Erbquoten der anderen Miterben betrifft, nur von diesen ableiten könnte, also alle während der Zeit der Ungeteiltheit eingetretenen Verfügungen dieser Miterben oder sonstige aus deren Person sich herleitenden Rechte, wie Hypothekarbelastungen ꝛc. gegen sich gelten lassen müßte. Es erscheint nicht gerechtfertigt, diese Fiktion über ihren Zweck hinaus auch für das vermögensrechtliche Verhältnis zwischen einem Miterben und seinem Ehegatten gelten zu lassen in der Weise, daß das Ergebnis der Teilung dafür maßgebend wäre, ob ein Ehegatte, dem während der Ehe eine Erbschaft anfällt, Mobilien oder Immobilien geerbt habe. In dieser Beziehung erscheinen die Bestimmungen der Artikel 1401 flg. Code civil maßgebend, gemäß denen anzunehmen ist, daß der Bestand der Erbmasse zur Zeit des Anfalles der Erbschaft darüber entscheidet, ob und wieviel der Ehegatte an Mobilien oder Immobilien geerbt habe, nicht aber das mehr oder weniger vom Zufalle abhängige Ergebnis einer späteren Teilung. Art. 1401 a. a. O. bestimmt, daß in die Gütergemeinschaft falle alles Mobilarvermögen, welches dem Ehegatten während der Ehe als Erbschaft anfällt und in gleicher Weise schließt Art. 1404 a. a. O. alles Immobiliarvermögen von der Gütergemeinschaft aus, welches dem Ehegatten während der Ehe als Erbschaft anfällt, und es ist anzunehmen, daß das Gesetz hier, wie es dem natürlichen Wortsinne entspricht, an den Anfall der Erbschaft und nicht an das Ergebnis der späteren Teilung gedacht hat.

Diese Ansicht fand sowohl im älteren Rechte, als unter der Herrschaft des Code civil ihre Verteidiger und ihre Gegner, jedoch sind selbst die letzteren darin einig, daß Art. 883 a. a. O. wenigstens dann nicht anwendbar sei, wenn es sich um Zahlung einer Herausgabe (soulte) auf eine Liegenschaft handle, in welchem Falle diese Herausgabe an Stelle der Sache trete (vgl. Art. 1408 Code civil).

II. Zur **Auslegung des Art. 1406 C. c., betr. den sog. Überlassungsvertrag,** wird in dem U. v. 30. VI. 91. (E. XXVIII, 372) ausgeführt**).

Zum Verständnisse dieses Artikels ist von Interesse, einen Blick auf die früher in Frankreich in dieser Materie bestehenden Rechtsgrundsätze zu werfen. Vor Abfassung des Code bildeten während der Ehe in Wirksamkeit tretende Schenkungen von Immobilien, mochten sie durch letztwillige Verordnung oder durch Vertrag unter Lebenden erfolgen, stets einen Erwerb der Gütergemeinschaft, ausgenommen diejenigen Fälle, wo

*) Übereinstimmend L. XXI, 233, 323 flg. A. M. Z. III. § 507 Ziff. 2 S. 207.
**) Übereinstimmend L. XXI, 320. Vgl. Z. D. III § 507 N. 31 S. 217.

die Schenkung von einem Ascendenten ausgegangen war; in diesem Falle wurde die Schenkung als avancement d'hoirie angesehen, und die geschenkten Immobilien blieben, gerade wie ererbte Immobilien, im Sondereigentume des beschenkten Ehegatten. Der Art. 1405 Code stellte nun gerade den entgegengesetzten Grundsatz auf, daß Schenkungen von Immobilien, welche während der Ehe an einen der Ehegatten gemacht werden, nicht in die Gütergemeinschaft fallen, es sei denn, daß eine widersprechende ausdrückliche Bestimmung des Schenkers vorliege. Hiernach bedurfte es zur Erreichung des alter französischer Rechtsanschauung entsprechenden Zweckes, das Grundeigentum gewissermaßen als Eigentum der gesamten Familie in derselben zu erhalten, der Regel nach nicht ferner des oben gedachten Kriteriums des alten Rechtes, daß darauf gesehen werden müsse, ob die Schenkung von einem Ascendenten an einen Descendenten erfolge. Maßgebend war jetzt allein die Unterscheidung, ob die Erwerbung seitens des einen Ehegatten durch einen seinem Inhalte nach lukrativen oder onerosen Vertrag erfolgte. Aber gerade mit Rücksicht auf die vorgedachte ältere Rechtsanschauung behielt man im Art. 1406 den in gleicher Weise bereits im alten Rechte vorhandenen Grundsatz bei, daß ein Überlassungsvertrag zwischen einem Ascendenten und einem Descendenten unter den im Artikel erwähnten Voraussetzungen nicht als ein oneroser Vertrag im Sinne des Gesetzes angesehen werden solle, sondern als ein rein lukrativer, wenngleich er thatsächlich zugleich eine Belastung des Erwerbenden im Gefolge habe. Die vom Code adoptierte Anschauung des alten Rechtes über den Art. 1406 ging dahin:

„Les conventions par lesquelles un ascendant abandonnait des biens pour demeurer quitte envers ses enfans, ou pour payer ses dettes, étaient considérées comme des arrangements de famille, comme des successions anticipées plutôt que comme des acquisitions. Si l'arrangement n'avait pas eu lieu, l'époux cessionaire aurait trouvé l' immeuble dans la succession de son ascendant, et alors il eût été propre de communauté“ (Toullier XII. N. 145).

Faßt man, mit Rücksicht auf diese allgemeine Bedeutung des Art. 1406, den Wortlaut desselben näher ins Auge, so ergiebt sich sofort, insbesondere aus den Worten „abandonné ou cédé .... soit pour le remplir de ce qu'il lui doit“, daß das Grundstück von dem Ascendenten in Bausch und Bogen gegen Aufrechnung seiner eigenen Schuld oder gegen Übernahme der Schuld an einen Fremden überlassen werden muß. Das Grundstück muß, soweit der erste Fall in Betracht kommt, „in solutum“ gegeben werden, wie Toullier a. a. O. N. 143 S. 151 sich ausdrückt. Es darf nicht ein fester Kaufpreis bestimmt und es darf nicht ausgemacht sein, daß die fragliche Schuld lediglich auf den Kaufpreis abzurechnen und der Überschuß bar zu zahlen sei. Werden solche Bestimmungen getroffen, wenn auch zwischen Ascendenten und Descendenten, so kann nicht von einem Überlassen oder Abtreten des Grundstückes gegen Aufrechnung der Schuld gesprochen werden. Vielmehr liegt dann ein einfacher gewöhnlicher Kaufvertrag vor. Wenn man es auch für statthaft halten muß, daß beide Fälle des Art. 1406 bei einem Akte vereinigt vorkommen, daß also der Übernehmer nicht bloß eine Schuld des Übertragenden als getilgt annimmt, sondern zugleich noch eine fremde Schuld desselben übernimmt, so muß sich aber hierauf die ganze übernommene Verpflichtung beschränken, und es darf nicht außerdem noch nach Abrechnung der übernommenen Summe auf einen festgesetzten Kaufpreis der Rest dieses Preises bar ausgezahlt werden sollen. Das Gesetz kennt überhaupt für die beiden Fälle des Art. 1406 keinen Kaufpreis; es stellt nur die gesetzliche Vermutung auf, daß, sobald einer der beiden Fälle vorliege, wobei es den Betrag der aufgerechneten oder übernommenen Schuld ganz dahingestellt sein läßt, ein nach den Grundsätzen der Schenkungen zu beurteilender Vertrag vorliege.

Es ergiebt sich hieraus zugleich, daß der Artikel, da es sich bei demselben in Wirklichkeit um belastende Verträge handelt, eine Ausnahmebestimmung gegenüber der allgemeinen Vorschrift des Art. 1401 enthält, daß Immobilien, welche während der Ehe durch belastende Verträge erworben werden, in die Gütergemeinschaft fallen. Deshalb ist es durchaus unzulässig, den Art. 1406 über die Fälle, welche er selbst anführt, hinaus ausdehnen zu wollen und dadurch weitere Fälle der Anwendung desselben zu schaffen.

Diese Auffassung wird nun auch fast übereinstimmend von älteren und neueren Autoren geteilt und in der französischen Rechtsprechung ebenfalls als die richtige anerkannt.

Troplong, Contrat de mariage, Bd. 1 Nr. 628, sagt: „Que si l'acte intervenu entre l'ascendant et le descendant n'avait pas le caractère d'accommodement de famille; si c'etait un pur acte de commerce, comme il en intervient entre étrangers; si, par exemple, il n'était tout simplement qu'une vente; alors l'immeuble serait conquèt tout aussi bien que si le fils l'avait acheté d'une personne tierce non parente L'art. 1406 ne doit pas être étendu hors de son cas spécial.“

Aubry und Rau, Bd. 5 § 507 zu Note 60, sagen: „La règle exceptionelle établie par l'art. 1406 ne peut être étendue à une vente proprement dite, c'est à dire à une transmission faite moyennant un prix déterminé, payable à l'ascendant lui-même.“

III. **Der noch ausstehende Kaufpreis einer während der Ehe veräußerten Liegenschaft eines Ehegatten fällt nicht in die Gütergemeinschaft.** U. v. 29. V. 83. (E. X, 278).

Die Annahme des Oberlandesgerichts, daß der ausstehende Kaufpreis der Sonderliegenschaft der Ehefrau dem Zugriffe der ehemännlichen Gläubiger unterworfen sei, steht im Widerspruch mit der seit Pothier herrschenden Ansicht,*) daß der ausstehende Kaufpreis Sondergut sei, von welcher abzuweichen kein genügender Grund vorliegt.

Wenn Landrechtsatz 1433 für den Fall, daß die Gemeinschaft den Preis bezogen hat, den Ehegatten, dessen Grundstück veräußert worden ist, für berechtigt erklärt, ihn zum voraus aus der Gemeinschaft zu ziehen,

*) Vgl. Z. D. III. § 507 N. 15 S. 212.

so läßt sich hieraus schließen, daß der noch ausstehende Preis nicht in die Gemeinschaft falle, sondern an Stelle der Liegenschaft Sondergut geblieben sei.

Wenn ferner aus dem Erlöse eine andere Liegenschaft zum Ersatze der veräußerten angeschafft worden ist, so tritt diese schon um deswillen an die Stelle der letzteren, weil die Erwerbung nicht aus Mitteln der Gemeinschaft, sondern aus dem Sondergute gemacht worden ist, daher muß bei der neuen Erwerbung nicht nur erklärt werden, daß sie zum Ersatze des Veräußerten, sondern auch, daß sie mit dem Erlöse der eigen gewesenen Grundstücke geschehen sei (Landrechtsätze 1434, 1435).

Endlich würde die Vorschrift im Landrechtsatz 1428, daß der Ehemann die eheweiblichen Liegenschaften nicht ohne deren Bewilligung veräußern dürfe, wesentlich beeinträchtigt, wenn der Erlös der beliebigen Verfügung des Ehemannes und dem Zugriffe seiner Gläubiger unterworfen wäre.

IV. Den **Erwerb zur Wiederanlage (acquisition en remploi)** behandelt mit Rücksicht auf den Fall, daß der Wert des angekauften Grundstückes den Betrag des zu deckenden Reprisenanspruches erheblich übersteigt, das U. v. 19. XII. 82. (E. VIII, 320).

In einem gegen W. eingeleiteten Subhastationsverfahren wurde als demselben gehörig ein Erbe, bestehend aus Wohnhaus, Hofraum, Garten und Zubehör, in Beschlag genommen. Dieses Erbe stammte aus dem Nachlasse der Eltern des W. und war laut Lizitationsprotokolles vom 31. Januar 1881 von der Ehefrau W. unter Verbürgung des W. versteigert worden, wobei beide Ehegatten erklärt hatten, daß der Kauf geschehe, um den Erlös von Erbgütern der Ehefrau, welche während der Ehe veräußert worden seien, wieder anzulegen, und daß das Erbe Sondergut der Ehefrau sein solle.

Letztere erhob auf Grund dieses Aktes gegen die Zwangsvollstreckung Widerspruch, indem sie das Erbe als ihr ausschließliches Eigentum in Anspruch nahm. Ihre Klage wurde in erster Instanz zugesprochen, in zweiter Instanz abgewiesen, das letztere Urteil aber aufgehoben aus folgenden Gründen:

Der fragliche, als ein einheitliches Rechtsgeschäft aufzufassende Akt enthält einen Kauf zur Wiederanlage — acquisition en remploi —, der unter die Vorschriften der Artt. 1433, 1435 Code civil fällt und nur die Eigenheit hat, daß der Ehemann der Klägerin zu einem ungeteilten Anteile Miteigentümer des von derselben angekauften Erbes war. Dieser Umstand führte nun, was den fraglichen Anteil betrifft, zur Anwendung des Art. 1595 Code civil, welcher in seiner Nr. 2 den Verkauf zwischen Ehegatten, welcher der Regel nach gesetzlich ausgeschlossen ist, dann gestattet, wenn einer derselben dem anderen zur Befriedigung seiner Ansprüche ein Vermögensstück abtritt. Diese Voraussetzung liegt aber nach Inhalt des bezogenen Aktes hier vor. Das Oberlandesgericht geht nun, was letzteren betrifft, von dem Satze aus, daß ein Vertrag der fraglichen Art, der sich als eine datio in solutum charakterisiere, dann nicht zu Recht bestehen, vielmehr von den Gläubigern angefochten werden könne, wenn der Wert des übertragenen Objektes die Forderung der Ehefrau in dem

Maße übersteige, daß es sich weniger um die Befriedigung derselben für ihren Anspruch, als um den Verkauf eines bedeutend wertvolleren Vermögensstückes handle, — und wendet diesen Satz auf den vorliegenden Fall an, da der geltend gemachte Reprisenanspruch der Klägerin nur 150 Thlr. 5 Sgr. betrage, der Preis des angekauften Grundstückes dagegen auf die Summe von 597 Thlr. 18 Sgr. sich belaufe. Dieser Annahme kann aber nicht beigepflichtet werden.

Schon im älteren französischen Rechte, welches den remploi von dem Gesichtspunkte der Subrogation auffaßt, war — vgl. Pothier, Communauté, Nr. 197 — der Grundsatz anerkannt, daß, wenn der Kaufpreis des erworbenen Grundstückes, den zu deckenden Reprisenanspruch erheblich übersteige, dasselbe nur nach Verhältnis des letzteren Sondergut werde, für den übrigen Teil aber zur Errungenschaft gehöre. Auch unter Herrschaft des Code civil, dessen Vorschriften in dieser Lehre durchaus auf dem Boden des älteren Rechtes stehen, muß der angeführte Grundsatz als Norm gelten — womit denn auch die in Doktrin und Rechtsprechung herrschende Meinung übereinstimmt.*)

Hiernach beruht es auf einer irrigen Anschauung, wenn das Oberlandesgericht lediglich aus dem Grunde, weil das hier in Rede stehende Erbe bedeutend wertvoller, als das veräußerte Sondergut der Klägerin sei, die Nichtrechtsbeständigkeit des Ankaufes des ersteren herleiten will. Anders würde sich allerdings die Sache dann verhalten, wenn im gegebenen Falle der Reprisenanspruch im Verhältnisse zu dem Preise des erworbenen Grundstückes so minimal erschiene, daß nach den Umständen eine Simulation der Ehegatten anzunehmen wäre.

Nach dem ausgeführten hängt also die Frage, ob der Klägerin auf Grund des Aktes vom 31. Januar 1871 ein Miteigentum an dem fraglichen Erbe zustehe, von dem bezüglich ihres Reprisenanspruches erbotenen Beweise ab. Wäre dieser aber erbracht und stände das Miteigentum derselben fest, so könnte der Beklagte D. nach Vorschrift des Art. 2205 Code civil, welcher in Gemäßheit des Art. 1476 a. a. O. auch für die Gütergemeinschaft gilt, den Anteil seines Schuldners, des Ehemannes der Klägerin, vor stattgehabter Teilung zur Zwangsversteigerung nicht bringen.

V. **Ist der Art. 1477 C. c.**, welcher die nachteiligen Folgen der Verheimlichung von gütergemeinschaftlichen Sachen durch einen der Ehegatten normiert, **durch den § 2 des Einführungsgesetzes zum Reichsstrafgesetzbuche aufgehoben?** Diese Frage verneint das auch für die **Auslegung des Art. 1465 C. c.** betr. das Alimentationsrecht der Ehefrau nach Auflösung der Gütergemeinschaft, lehrreiche U. v. 19. III. 89 (E. XXIII, 318).

Ebenso erscheint die Revision unbegründet in betreff des dritten Streitpunktes. In dieser Hinsicht beruht die Entscheidung des Berufungsrichters auf der Auffassung, daß der Art. 1465 des bürgerl. Gesetzbuches der Witwe stets für die ganze Zeit von 3 Monaten und 40 Tagen

*) Vgl. Z. D. III § 511 S. 254. L. XXI, 381.

den Unterhalt aus der Gütergemeinschaftsmasse und freie Wohnung in dem zur Masse gehörigen Hause gewähre, gleichviel, ob sie thatsächlich vor Ablauf der gesetzten Frist das Inventar errichtet und sich früher bezüglich der Annahme der Gütergemeinschaft entschieden habe. Die Revisionskläger finden in dieser Auffassung eine Verletzung des genannten Artikels, indem derselbe nach der richtigen Auslegung die fraglichen Vorteile der Witwe nur bis zu dem Zeitpunkte zuerkenne, wo sie mit der Errichtung des Inventars fertig geworden sei, bezw. sich darüber erklärt habe, ob sie die Gütergemeinschaft annehme oder derselben entsage. Im vorliegenden Falle habe die Klägerin sich sofort nach dem Tode ihres Mannes in das Gütergemeinschaftsvermögen eingemischt, dadurch die Gütergemeinschaft angenommen und könne daher auf jene Vorteile keinen Anspruch machen.

Die Auffassung des Berufungsrichters muß aber als die richtige anerkannt werden. Wenn namhafte Autoren, indem sie davon ausgehen, daß die ganze Bestimmung des Art. 1465 nur im Interesse der Masse und deren Verwaltung getroffen sei, der von den Beklagten aufgestellten Ansicht beitreten, vgl. z. B. Aubry und Rau, Bd. 5 § 517 Note 39; Troplong, Contrat de mariage Bd. 3 Nr. 1596, so ist doch mit den die entgegengesetzte Ansicht vertretenden Schriftstellern, vgl. u. a. Laurent, Bd. 22 Nr. 440, 441; davon auszugehen, daß die fragliche Gesetzesbestimmung aus einem Gefühle der Billigkeit hervorgegangen ist und wesentlich den Zweck hat, der überlebenden Ehefrau in der ersten Zeit nach dem Tode ihres Mannes eine sorgenfreie Existenz zu gewähren. Dieser Grundgedanke des Gesetzes führt zu der Konsequenz, daß dasselbe ein für allemal eine feste Zeit bestimmen wollte, während welcher die Wittwe die fragliche Wohlthat genießen soll ohne Rücksicht darauf, ob sie früher ihre Entschließung bezüglich der Annahme der Gütergemeinschaft treffen möchte oder nicht. Die vorgedachte, mit dem Wortlaute des Gesetzes durchaus im Einklang stehende Auffassung wird denn auch in der Rechtsprechung der französischen Gerichte durchweg als richtig angenommen.

Was den zweiten Streitpunkt betrifft, so ist die Revision als begründet anzusehen.

Der Berufungsrichter erklärt den Art. 1477 des bürgerl. Gesetzbuches durch den § 2 des Einführungsgesetzes zum Reichsstrafgesetzbuche für aufgehoben, insoweit diejenigen Handlungen, welche die in dem gedachten Artikel vorgesehene Verheimlichung darstellen, zugleich den Thatbestand des strafbaren Betruges oder Betrugsversuches (§ 263 St.-G.-B.) enthalten. Diese Auffassung muß als rechtsirrtümlich bezeichnet werden. Der Irrtum beruht darin, daß die Bestimmung des Art. 1477 als dem Gebiete des Strafrechtes angehörig betrachtet wird. Sie gehört, wie auch die entsprechende Bestimmung des Art. 792 und ähnliche im bürgerlichen Gesetzbuche enthaltene Bestimmungen (Artt. 801, 1460, 451 Abs. 2) lediglich dem Gebiete des Civilrechtes an und stellt nur die nachteiligen vermögensrechtlichen Folgen fest, welche eine Verheimlichung im Sinne des Art. 1477 für den schuldigen Teil haben soll. Der Zweck dieser Bestimmung ist nicht die Bestrafung des Thäters, sondern die Ausgleichung des

Interesses, welches die Verheimlichung für den oder die anderen Beteiligten im Gefolge hat, und welches ein für allemal in einer definitiven Weise vom Gesetze normiert wird. Wenn hierbei der dem geschädigten Teile zufließende Vorteil je nach Lage des Falles das Maß des ihm durch die Verheimlichung zugefügten materiellen Nachteiles übersteigen mag, so steht dieser Umstand dem rein civilrechtlichen Charakter jener Vorschrift nicht entgegen; denn es ist zu berücksichtigen, daß es für den Gesetzgeber nahe lag, bei Bestimmung der Entschädigung auch die Gefahr der Nichtentdeckung der fraglichen Verheimlichung und die durch dieselbe dem anderen Teile möglicherweise entstehenden Kosten und Weitläufigkeiten mit in Rechnung zu ziehen.

Für die Richtigkeit dieser Auffassung, welche zunächst aus dem Sinne und der Bedeutung der fraglichen Bestimmung selbst geschöpft wird, spricht insbesondere auch das Verhältnis, in welchem sie zu den Vorschriften des mit dem 1. Januar 1811 in Kraft getretenen Code pénal steht. Auch der letztere stellte ganz denselben Grundsatz auf, wie der § 2 des Einführungsgesetzes zum Reichsstrafgesetzbuche, indem er bestimmte, daß alle besonderen Strafgesetze, welche Materien betreffen, die im Code pénal geordnet sind, als aufgehoben angesehen werden sollen.

Vgl. Code pénal Art. 484; Staatsratsgutachten vom 8. Februar 1812 (Samml. von Gräff Bd. 2 S. 892): Oppenhoff, Preuß. Strafgesetzbuch 3. Aufl. zu Art. II. des Einführungsgesetzes Note 2.

Die Materie des Betruges bezw. der Unterschlagung ist nun aber auch im Code pénal ausführlich geregelt (III. Buch, 2. Titel, 2. Kapitel: „Verbrechen und Vergehen gegen das Eigentum"). Gleichwohl ist nie bezweifelt worden, daß die in Rede stehende Bestimmung des bereits im Jahre 1804 publizierten bürgerlichen Gesetzbuches durch die allgemeinen Strafvorschriften des Code pénal nicht berührt worden, sondern neben den letzteren stets in Geltung geblieben ist. Der Grund dieser unbezweifelten Gültigkeit ist in dem Umstande zu suchen, daß die Bestimmung immer als lediglich dem Civilrechte angehörig angesehen wurde. In diesem Sinne haben sich denn auch die französischen Gerichte ausgesprochen. Das Urteil des Kassationshofes vom 4. Dezember 1844, vgl. Dalloz, 1845, I. 45, welches entschied, daß die nachteiligen Folgen der Verheimlichung auch gegen die Erben des schuldigen Ehegatten geltend gemacht werden können, führt aus:

Attendu, en droit, que du fait de détournement prévu par l'art. 1477 C. c. ne résulte nullement une action pénale proprement dite, mais une action purement civile tendant à la réparation du préjudice causé directement et indirectement par le dit détournement; réparation dont le législateur a fixé lui-même les limites en déclarant dans le dit art. 1477 que l'époux auteur du détournement serait privé de sa portion dans les objects détournés." . . .

In gleicher Weise und mit ähnlicher Motivierung hat das Urteil des Pariser Appellhofes vom 24. Juni 1843 (Journal du Palais 1843, II. 178) entschieden, daß die Klage aus Art. 1477 nicht in drei Jahren verjähre, wie die Klage aus einem „délit", sondern gemäß Art. 2262 des bürgerl. Gesetzbuches erst in dreißig Jahren.

Ist nun aber die vorbegründete Ansicht als richtig anzusehen, so ergiebt sich ohne weiteres das Irrtümliche des vom Berufungsrichter gezogenen Resultats; denn das Reichsstrafgesetzbuch hat nur die Anordnung öffentlicher Strafen zum Gegenstande und der § 2 des Einführungsgesetzes bezieht sich nur auf strafrechtliche Vorschriften der Landesrechte. Zu bemerken ist übrigens, daß bereits das preußische Strafgesetzbuch von 1851 im Art. 2 seines Einführungsgesetzes bezüglich der Beseitigung der im preußischen Staate damals bestehenden besonderen Strafbestimmungen im wesentlichen denselben Grundsatz aufstellte wie der § 2 des Reichsstrafgesetzbuches, und daß daher, wenn die Ansicht des Oberlandesgerichtes richtig wäre, der Art. 1477 schon durch das preußische Strafgesetzbuch in der Rheinprovinz als aufgehoben gelten müßte, eine Anschauung, welche jedoch bisher in der Rechtsprechung nicht hervorgetreten ist.

Das Oberlandesgericht beruft sich nun, davon ausgehend, daß der Art. 1477 die Anordnung einer sog. Privatstrafe enthalte, zur Unterstützung seiner Ansicht auf das Urteil des Reichsgerichtes vom 22. April 1887, vgl. Entsch. d. R. G.'s in Civils. Bd. 18 S. 218, welches ausgesprochen hat, daß das gemeinrechtliche decretum divi Marci über die Bestrafung der unerlaubten Selbsthilfe durch den § 2 des Einführungsgesetzes zum Reichsstrafgesetzbuche aufgehoben sei. Hierbei übersieht aber das Oberlandesgericht, daß die durch das decretum divi Marci aufgestellte Privatstrafe einen ganz anderen Charakter hatte, als die im Art. 1477 bestimmte Rechtsfolge. In Bezug auf die Natur der römisch-rechtlichen Privatstrafen, zu welchen auch die durch das vorgedachte Dekret verordnete gehört, ist dem beizustimmen, was Savigny (Obligationsrecht Bd. 2 § 83 S. 301) sagt:

> Diese Obligation (auf Privatstrafe) gehört durch ihren Zweck, die Strafe, dem großen selbständigen Gebiete des Kriminalrechtes, also eines Zweiges des öffentlichen Rechtes, an. Sie hat eine doppelte Natur und gehört beiden Rechtsgebieten wirklich an, dem Kriminalrechte durch ihren Grund und Zweck, dem Privatrechte durch ihre Form und ihre Wirkung.

Die ursprünglich im römischen Rechte lediglich dem Privatkläger überlassene Rechtsverfolgung in Ansehung der Privatstrafen ist mit der fortschreitenden Rechtsentwickelung mehr und mehr auf die Organe des Staates übergegangen. Schon im neueren römischen Rechte konkurrierten in vielen Fällen mit der Privatverfolgung eine öffentliche; aber es entschied die Wahl des Beschädigten. Nach heutigem Rechte ist der Gegensatz zwischen öffentlichen und Privatstrafen so gut wie völlig beseitigt, da, soweit dem Schuldigen Leistungen zur Strafe auferlegt werden, diese nicht mehr in Zuwendungen an den Verletzten, sondern in Zuwendung an den Staat oder sonstige öffentliche Kassen bestehen.

> Vgl. Ihering, das Schuldmoment im römischen Privatrechte S. 3; Meyer, Lehrbuch des deutschen Strafrechtes, 4. Aufl. S. 13; Brinz, Pandekten 1. Aufl. Bd. 1 § 118.

Das oben angeführte Urteil des Reichsgerichtes ist gerade von der Auffassung ausgegangen, daß es sich bei der Anordnung des decretum divi Marci um eine wirkliche Strafe handele, und auf dieser Auffassung beruht die getroffene Entscheidung. Daraus ergiebt sich in Verbindung mit obiger Ausführung, daß diese Entscheidung in keiner Weise geeignet ist, die Ansicht des Oberlandesgerichtes zu unterstützen.

VI. Über die **Voraussetzungen der Klage auf Gütertrennung** führt das Urteil v. 22. I. 86. (E. XV, 322) aus:*)

Im älteren französischen Rechte wurde der Grundsatz des römischen Rechtes, daß die Frau auch während der Ehe die dos zurückfordern könne, wenn sie infolge der Vermögenszerrüttung des Mannes Gefahr laufe, sie zu verlieren, auch auf die deutschrechtliche Gütergemeinschaft angewendet, jedoch erlitt hier der Begriff der dos eine wesentliche Änderung, indem man die Gütergemeinschaft vom Standpunkte einer Erwerbsgesellschaft und das Einbringen der Frau vom Standpunkte der Einlage in eine Gesellschaft betrachtend, als dos alles gelten ließ, was seitens der Frau an Vermögen oder Vermögenswert irgend einer Art zu den Zwecken der Ehe geleistet wurde. So nahm man insbesondere an, daß neben den eingebrachten Mobilien und Immobilien auch die Erwerbsthätigkeit der Frau einer dos gleich zu achten sei.

Vgl. Pothier, Bd. 8 Nr. 512.

Nach Einführung des Code civil wurde in Doktrin und Praxis fast einstimmig die Ansicht vertreten und bis in die neueste Zeit festgehalten, daß die Worte: „dont la dot est mise en péril" in Art. 1443 Code civil in dem besonderen Sinne, welchen sie im früheren Rechte erlangt hatten, vom Gesetzgeber gebraucht worden seien und folglich auch nur in diesem Sinne angewendet werden dürften. Gemäß dieser, vom Reichsgerichte, vgl. Entsch. des R. G.'s in Civils. Bd. 12 S. 318, bereits gebilligten Auffassung nahm man im Einklange mit dem älteren Rechte an, daß für die Frage, ob Gefahr für das Einbringen (la dot) der Ehefrau vorliege, nicht bloß dasjenige Vermögen in Betracht komme, welches der Ehefrau in Natur oder in Form einer Ersatzleistung zurückzugewähren ist, sondern auch die Nutzungen dieses Vermögens, ferner dasjenige Einbringen, welches in die Gütergemeinschaft fällt, das Vermögen, dessen Anfall noch in Aussicht steht (le mobilier futur), sowie endlich die Arbeitskraft und die Erwerbsfähigkeit der Ehefrau.

In der letzteren Beziehung besteht nur insofern eine Verschiedenheit der Ansicht, als manche Schriftsteller, an die von Pothier gegebenen Beispiele (habile couturière ou excellente brodeuse) anknüpfend, den Besitz eines besonderen Talentes, eines besonderen Erwerbsgeschäftes verlangten, während die Mehrzahl der Schriftsteller mit der Praxis davon ausging, daß die gewöhnliche Erwerbsthätigkeit der Frau, ihre Wirksamkeit im ehelichen Haushalte, genüge.

*) Vgl. Z. D. III § 516 N. 2 S. 275, 276.

Den sich hiernach ergebenden Sinn des Gesetzes bezeichnet Laurent, Bd. 22 Nr. 208, dahin, daß die Gütertrennung verlangt werden könne: „dans tous le cas, où l'intérêt de la femme l'exige."

Diese letztere Ansicht ist als die richtige zu erachten; denn es erscheint grundsätzlich nicht gerechtfertigt, auf die Erwerbsfähigkeit der Frau zwar Rücksicht zu nehmen, jedoch zu unterscheiden zwischen Frauen, die in größerem und solchen, die in geringerem Grade erwerbsfähig sind. Mit demselben Recht würde man auch zwischen Frauen, die eine reiche, und solchen, die nur eine geringe Mitgift eingebracht und zu retten hätten, unterscheiden und letzteren die Wohlthat der Gütertrennung verweigern können.

VII. **Über den öffentlich-rechtlichen Charakter der die Gütertrennung betreffenden Normen** vgl. das § 1 unter V. abgedruckte U. v. 7. X. 84. (E. XII. 309).

VIII. Zur Frage, ob die Ehefrau vor Teilung der aufgelösten ehelichen Gütergemeinschaft auf Zahlung der Hälfte einer gütergemeinschaftlichen Forderung klagen kann, vgl. das § 23 abgedruckte U. v. 30. X. 88. [E. XXII., 371).

IX. Ueber das **Inventar** als materiellrechtliche Voraussetzung der Entsagung vgl. die unter b I. abgedruckte Entscheidung.

b. Vertragliches eheliches Güterrecht.

I. **Das Inventar hat im ehelichen Güterrechte mit Bezug auf das Verhältnis der Eheleute zu Dritten materiell-rechtliche Bedeutung.** So das für die **Auslegung des Art. 1499 C. c.** wichtige U. v. 12. X. 86 (E. XVI, 288).

Das Inventar wird im Gesetzbuche in weitaus den meisten Fällen nicht als Beweismittel, sondern als eine besondere Art und Weise vorgeschrieben, wie gewisse Thatsachen festzustellen seien, und an die Errichtung oder Unterlassung eines Inventares werden nicht bloß Folgen bezüglich des Beweises, sondern bedeutsame materiellrechtliche Folgen geknüpft. In einigen Fällen (Artt. 451, 948, 1058—1060) wird geradezu ein Zwang zur Errichtung eines Inventars angeordnet, in anderen (Artt. 794 flg. 802, 1456, 1459) werden von dessen Dasein gewisse Rechtswohlthaten abhängig gemacht, in Art. 1442 ist für die Unterlassung ein sehr empfindlicher Rechtsnachteil angedroht, im Falle des Art. 600 ist es als Vorbedingung für den Eintritt in den Genuß eines Rechtes hingestellt.

Im ehelichen Güterrechte aber ist das System des Gesetzes nicht zu verkennen, daß das vermögensrechtliche Verhältnis der Eheleute zu einander verschieden von ihren Beziehungen zu Dritten behandelt und in letzterer Hinsicht dem Inventar eine besondere materiellrechtliche Bedeutung beigelegt wird. Gemäß Art. 1416, 1417 ist das Inventar die Voraussetzung dafür, daß die Gläubiger einer Erbschaft, welche die Ehefrau ohne ehemännliche Autorisation angetreten hat, sich nur an die Erbschaftsmasse und das nackte Eigentum des übrigen persönlichen Vermögens der Ehefrau halten können. Daß es sich um eine materielle Voraussetzung und nicht bloß um einen Beweis handele, lassen die Worte des Gesetzes: „sans un inventaire préalable", „s'il y a eu inventaire" zur Genüge erkennen. Der Gegensatz hierzu, daß beim Mangel eines Inventares dem Ehemanne gegenüber jeder Beweis zulässig sei, ist im Art. 1415 hervorgehoben, und die materiellrechtliche Bedeutung des Inventares durch die bezeichnenden Worte ausgedrückt: à défaut de l'inventaire et dans tous les cas òu ce défaut préjudicie à la femme“. Ebenso ist im Art. 1504 an den Mangel eines Inventares ein erheblicher Nachteil für den Ehemann geknüpft.

Mit diesem Systeme des Gesetzes wäre es unvereinbar, wenn man das im Art. 1499 geforderte Inventar nur als Beweismittel auffaßte. Vom Beweise handelt der Art. 1498 „apports dûment justifiés“ und der Art. 1499 bekundet durch seine ganze Fassung: „Si le mobilier u. s. w. n'a pas été constaté,“ daß er die **Bedingung** dafür aufstellt, daß die Regel nicht Platz greife, wonach Mobilien in die Gemeinschaft fallen (Art. 1401 Ziff. 1 des bürgerlichen Gesetzbuches). Weder ein sprachlicher noch ein innerer Grund liegt vor, dem Worte: „réputé“ die Bedeutung einer bloßen Vermutung beizulegen.

Dazu kommt aber noch, daß ganz unabhängig vom Art. 1499, selbst wenn das Gesetzbuch diesen nicht enthielte, aus Art. 1510, welcher sowohl für die ausdrückliche als auch für die stillschweigende Schuldensonderung (Art. 1511) gilt, gefolgert werden müßte, daß ein Ehegatte sein beigebrachtes Mobilarvermögen nur unter der Voraussetzung, daß es durch Inventar oder état authentique konstatirt wird, dem Zugriffe der Gläubiger zu entziehen berechtigt ist. Daß in dieser Gesetzesstelle das Inventar als materielle Voraussetzung für den Schutz des Sondergutes gegen den Zugriff der Gläubiger hingestellt ist, kann nach Fassung und Zusammenhang nicht bezweifelt werden. Der Zweck des Gesetzes besteht unverkennbar im Schutze der Gläubiger gegen ihnen nachteilige und schwer aufzudeckende Abmachungen unter den Eheleuten.

Ist nach dem Ausgeführten das Inventar eine materielle Bedingung für die Geltendmachung des Sondereigentums an den eingebrachten Mobilien gegen Dritte, und enthält demnach Art. 1499 insbesondere in seinem Zusammenhange mit Art. 1510 eine materiell rechtliche Vorschrift, so wird derselbe von der Civilprozeßordnung nicht berührt und kommt es darauf nicht an, ob dessen ausdrückliche Beibehaltung auch aus § 16 Ziff. 1 des Einführungsgesetzes zu folgern sei.

II. Die **Anwendbarkeit des Art. 1499 C. c.** ist verneint im U. v. 22. XII. 91. (E. XXIX, 314) mit Bezug auf den folgenden **Fall eines gemischten Gütersystems**.

Die Eheleute G. B. hatten in ihrem Heiratsvertrage vereinbart, daß die Ehe unter dem Rechtsverhältnisse der auf die Errungenschaft beschränkten Gütergemeinschaft abgeschlossen werde, daß aber hinsichtlich desjenigen Vermögens, welches jedem der Ehegatten in der Folge durch Schenkung oder Erbschaft zufallen werde, vollständige Gütertrennung stattfinden solle.

Für das **System der Errungenschaftsgemeinschaft** (Artt. 1498, 1499 Code civil) kommen zwei Voraussetzungen wesentlich in Betracht, daß bezüglich der Nutzungen und des Erwerbes aus dem beiderseitigen Vermögen der Ehegatten Gemeinschaft besteht, und sodann, daß letzteres in der Hand des gesetzlich auch die Verwaltung des Frauengutes führenden

Ehemannes sich vereinigt und so nach außen hin als eine einheitliche Masse erscheint. Daran knüpft sich dann die in dem Art. 1499 ausgesprochene Vermutung, daß alles, was zu dieser Masse gehört, Acquest sei, sofern nicht das Sondereigentum des einen oder anderen Ehegatten durch ein Inventar oder Verzeichnis in gehöriger Form dargethan wird. Hieraus folgt nun, daß, wenn es sich im vorliegenden Falle um ein Güterrechts-Verhältnis von wesentlicher verschiedener Art handelt, die Vorschrift des Art. 1499 Code civil nicht Platz greifen kann. Nach dem Heiratsvertrage der Eheleute G. B. teilt sich aber das Vermögen derselben in zwei thatsächlich und rechtlich verschiedene Massen, zunächst das zur Zeit der Eheschließung von ihnen besessene Vermögen, für welches Gemeinschaftsrecht gilt, und sodann das während der Ehe ihnen durch Schenkung oder Erbschaft zufallende Vermögen, bezüglich dessen vollständige Gütertrennung vereinbart ist. Dadurch war, was letzteres angeht, jede Gemeinschaft ausgeschlossen, und das der Frau Anerfallene wurde freies, der ehemännlichen Verwaltung nicht unterworfenes Sondergut derselben. Bei einem so geregelten Güterverhältnisse aber, wo es sich um zwei völlig getrennte und von verschiedenen Rechtssystemen beherrschte Massen handelt, fehlt es ersichtlich an der für eine beide letzteren umfassende Vermutung im Sinne des Art. 1499 Code civil erforderlichen Grundlage.

Zweiter Abschnitt.

Vaterschaft und Kindschaft.

§ 43.

Eheliche Kinder.

I. Ueber den **Ausschluß der Verleugnungsklage nach Art. 314 C. c.** bei vor der Eheschließung erlangter Kenntnis der Schwangerschaft, selbst für den Fall, daß die Schwangerschaft unmöglich von dem Ehemann herrühren konnte, führt das U. v. 4. VI. 89 (E. XXIII, 335) aus:*)

Auch bezüglich der Verleugnungsklage war die Revision nicht für begründet zu erachten. Die Voraussetzung der Verleugnungsklage nach Art. 314 des bürgerl. Gesetzbuches liegt zwar vor, daß das Kind vor dem 180. Tage nach der Eheschließung geboren worden ist, die Klage ist auch binnen der in Art. 316 bestimmten Monatsfrist erhoben worden. Dieselbe ist aber nach der angeführten Gesetzesbestimmung ausgeschlossen, wenn dem beklagten Ehemanne vor Eingehung der Ehe die Schwangerschaft bekannt war.

Nach den Feststellungen des Berufungsrichters hat Kläger bereits am Verlobungstage, dem 18. Dezember 1887, mit seiner späteren Ehefrau geschlechtlich verkehrt und hat von derselben einige Wochen später die Mitteilung erhalten, daß sie schwanger sei, sich aber durch diese Mitteilung, obwohl er derselben Glauben schenkte, nicht abhalten lassen, am 28. Februar 1888 die Ehe abzuschließen.

---

*) Vgl. § 40 S. 124.

Nach dieser ohne Rechtsirrtum getroffenen, daher der Nachprüfung entzogenen Feststellung ist das Klagerecht verloren, da das Gesetz den Verlust nicht an die Voraussetzung knüpft, daß der Eheschließende sich mit Recht oder Unrecht für den Urheber der Schwangerschaft angesehen habe.

Die Revision führt aus, der Berufungsrichter habe den erbotenen Beweis erheben müssen, daß sich Kläger, welcher seine spätere Ehefrau zum ersten Male am 3. Dezember 1887 gesehen, wegen Abwesenheit in der physischen Unmöglichkeit befunden habe, der Beklagten zwischen dem 300. und 180. Tage vor der Geburt des Kindes beizuwohnen, da dieser Beweis nach Art. 312 des bürgerl. Gesetzbuches die Verleugnungsklage selbst in dem Falle zu begründen geeignet sei, wenn das Kind während der Ehe empfangen worden wäre. Diese Ausführung ist nicht als zutreffend zu erachten, denn die Verleugnung des vor der Ehe empfangenen Kindes ist nicht nach Art. 312, sondern allein nach Art. 314 zu beurteilen, und der an die Kenntnis der Schwangerschaft geknüpfte Verlust des Klagerechtes beruht auf der gesetzlichen Vermutung, daß derjenige, welcher mit einer Schwangeren in Kenntnis dieses Umstandes die Ehe eingegangen ist, auf die Verleugnungsklage verzichtet habe.

II. **Der Vater ist während der Ehe nicht Vormund.** Diesen Rechtssatz und seine Consequenzen bezüglich der Verfügungsfähigkeit des Vaters über das Vermögen des minderjährigen Kindes entwickelt das U. v. 24. VI. 87. (E. XIX, 370).

Es ist unbestritten, daß aus der Stellung des Art. 389 im Titel von der Vormundschaft nicht gefolgert werden kann, daß der Vater während der Ehe Vormund sei. Aus der Entstehungsgeschichte dieses Artikels, vgl. Locré, Bd. 7 S. 215, geht bestimmt hervor, daß die gesetzgebende Sektion des Tribunats, von welcher die Fassung des Art. 389 a. a. O. herrührt, die Gleichstellung des Vaters während der Ehe mit dem Vormunde ablehnen wollte. Ist aber hiernach die Eigenschaft des Vaters als eines Vormundes zu verneinen, so können folgeweise auch die betreffs der Verfügungsgewalt des Vormundes im Gesetze gegebenen Vorschriften weder unmittelbare noch analoge Anwendung finden, weder kann ein Gegenvormund ernannt werden, noch die Beaufsichtigung durch einen Familienrat stattfinden, noch kann von Beobachtung der besonderen Förmlichkeiten die Rede sein, welche bezüglich gewisser Akte des Vormundes vorgeschrieben sind. Zu diesem Ergebnisse gelangt man auch dann, wenn man der Thatsache keine besondere Bedeutung beilegt, daß der vom Tribunate vorgeschlagene letzte Absatz, lautend:

„Tout ce qui intéresse la propriété de ces biens sera réglé par la disposition de la section VIII,“

bei der endgültigen Redaktion weggelassen worden ist. In gleicher Weise widerstreitet es dem Grundsatze, daß der Vater nicht Vormund ist, von den bezüglich des letzteren gegebenen Vorschriften wenigstens einen Teil auf jenen anzuwenden, einen anderen dagegen nicht. Für eine solche Sonderung fehlt es an jeder gesetzlichen Grundlage; eine solche kann auch darin nicht gefunden werden, — vgl. u. a. Demolombe, Bd. 6 Nr. 417; Aubry und

Rau, § 123 zu Anm. 18, — daß einzelne im Titel von der Vormundschaft enthaltene Bestimmungen in anderen Abschnitten des Gesetzbuches wiederholt worden sind. Diese Wiederholung geschieht unter Rückbeziehung auf die Vormundschaft, als eine für den Vormund gegebene Vorschrift, wie denn auch der hier in Betracht kommende Art. 2045 des bürgerlichen Gesetzbuches besagt: le tuteur ne peut transiger etc. Ist aber hiernach die Heranziehung der von den Geschäften des Vormundes geltenden Vorschriften grundsätzlich ausgeschlossen, so fehlt es auch der anderen Theorie an jedem Anhalte im Gesetze, nach welcher bei gewissen Veräußerungsakten, auch beim Vergleiche, wenn auch nicht eine gerichtliche Homologation, doch eine richterliche Autorisation erforderlich sein soll. Der hierfür von Laurent, Bd. 4 S. 314, welcher zugiebt, daß diese Autorisation im Gesetze keine Stütze finde, angeführte Grund, daß die Notwendigkeit und das Interesse des Minderjährigen dazu führen „à régler ce que le législateur aurait dû décider," setzt den Richter an die Stelle des Gesetzgebers.

Wenn aber weder die Regeln von der Vormundschaft gelten, noch eine richterliche Autorisation verlangt werden kann, so bleibt nur die Annahme übrig, daß der Vater überhaupt ohne besondere Ermächtigung handeln könne. Wäre nun aber darauf Gewicht zu legen, daß Art. 389 den Vater als „administrateur des biens personnels" bezeichnet, und wäre — etwa unter Heranziehung des Art. 1988 des bürgerlichen Gesetzbuches — „administrer" auf Handlungen bloßer Verwaltung im Gegensatze von Veräußerung, Vergleich und Verzicht &c. zu beschränken, so ergäbe sich daraus, daß während dieser nach Umständen lange dauernden Verwaltung die wichtigsten Geschäfte ganz unterbleiben müßten, sollten sie auch vom dringendsten Interesse des Kindes geboten sein. Ein solcher Wille des Gesetzgebers kann aber nicht unterstellt werden. Das Wort „administrateur" bezeichnet aber auch keineswegs im Gesetze einen derart technischen Begriff, daß er nur auf sogenannte Handlungen der Verwaltung im engsten Sinne bezogen werden und die für Auslegung eines Auftrages und einer Vollmacht gegebene Vorschrift des Art. 1988 auch für die elterliche Gewalt maßgebend sein müßte. Aus einer Vergleichung der Artt. 481, 482, 483, 512, 1449, 1538, 1576 des bürgerlichen Gesetzbuches ergiebt sich, daß der Gesetzgeber die Sonderung der Rechtshandlungen in solche der Verwaltung und der Veräußerung keineswegs scharf durchführt, daß er zuweilen sich des Ausdruckes „administration", dann „pure" oder „entière" administration bedient und sogar in Fällen, in welchen er die freie Verwaltungsbefugniß verleiht, es für notwendig erachtet, das Recht zur Veräußerung von Liegenschaften ausdrücklich auszunehmen.

Da nun im Art. 389 a. a. O. eine Beschränkung nicht beigefügt ist, da „administrateur" nicht an und für sich auf Verwaltungshandlungen im engeren Sinne zu beziehen ist, und bei der bereits hervorgehobenen Rücksicht darauf, daß bei anderer Auslegung die unter Umständen dringendsten Geschäfte unterbleiben müßten, erscheint es gerechtfertigt, die Stellung des Vaters als administrateur im weitesten Sinne aufzufassen. Dem steht nicht entgegen, daß demselben im Art 389 die Verpflichtung auferlegt ist, in Ansehung des Vermögens, dessen Genuß er nicht hat, über das Eigentum und die Einkünfte, und in Ansehung des Vermögens, an welchem das Gesetz Nießbrauch giebt, über das Eigentum allein Rechnung zu legen. Es läßt sich hieraus vielmehr auch die Unterstellung des Gesetzgebers herleiten, daß der Vater gültig über das Eigentum in dem Sinne verfügen könne, daß das Kind nur auf ihn (nicht etwa auch gegen dritte Erwerber) einen Rückgriff habe.

Wenn noch eingewendet wird, daß bei dieser Auslegung das Vermögen der Kinder einem insolventen Vater völlig preisgegeben sei, so trifft dieser Vorwurf nicht den Ausleger, sondern den Gesetzgeber, welcher eben von der wohl regelmäßig zutreffenden Annahme ausgegangen ist, daß der Vater die Interessen seiner Kinder wahren werde, und welcher den Kindern nicht einmal den Schutz der gesetzlichen Hypothek verleiht, wenn es sich um Ansprüche aus der während der Ehe geführten Verwaltung ihres Vaters handelt.

§ 44.

Natürliche (uneheliche) Kinder.

1. Den **Umfang des Verbotes der Erforschung der Vaterschaft**, insbesondere für den bestrittenen Fall der betrügerischen Verleitung der Geschwächten zum Beischlaf, bestimmt grundlegend das U. v. 25. X. 92 (R. A. 85. 2. 56).

Die Dienstmagd Henriette W., von welcher am 3. April 1890 unehelich ein Knabe geboren wurde, hat mit der Behauptung, daß derselbe von dem Maurer Franz W. gezeugt sei, und dieser sie durch betrügerisches Eheversprechen, unter Vorspiegelung der falschen Thatsache, daß er noch nicht verheiratet sei, zum Beischlafe verführt habe, zum Landgerichte Elberfeld Klage gegen W. auf Zahlung von 3000 Mark als Entschädigung für sie, auf Ersatz der Wochenbettkosten mit 70 Mark und Zahlung eines monatlichen Beitrages zu den Erziehungs- und Unterhaltungskosten des von ihr geborenen Kindes erhoben.

Das Landgericht hat die Klage zum Betrage von 2000 Mark zugesprochen, das Oberlandesgericht dagegen dieselbe auf Grund des Art. 340 C. c. abgewiesen. Die Revision wurde zurückgewiesen.

Die Revision konnte nicht für begründet erachtet werden. Das Urteil weist den Anspruch der Klägerin auf Zahlung der ihr in erster Instanz zuerkannten Entschädigung ab, weil dieser Anspruch zu seiner Begründung die Untersuchung und Feststellung erfordere, daß die Klägerin infolge des geschlechtlichen Verkehres mit dem Beklagten schwanger geworden, der Beklagte also der Vater des von ihr geborenen Kindes sei, welche Untersuchung beim Bestreiten des Beklagten der Art. 340 C. c. dem Richter untersage.

Die Revision hält dagegen den Art. 340 im vorliegenden Falle nicht für anwendbar, weil es sich in Wirklichkeit nicht um die Feststellung der Vaterschaft zwischen dem Beklagten und dem von der Klägerin geborenen Kinde handle, sondern nur um eine Schadensersatzklage der Mutter, welche auf ein Delikt des Beklagten im Sinne des Art. 1382 C. c. gestützt werde. Die thatsächlichen Voraussetzungen der unrechten That des Beklagten, bestehend in falschen Vorspiegelungen und Betrug, seien durch die vom ersten Richter festgestellten Thatsachen in überzeugender Weise dargethan, und für die durch diese Handlungen der Klägerin entstandenen Nachteile, einschließlich der Folgen der Schwängerung, sei der Beklagte verantwortlich zu machen. Ebenso wie die Klägerin bei jeder anderen Schadensersatzklage auf Grund des Art. 1382 nach allgemeinen Grundsätzen die thatsächlichen Voraussetzungen der Schadenszufügung beweisen könne, müsse ihr auch in diesem Falle das Recht eingeräumt werden, die Grundlagen ihres Anspruchs nach allen Richtungen hin darzuthun.

Es muß anerkannt werden, daß die Rechtsprechung der französischen Gerichte sich seit Jahrzehnten in der vorstehend angedeuteten Weise entwickelt hat. Sie trifft bei Entschädigungsklagen, welche eine unverehelichte Frauensperson gegen ihren angeblichen Schwängerer anstellt, die Unterscheidung, ob es sich um einen ohne betrügerische Verleitung von Seiten des Mannes zu Stande gekommenen geschlechtlichen Verkehr gehandelt habe, bei welchem jeder die Folgen mitverschulde, also tragen müsse, oder ob ein durch falsche Vorspiegelungen und Betrug des Mannes herbeigeführter Beischlaf in Frage stehe. Während im ersten Falle jeder Schadensersatzklage der unehelichen Mutter die Wirkung versagt wird, erklären im zweiten Falle die französischen Gerichte die Klage wegen der ihr zu Grunde liegenden „faute“ des Beklagten für statthaft und berücksichtigen bei Bemessung des Schadens auch die nachteiligen Folgen, welche durch die Schwängerung selbst und die Geburt des Kindes für die Mutter entstanden sind. (Vgl. u. a. Dalloz, 1861, 5, 423. Nr. 24; Sirey 1865 II. S. 5, 6, 170.)

Das Reichsgericht hat in mehreren Entscheidungen diese Auffassung insofern gebilligt, als es ebenfalls bei der Entschädigungsklage der unehelichen Mutter im Falle betrüglicher Verleitung zum Beischlafe die Berücksichtigung der Schwängerung und ihrer Folgen für statthaft erklärt hat. (U. v. 18. I. 1881, Rep. II. Nr. 379/1880 (Bad. Ann. Bd. 47 S. 90), vom 1. XI. 1884, Rep. Nr. 303/1884 (Puchelt, Zeitschrift Bd. 16 S. 574).*) Eine nochmalige Prüfung dieser Frage hat jedoch zu dem Resultate geführt, daß das Reichsgericht die früher gutgeheißene rechtliche Anschauung nicht festhalten kann, sondern als die Meinung des Gesetzes aussprechen muß, daß auch in den vorerwähnten Fällen der betrüglichen Verleitung die Untersuchung der Vaterschaft dem Richter untersagt ist, daß also der Art 340 eine allgemeine Bedeutung hat, welche nicht lediglich, wie etwa aus der Überschrift des betreffenden Abschnittes im Gesetzbuche gefolgert werden könnte, auf die Feststellung des Paternitätsverhältnisses zwischen Vater und Kind beschränkt werden darf, sondern, daß er überall anzuwenden ist, wo in einem Civilprocesse die Untersuchung der Vaterschaft in Frage kommt, gleichviel, zu welchem Zwecke sie erfolgen, und von wem die Frage, welche zu dieser Untersuchung Veranlassung geben kann, angestellt sein möge.

---

*) Abgedruckt ob. § 25 unter II.

Die französischen Gerichte haben, soweit nicht ein Zugeständnis der Vaterschaft auf Seiten des Beklagten vorlag, in welchem Falle es überhaupt einer „recherche“ nicht zu bedürfen schien, vielfach als Grund der Nichtberücksichtigung des Art. 340 den von der Revision geltend gemachten, insbesondere von Demolombe Bd. 3 Nr. 29, 33 verteidigten Satz aufgestellt, daß es sich bei der Schadensersatzklage der Mutter nicht um Feststellung der Vaterschaft gegenüber dem Kinde, sondern lediglich um die Begründung einer gemäß Art. 1382 angestellten Klage handle, bei welcher der Beweis der Vaterschaft nicht verboten sei. Allein die Entstehungsgeschichte des Gesetzes ergiebt zweifellos, daß diese Unterscheidung keine Berechtigung hat und mit dem Sinne des Gesetzes nicht im Einklang steht. Als wesentlicher Grund und Zweck der Verbotsbestimmung des Art. 340 ist klar ausgesprochen, daß es nach den Gesetzen der Natur unmöglich erscheine, die Vaterschaft mit Sicherheit festzustellen, und daß man die durch die früher in Frankreich gestattete Vaterschaftsklage hervorgerufene Beunruhigung der Familien und die dadurch veranlaßten ärgerlichen und skandalösen Rechtsstreitigkeiten ein für allemal beseitigen wolle (vgl. Locré, Bd. 6 S. 23 ff., insbesondere S. 186, 191, 212 f., 320, 321). Diese Motive treffen in allen Fällen zu, wo bei Gericht die uneheliche Vaterschaft auch nur beiläufig untersucht und festgestellt werden müßte. Das Verbot ist ohne alle Einschränkung gegeben und gehört der öffentlichen Ordnung an. Eine Ausnahme davon zu machen, ist nur in dem vom Gesetze selbst vorgesehenen Falle (Abs. 2) dem Richter gestattet.

Bezüglich der Praxis der französischen Gerichte ist bemerkenswert, daß die vorstehend vertretene Anschauung auch in Frankreich nach Publikation des Gesetzes längere Zeit hindurch von den Gerichtshöfen als richtig anerkannt und festgehalten worden ist. Wenn später die französische Rechtsprechung in Anerkennung der Härte, welche unverkennbar in vielen Fällen des praktischen Lebens mit der consequenten Durchführung des in Art. 340 enthaltenen Verbotes verknüpft ist, sich bewogen gefunden hat, die Anwendung derselben in der erwähnten Weise einzuschränken, so hält doch das Reichsgericht sich nicht für berechtigt, aus Gründen der Billigkeit auf diesem Wege zu folgen, glaubt vielmehr das Gesetz in dem Sinne anwenden zu müssen, wie es gegeben ist und wie es zur Zeit noch zu Recht besteht. Demnach muß als richtig anerkannt werden, was das Oberlandesgericht ausführt, daß die Schadensersatzforderung der Klägerin, soweit sie auf die Behauptung ihrer Schwängerung durch den Beklagten gestützt wird, hinfällig erscheint, weil der Art. 340 jede Untersuchung nach dieser Richtung verbietet.

Unzweifelhaft ist aber die Klägerin befugt, auf Grund des behaupteten Betruges einen Anspruch gegen den Beklagten geltend zu machen, soweit dieser lediglich auf die Vollziehung des Beischlafs und ohne Rücksicht auf die dadurch bewirkte Schwängerung der Klägerin gestützt werden könnte.

II. Über die **Klagbarkeit des Versprechens der Alimentation natürlicher Kinder** vgl. das § 25 unter II abgedruckte U. v. 1. XI. 84. (P. XVI, 574.)

III. Über das **Erbrecht natürlicher Kinder**, vgl. das § 48 abgedruckte U. v. 2. IV. 89. (E. XXIII, 323.)

§ 45.

Alimentationspflicht.

Die Alimentationspflicht der Schwiegerkinder in Konkurrenz mit den Kindern gegenüber bedürftigen Eltern behandelt grundlegend das U. v. 15. III. 92. (E. XXIX, 315.)

Die Frage, ob Schwiegerkindern in gleicher Linie mit Kindern bedürftiger Eltern die Pflicht zur Unterhaltung derselben obliegt, oder ob sie nur subsidiarisch haften, ist bestritten, aber in Übereinstimmung mit den eingehenden und zutreffenden Ausführungen des Oberlandesgerichtes in ersterem Sinne zu beantworten.

Entscheidend ist hierfür der Wortlaut des Gesetzes, welches, nachdem im Art. 205 Code civil zunächst die Verbindlichkeit der Kinder ihren Eltern gegenüber ausgesprochen worden, unmittelbar darauf (Art. 206) weiter vorschreibt: „Les gendres et belles-filles doivent également et dans les mêmes circonstances des alimens à leurs beau-père et belle-mère; mais cette obligation cesse“ . . .

Diese Vorschrift, welche auf dem Rechtsgrundsatze „la parenté de l'alliance imite la paranté du sang“ beruhend, die Gleichstellung der Kinder und Schwiegerkinder bezüglich deren Alimentationspflicht in doppelter Wendung hervorhebt, ist klar und bestimmt, einer Interpretation nicht weiter zugänglich und mit der Annahme, daß letztere erst im Falle eines nicht Vorhandenseins von Kindern oder des Unvermögens derselben haften, nicht zu vereinigen. Für diese Annahme fehlt es auch sonst an einem positiven Anhalte im Gesetze; namentlich kann der Umstand, daß die Verpflichtung der Schwiegerkinder, welche ihre besonderen Erlöschungsgründe hat, in einer getrennten, dem Art. 205 Code civil nachstehenden Gesetzesbestimmung ausgesprochen ist, ein Argument für jene Annahme nicht bieten.

Der hervorgehobene Wortlaut des Gesetzes findet denn auch in der Entstehung desselben seine volle Bestätigung.

Während der erste Entwurf zum Code civil nur eine Unterhaltspflicht der Kinder ihren Eltern gegenüber anerkannte (Fenet, Bd. 2 S. 47), wurde von den Appellhöfen zu Grénoble und Paris der Vorschlag gemacht, diese Verpflichtung auf die Schwiegerkinder auszudehnen, wobei ersterer (Fenet, Bd. 3 S. 535) sich dahin aussprach: „Les alliés en ligne directe se tiennent lieu d'enfants et sont subsidiairement tenus à se fournir réciproquement des aliments. Cette obligation cesse, lorsque l'affinité est dissoute“, und letzterer äußerte: „Il semble qu'on devrait comprendre les gendres et belles-filles dans cette disposition, et la rendre réciproque“ (Fenet, Bd. 5 S. 135).

In dem späteren, dem Staatsrate vorgelegten Entwurfe hatte nun auch in chap. IV des obligations qui naissent du mariage et de ses effets civils, Art. 2, welcher lautete:

„Les enfants doivent des aliments à leur père et mère et autres ascendants qui sont dans le besoin“ — les enfants doivent également des aliments à leurs alliés dans la même ligne, à moins que les dits alliés n'aient convolé en secondes noces" (Fenet, Bd. 9 S. 66, die Unterhaltspflicht der Schwiegerkinder, jedoch nicht als eine subsidiäre im Sinne des Hofes von Grénoble, sondern als mit der der Kinder gleichstehend, Aufnahme gefunden.

Bei der Beratung im Staatsrate wurden gegen die Fassung des zweiten Absatzes des Artikels, namentlich wegen des Ausdruckes „alliés dans la même ligne" Bedenken erhoben, und Berlier sprach sich für die Streichung aus, indem er bemerkte, daß die Bestimmung überflüssig — inutile — sei, da dem Vater ein Alimentenanspruch seiner Tochter gegenüber zustehe, und dieser, wenn sie verheiratet ist, gegen den Schwiegersohn als Herrn der Gütergemeinschaft sich richte (Fenet, a. a. O. S. 69/70). Diese letztere Ansicht fand aber keine Zustimmung, und es wurde beschlossen, dem in Rede stehenden zweiten Absatze eine andere Fassung nach dem Vorschlage des Konsuls Cambacérès zu geben, welcher bezweckte, die Stiefverwandtschaft auszuschließen und die Verpflichtung auf die Zeit während des Bestehens der Affinität zu beschränken. Bei der schließlichen Redaktion (Fenet, a. a. O. S. 134) hat dann der genannte Artikel des Entwurfes die Fassung erhalten, welche demnächst in den Artt. 205—207 Gesetz geworden ist. In den verschiedenen gesetzgeberischen Stadien ist nun nirgends von einer bloß subsidiären Haftung der Schwiegerkinder die Rede, vielmehr wird immer von ihrer Gleichstellung mit den Kindern ausgegangen und diese Gleichheit hat denn auch Portalis bei seiner Darlegung der Motive (Fenet, a. a. O. S. 176) mit den Worten: „Les gendres et les belles-filles sont soumis à la même obligation envers leurs beau-père et belle-mère," hervorgehoben und auf den oben bereits erwähnten Grundsatz: „La parenté de l'alliance imite la parenté du sang" gestützt.

Im Sinne der vorstehenden Ausführung wird die Bedeutung des Art. 206 Code civil von Laurent (Bd. 3 N. 64/65), Chardon (Puissance patern. N. 281), Grolmann (Handbuch Bd. 2 S. 387 flg.) und Hue (Comment du code civil Bd. 2 S. 220) aufgefaßt. Die Mehrzahl der Kommentatoren, namentlich Marcadé (8. Ausgabe Bd. 1 S. 569/570) Aubry & Rau (Bd. 6 S. 101 flg.), Demolombe (Bd. 2 N. 35 flg.), Zachariä-Dreyer (Bd. 3 S. 465), welche die vorliegende, an den Art. 206 sich knüpfende Frage unerörtert läßt, stellt die Theorie auf, daß es bezüglich des Verhältnisses unter den zur Alimentation gesetzlich Verpflichteten der Feststellung einer Folgeordnung bedürfe, welche beim Schweigen des Gesetzes nach Analogie des Erbrechtes nach allgemeinen Rechtsregeln und den Grundsätzen der Billigkeit — ubi emolumentum, ubi onus — zu bestimmen sei. Hiernach ergäben sich drei verschiedene Klassen, Descendenten, Ascendenten und Verschwägerte, die nacheinander heranzuziehen wären, sodaß eine Haftung der letzteren erst beim Mangel von Verpflichteten in den beiden vorgehenden Klassen einträte. Auf eine Erörterung dieser Theorie in ihrer Allgemeinheit einzugehen, dazu bietet der vorliegende Fall keine Veranlassung; es genügt hier, wo es sich um die besondere Frage des Verhältnisses zwischen Kindern und Schwiegerkindern gegenüber den Eltern bzw. Schwiegereltern handelt, unter Hinweisung auf das Ausgeführte wiederholt zu betonen, daß diese Frage in dem klaren Wortlaute des Art. 206 Code civil, der aus der Entstehungsgeschichte desselben in seiner vollen grundsätzlichen Bedeutung hervortritt, ihre Entscheidung findet.

Dritter Abschnitt.

Vormundschaft.

§ 46.

Berufung zur Vormundschaft.

Steht der Mutter kraft Gesetzes die Vormundschaft über ein von ihr anerkanntes uneheliches Kind zu? Diese bestrittene Frage verneint das U. v. 17. II 91 (E. XXVII, 334).

Die Klägerin hat mit einem gewissen M., einem wohlhabenden Manne, im Konkubinate gelebt. Ein uneheliches Kind, welches dieser mit ihr erzeugte, ist sowohl von der Klägerin als von M. anerkannt worden. Nach dem Tode des letzteren hat der Familienrat den Beklagten C. als Vormund gewählt und beschlossen, der minderjährige Knabe solle in einer Pfarrersfamilie oder in einem Waisenhause erzogen werden.

Die Klägerin hat hierauf gegen den Vormund und die Mitglieder des Familienrates Klage erhoben und beantragt: Das Gericht wolle den Familienratsbeschluß aufheben und feststellen, daß die Klägerin gesetzliche Vormünderin ihres minderjährigen Kindes sei. Das Landgericht hat die Klage und das Oberlandesgericht die Berufung der Klägerin zurückgewiesen. Dasselbe Schicksal der Zurückweisung hatte die von der Klägerin eingelegte Revision. Soweit es sich um die Frage handelt, ob eine gesetzliche Vormundschaft bestehe, beruht das Urteil des Reichsgerichtes auf folgenden Gründen:

Der Auffassung des Oberlandesgerichtes, daß nach den Vorschriften des in Elsaß-Lothringen geltenden Rechtes der Mutter eines unehelichen Kindes, auch wenn sie dieses anerkannt habe, die Vormundschaft über dasselbe nicht kraft Gesetzes zustehe, mußte beigestimmt werden.*) Die Artt. 389, 390 des bürgerl. Gesetzbuches beziehen sich bloß auf die Rechtsverhältnisse von ehelichen Kindern und bestimmen, daß der Vater während der Ehe Verwalter des seinen minderjährigen Kindern gehörenden Vermögens sei, nach Auflösung der Ehe durch den Tod eines der Ehegatten aber die Vormundschaft über die minderjährigen, nicht emanzipierten Kinder dem überlebenden Ehegatten kraft Gesetzes zustehe. Aus diesen Vorschriften ergiebt sich hiernach nicht, daß eine Vormundschaft über das von Vater und Mutter anerkannte uneheliche Kind erst dann einzutreten habe, wenn der Vater oder die Mutter gestorben sei. Ebensowenig kann dies aus den Artt. 158, 383 des bürgerl. Gesetzbuches geschlossen werden, welche in einzelnen Richtungen den Eltern eines un-

*) A. M. Z. D. III § 571 S. 520 (Text). L. IV, 413 flg. Übereinstimmend Z. D. l. c. Note 8.

ehelichen Kindes diejenigen Rechte einräumen, die das Gesetz den ehelichen Eltern zugewiesen hat. Auch eine entsprechende Anwendung der Artt. 389, 390 auf die Rechtsverhältnisse der unehelichen Kinder erscheint als ungerechtfertigt, da die Stellung des Vaters, der sein außereheliches Kind anerkannt hat, durchaus verschieden von derjenigen des Ehemannes ist, der das Haupt der Familie bildet nnd auch der Ehefrau gegenüber Rechte hat, welche dem Vater eines unehelichen Kindes in Ansehung der Mutter desselben nicht zustehen. Hiernach kann nicht angenommen werden, daß eine Vormundschaft über das von beiden Eltern anerkannte uneheliche Kind erst dann eintritt, wenn der Vater oder die Mutter gestorben ist. Vielmehr muß dieselbe hier sofort eintreten, weil eine gesetzliche Vermögensverwaltung, wie sie Art. 389 dem Ehemann in Ansehung der ehelichen Kinder eingeräumt hat, bezüglich der unehelichen nicht besteht. Bei dieser Sachlage fehlt es aber an jeder gesetzlichen Grundlage dafür, daß diese Vormundschaft ohne Weiteres dem außerehelichen Vater oder der Mutter oder beiden gemeinschaftlich zustehen soll. Es muß vielmehr dem unehelichen Kinde ein Vormund in derselben Weise durch den Familienrat bestellt werden, wie es in Ansehung derjenigen ehelichen Kinder der Fall ist, bezüglich deren eine gesetzliche Vormundschaft nicht besteht. Für diese Auffassung, welche in Deutschland unter der Herrschaft des Code civil schon früher die Herrschaft erlangt hat, haben sich denn in neuerer Zeit auch in Frankreich sehr viele angesehene Schriftsteller entschieden, und sie hat auch in der Rechtsprechung, die allerdings eine sehr widersprechende ist, fortwährend Anerkennung gefunden.

§ 47.

Pflichten und Rechte des Vormundes.

1. **Die Stellung des Vaters als gesetzlichen Vormundes gegenüber dem Familienrat** erörtert mit Bezug auf die Frage, ob der letztere befugt ist, die Verfügungsgewalt des Vaters über den Erlös veräußerter Immobilien zu beschränken, das U. v. 25. III. 84. (E. XI., 347).

Auf das Ableben ihrer Mutter haben die minderjährigen Kinder des H. ein Grundstück geerbt, welches zu Zwecken der hessischen Ludwigsbahn expropriiert worden ist. Über die Anlage des 80000 M. betragenden Preises faßte der Familienrat einen Beschluß, wonach dafür süddeutsche Wertpapiere angeschafft und bei der Reichsbank hinterlegt werden sollten, welche nur unter Mitwirkung des Beivormundes erhoben werden dürften, und von denen der Vater nur die Zinsen beziehen sollte. Letzterer hat den Beschluß durch Klage angefochten; diese ist in beiden Instanzen abgewiesen und die Revision zurückgewiesen worden.

Es ist zwar dem Revisionskläger darin beizupflichten, daß der Familienrat nicht befugt ist, die durch Art. 450 Code civil dem Vormunde eingeräumte Stellung und die daraus sich ergebenden Rechte — von der Absetzung gemäß Artt. 444 flg. abgesehen — zu ändern oder zu schmälern. Die gesetzlichen Bestimmungen betreffs der Rechte und der Gewalt des

Vormundes gehören dem öffentlichen Rechte an, können daher (vgl. Art. 6 a. a. O.), nicht durch Privatwillkür beseitigt werden, und wenn auch der Familienrat berufen ist, nach allen Richtungen das Interesse des Mündels zu sichern, so kann dies doch nur innerhalb der vom Gesetze selbst gezogenen Schranken geschehen. Die für die gegenteilige Meinung angeführten Entscheidungen der Appellhöfe von Limoges und Bordeaux, sowie des Kassationshofes vom 20. Juli 1842 (Sirey, 42. 1. 587) können somit, wie auch in der französischen Doktrin geschieht, nicht gebilligt werden; übrigens handelt das Urteil des Kassationshofes von einem Dativvormunde, welcher dem seine Rechte einschränkenden Beschlusse des Familienrates ausdrücklich zugestimmt hat.

Verschieden ist aber der Fall zu beurteilen, wenn während der Vormundschaft eine Liegenschaft des Mündels durch Veräußerung in Kapitalvermögen umgewandelt werden soll. Für diesen Fall bestimmt Art. 457 Code civil, und zwar unter ausdrücklicher Hervorhebung, daß dies auch gegen Vater und Mutter gelten solle, daß hierzu die Autorisation des Familienrates notwendig sei, daß diese nur unter gewissen Voraussetzungen erteilt werden und der Familienrat seiner Entschließung alle ihm nützlich scheinenden Bedingungen beifügen dürfe. Aus dem ganzen Zusammenhange des Artikels ergiebt sich demnach, daß der Familienrat, welcher befugt ist, seine Zustimmung zu einer Veräußerung zu versagen, wenn er die dringende Notwendigkeit oder den augenscheinlichen Nutzen nicht anerkennt, auch das Recht haben müsse, seine Zustimmung von Bedingungen abhängig zu machen, welche er im Interesse des Mündels für geboten erachtet, daß er überhaupt bei Veräußerung von Immobilien dafür zu sorgen hat, daß durch dieselbe die seither im Immobilienbesitze bestandene Sicherheit des Mündelsgutes nicht gefährdet werde. Es ist daher in dieser Richtung eine Entscheidung des Pariser Kassationshofes vom 20. Juni 1843 (Sirey, 43. 1. 651) vollkommen zu billigen, welche ausführt, daß das Gesetz hinsichtlich dieser Bedingungen keinen Unterschied mache, es also dabei nur auf das Interesse des Mündels ankomme, daß auch durch diese Fürsorge, welche geboten erscheint, wenn Immobilien in Geld umgesetzt werden, die Rechte des Vormundes, selbst wenn er gesetzlicher Nutznießer ist, nicht beeinträchtigt werden, sobald ihm die Einkünfte gelassen werden, da er ja auch keine Verfügung über die Immobilien hatte.

Diese Grundsätze müssen für jede Veräußerung von Immobilien, namentlich auch dann gelten, wenn dieselbe im Zwangswege oder wegen gesetzlicher Notwendigkeit, wie etwa bei Aufhebung einer Gemeinschaft (Art. 815 Code civil) oder, wie im gegebenen Falle, infolge einer Enteignung geschieht.

Wenn auch der Familienrat in Fällen dieser Art seine Zustimmung dazu, daß veräußert werde, nicht zu erteilen hat, also auch nicht versagen kann, so würde es doch gegen das Prinzip des Art. 457 a. a. O. verstoßen, wenn ihm deshalb auch das Recht abgesprochen und nicht vielmehr seine Pflicht anerkannt würde, durch Maßregeln zur Sicherung des an die Stelle der Immobilien getretenen Kapitales die Interessen des Mündels zu wahren.

Demnach beruht die angefochtene Entscheidung auf einer richtigen Anwendung des Art. 457 Code civil und kann, da in dieser Gesetzesvorschrift ausdrücklich hervorgehoben ist, daß sie auch gegen Vater und Mutter gelten solle, welchen doch in der Regel (Art. 384 Code civil) der Nießbrauch am Mündelvermögen zusteht, der Umstand nicht in Betracht kommen, daß dem Kläger kraft Gesetzes oder durch Schenkung seiner verstorbenen Ehefrau eine Nutznießung zusteht.

II. **Die Gültigkeit von Rechtshandlungen des Vormundes, welche der erforderlichen Genehmigung des Familienrates bezw. Gerichtes entbehren,** untersucht das U. v. 13. VI. 84 (E. XII, 332).

Der Vormund ist der gesetzliche Repräsentant des Mündels, er vertritt ihn (Art. 450 Code civil) in allen Akten des bürgerlichen Lebens, indem er an dessen Stelle handelt, wie es das Rechtssprichwort, factum tutoris factum pupilli ausdrückt. Diesen Charakter verliert der Vormund auch dann nicht, wenn er in dem gegebenen Falle, wo ein über das Gebiet der Verwaltung hinausgehender Akt, z. B. eine Veräußerung von Grundstücken, eine Darlehnsaufnahme in Frage steht, ohne die gesetzlich vorgeschriebene obervormundschaftliche Genehmigung handelt. Dieser Umstand bildet einen Mangel, welcher die Klage auf Vernichtung des Aktes aus Art. 1304 Code civil begründet, hat aber nicht die Folge, daß letzterer dem Mündel gegenüber als rechtlich völlig wirkungslos und nicht bestehend zu betrachten wäre. Wenn für diese letztere Annahme geltend gemacht wird, daß unter der angegebenen Voraussetzung der Vormund anzusehen sei als ein Mandatar, der seine Vollmacht überschritten habe, dessen Handeln daher den Mandanten nicht verpflichte (Art. 1998 Code civil), so ist dabei außer Betracht gelassen, daß der Vormund, was sein Verhältnis zum Mündel betrifft, nicht in der nach Artt. 1984 flg. a. a. O. zu beurteilenden rechtlichen Stellung eines gewöhnlichen Mandators sich befindet. Weiter wird sodann auch ein Akt der angegebenen Art dadurch, daß er für einen Minderjährigen abgeschlossen wird, nicht zu einem solennen Akte, wie eine Schenkung oder ein Ehevertrag u. s. w. Die Zustimmung des Familienrates, sowie die Genehmigung des Gerichtes sind nicht Erfordernisse, welche die formelle Rechtsbeständigkeit eines solchen Aktes bedingen, vielmehr als materielle Schutzmittel, die im Interesse der Minderjährigen vorgeschrieben sind, aufzufassen.*)

*) Übereinstimmend Z. D. II § 335b N. 4 S. 422, 423. L. XIX, 20.

Fünfter Teil.

Erbrecht und freigebige Verfügungen.

Erster Abschnitt.

Erbrecht.

§ 48.

Intestaterbfolgerecht.

Das Erbrecht des anerkannten natürlichen Kindes behandelt das R. G. anläßlich der bestrittenen Frage, ob, falls der Erblasser nur Geschwisterkinder neben dem natürlichen Kinde hinterlassen hat, dem letzteren nur die Hälfte (nicht drei Viertel) desjenigen Betrages zustehe, welcher ihm als ehelichem Kinde gebührt haben würde. U. v. 2. IV. 89. (E. XXIII, 323).*)

Der Wortlaut des L. R. S. 757 (in Übereinstimmug mit dem französischen Texte) führt sowohl in seiner auf die Hälfte bezüglichen positiven Bestimmung: „wenn Vater oder Mutter ꝛc. Geschwister hinterlassen," als in seiner auf drei Viertel bezüglichen negativen Bestimmung „wenn Vater oder Mutter weder ꝛc. Geschwister hinterlassen," die Abkömmlinge von Geschwistern nicht auf. Allein aus dem L. R. S. 740, 750, 751, 753 ist der Wille des Gesetzes zu entnehmen, daß es auch in L. R. S. 757, wenngleich hier zunächst nur die Rechte des natürlichen Kindes geregelt werden sollten, unter dem Ausdrucke „Geschwister" (im französischen Texte „frères ou soeurs") auch die Abkömmlinge derselben umfassen wollte, daß sonach nach dem Sprachgebrauche des Gesetzes in der Materie von der Erbregelung überhaupt der Ausdruck „Geschwister" (frères ou soeurs) eine auch die Abkömmlinge von Geschwistern umfassende Bedeutung, und zwar auch dann haben sollte, wenn es sich im einzelnen Falle nicht um eine unmittelbare Anwendung des Repräsentationsrechtes selbst handelt. Damit stimmt auch die Entstehungsgeschichte des L. R. S. 757 (bezw. des Art. 757 Code civil) überein. In dieser Hinsicht ergiebt das Procès-Verbal du Conseil d'état der Sitzung vom 2. Nivose an XI. (23. Dezember 1802) (bei Locré, Législation civile. Bd. 10 S. 81 flg. abgedruckt):

Der dem Art. 757 Code civil korrespondirende Art. 43 des dem Staatsrate übergebenen Titels „des successions" lautete:

*) Übereinstimmend Z. D. IV. § 605 N. 8 S. 51. A. M. L. IX, 119—122.

„Si le père ou la mère a laissé des descendans legitimes, ce droit est d'un tiers de la portion héréditaire que l'enfant naturel aurait eue s'il eût été légitime: il est de la moitié lorsque les père ou mère ne laissent pas de descendans, mais bien des ascendans; il est des trois quarts, lorsque les père ou mère ne laissent ni descendans ni ascendans."

Es besagt nun das Protokoll:

„L'article 43 est discuté.

M. Malleville dit que les troits quarts de la portion héréditaire sont trop pour les enfans naturels, lorsqu'ils sont en concurrence avec les frères et soeurs du défunt; que d'ailleurs l'article n'est pas concordant avec la disposition qui règle la concours dans les successions entre les ascendans et les frères.

Le consul Cambacérès propose de ne donner aux enfans naturels que la moitié de la portion héréditaire, quand il existe des frères et soeurs du défunt. L'article est adopté avec l'amendement du Consul."

Wenngleich nämlich hiernach in der Bemerkung Malleville's nicht besonders erwähnt wurde, er halte drei Viertel auch dann für zuviel für das uneheliche Kind, wenn neben demselben Abkömmlinge von Geschwistern vorhanden sind, und auch der sodann von dem Staatsrate angenommene Antrag von Cambacérès der Abkömmlinge von Geschwistern nicht gedenkt, so ist doch hieraus der Wille zu entnehmen, gegenüber dem dem Staatsrate vorgelegten Entwurfe des Art. 43 des Titels „des successions" eine mit den vorausgehenden Bestimmungen über das Erbrecht der gesetzlichen Erben mehr im Einklange stehende Bestimmung zu treffen. Es ist daher als Wille des Gesetzgebers auch anzunehmen, es habe derselbe mit der Annahme des Antrages von Cambacérès unter dem Ausdrucke „frères et soeurs" auch Abkömmlinge von Geschwistern begriffen.

§ 49.

Ausschlagung der Erbschaft.

I. **Ist die feierliche Form der Erbschaftsentsagung auch bei dem Verzicht auf ein Legat unter Universaltitel erforderlich?** Diese bestrittene Frage behandelt das U. v. 1. VII. 87 (E. XIX, 374).

Der Art. 784 ist in dem Titel von der Intestaterbschaft enthalten; die Vorschrift desselben ist also ausdrücklich nur für die Intestaterben gegeben und die Bedeutung der Vorschrift besteht darin, daß sie den Erben die Möglichkeit gewährt, durch eine in feierlicher Form abgegebene einseitige Erklärung der ihnen nach Art. 724 ipso jure anerfallene Erbschaft mit Wirkung gegen jedermann, sowohl gegen etwa beteiligte Miterben, wie gegen dritte Personen, namentlich auch gegen die Erbschaftsgläubiger, zu entsagen.

Die Frage, ob die Anwendbarkeit des Art. 784 a. a. O. bei Legaten, für welche eine gleiche Vorschrift nicht besteht, überhaupt ausgeschlossen ist, oder ob der Artikel wenigstens auf Universallegate (Art. 1003) und

Legate unter Universaltitel (Art. 1010), oder endlich ob er etwa nur auf Universallegate, sei es mit Beschränkung auf den Fall des Art. 1006, sei es ohne diese Beschränkung, angewendet werden muß, ist in Doktrin und Rechtsprechung sehr bestritten.

Vgl. Zachariä=Dreyer, Bd. 4 S. 473 Note 9a; Laurent, Bd. 13 Nr. 554.

Für den vorliegenden Rechtsstreit bedarf es nicht der Entscheidung dieser Fragen im allgemeinen; es handelt sich um ein Legat unter Universaltitel, und es fragt sich daher nur, ob auf dieses vonseiten der Witwe Sch. in formloser Weise gültig Verzicht geleistet werden konnte.

Hierbei ist nun zunächst die Unterscheidung zu machen, ob ein solcher Verzicht nach der oben gegebenen Erläuterung des Art. 784 die Bedeutung haben soll, daß er auch dritten Personen, insbesondere den Erbschaftsgläubigern gegenüber (Art. 1012) von Wirkung sei, oder ob er lediglich eine Vereinbarung unter den zunächst Beteiligten, nämlich unter Erben und Legatar, darstellen soll, so daß seine Wirksamkeit auch lediglich auf diese Personen beschränkt bleibt. Sofern es sich allein um das letztere handelt, ist nicht zu bezweifeln, daß ein solcher von der anderen Seite acceptierter formloser Verzicht nach den allgemeinen Rechtsgrundsätzen über die Verzichtleistung auf erworbene Rechte gültig und unwiderruflich sein würde. Dabei bleibt allerdings die weitere Frage eine offene, ob ein derartiger Verzicht auch den Gläubigern der Erbschaft würde entgegengesetzt werden können. In Bezug auf diese Frage sind wiederum die Ausleger des Gesetzes geteilter Meinung, indem die einen den formlosen Verzicht auch den Gläubigern gegenüber für wirksam halten, die anderen in Ansehung der Gläubiger die feierliche Form des Art. 784 verlangen. Darin aber stimmen alle überein und treten insofern der vorstehend für richtig erklärten Auffassung bei, daß bezüglich des Rechtsverhältnisses zwischen Erben und Legatar die Gültigkeit des Verzichtes lediglich nach den allgemeinen Grundsätzen zu beurteilen ist.

II. **Ist die Vorschrift des Art. 788 C. c., betreffend die Anfechtung einer Erbschaftsentsagung, durch die Reichsgesetzgebung aufgehoben?** Diese Frage bejaht das grundlegende U. v. 29. XII. 91 (E. XXVIII, 135).

Der Beklagte hat auf eine ihm zugefallene Erbschaft verzichtet. Die Kläger, welche behaupten, dessen Gläubiger zu sein, haben in der gegen Kl. allein gerichteten Klage beantragt, den erwähnten Verzicht ihnen gegenüber bis zum Belaufe ihrer Forderung für rechtsunwirksam zu erklären und sie gemäß Art. 788 Code civil zu ermächtigen, die Erbschaft an Stelle des Beklagten bis zum Belaufe ihrer Forderung anzunehmen. Der Beklagte hat Abweisung der Klage beantragt und geltend gemacht, er sei zur Zeit seines Verzichtes der Meinung gewesen, den Klägern nichts mehr zu schulden, es habe ihm sonach jede betrügerische Absicht gefehlt; übrigens stehe auch jetzt noch nicht fest, daß er Schuldner der Kläger sei, deren Forderung jedenfalls als übersetzt erscheine. Das Landgericht hat angenommen, Art. 788 a. a. O. sei durch das die Anfechtung regelnde Reichsgesetz vom 21. Juli 1879 aufgehoben und durch dessen Vorschriften ersetzt worden. Auch hat es auf Grund dieses Gesetzes den Verzicht für unwirksam erklärt und den Beklagten verurteilt, sich in Ansehung der niedriger bemessenen Forderung der Kläger die Zwangsvollstreckung in seinen Erbanteil gefallen zu lassen. Das Oberlandesgericht hat dagegen die Klage abgewiesen, weil zwar Art. 788 a. a. O. noch Geltung habe, aber die darin vorgesehene Ermächtigung nicht im Prozeßwege, sondern durch einfache Bittschrift nachzusuchen, eine etwaige Klage aber gegen die Miterben zu richten sei. Das Reichsgericht hat die Revision auf Grund des § 526 C. P. O. zurückgewiesen.

Das Oberlandesgericht geht von der Ansicht aus, Art. 788 Code civil enthalte nicht eine Anwendung des in Art. 1167 daselbst aufgestellten Grundsatzes, sondern räume nur den Gläubigern des verzichtenden Erben die Befugnis ein, als Vertreter ihres Schuldners dessen Rechte auf den Nachlaß geltend zu machen, insbesondere eine Teilung herbeizuführen und sich aus dem Ergebnisse ihrer Thätigkeit zu befriedigen. Mit Rücksicht darauf hat es angenommen, die in Art. 788 enthaltenen Vorschriften seien nicht (mit Art. 1167) durch das Reichsgesetz vom 21. Juli 1879, betreffend die Anfechtung von Rechtshandlungen eines Schuldners, beseitigt worden, sondern Art. 788 habe seine Geltung behalten. Diese Auffassung kann aber nicht als zutreffend angesehen werden.

Unter der Herrschaft des älteren Rechtes wurde darüber gestritten, ob auch der Verzicht eines Schuldners auf eine ihm zugefallene Erbschaft mit der actio Pauliana angefochten werden könne. Diese Frage wurde von Dumoulin unter Bezugnahme auf die Vorschriften des römischen Rechtes, das nur Veräußerungen, nicht aber die Unterlassung eines Erwerbes der Anfechtung mittels der actio Pauliana unterwarf, bestritten, dagegen von den meisten anderen Schriftstellern, insbesondere von Pothier bejaht. In dem Entwurfe zu einem Code civil vom Jahre VIII der Republik wurde nun im Anschlusse an die Ausführungen von Pothier den Gläubigern die Befugnis eingeräumt, einen Erbverzicht ihres Schuldners dann anzufechten, wenn derselbe „en fraude de leurs droits“ erfolgt sei. Nachdem der Kassationshof bemerkt hatte, es könne hier nicht auf das „consilium fraudis“, sondern nur auf den schädigenden Erfolg („eventus“) ankommen, wurde zwar die Fassung des Entwurfes geändert und das in Frage stehende Recht den Gläubigern desjenigen eingeräumt, „qui renonce au préjudice de leurs droits.“

Durch diese Änderung, nach welcher die objektive Benachteiligung der Gläubiger für sich allein die Anfechtung rechtfertigen, jedenfalls diesen der Beweis einer fraude erlassen werden sollte, wurde aber die rechtliche Natur der Vorschrift nicht berührt. Schon die Entstehungsgeschichte des Art. 788 läßt hiernach deutlich erkennen, daß es sich bei dieser Vorschrift wie bei Art. 1167 selbst, lediglich um das den Gläubigern zustehende Recht, die sie benachteiligenden Handlungen ihres Schuldners als ihnen gegenüber unwirksam anzufechten (actio Pauliana) handelt, das nur in Ansehung der Erbverzichte bezüglich der Voraussetzungen und Wirkungen der Anfechtung besonders geregelt worden ist. Diese Auffassung wird aber auch durch das

Gesetz selbst und den Zweck der Vorschrift bestätigt. Art. 788 gehört unzweifelhaft zu den Bestimmungen, auf welche in Abs. 2 des Art. 1167 Bezug genommen worden ist, und enthält in seinem Abs. 2 die ausdrückliche Bestimmung, daß der mit Erfolg angefochtene Verzicht den Gläubigern, aber auch nur ihnen gegenüber wirksam sei („annullée"). An dieser Auffassung kann auch der Umstand nichts ändern, daß den Gläubigern in Abs. 1 des Art. 788 das Recht eingeräumt wird, sich vom Gerichte zur Annahme der Erbschaft ermächtigen zu lassen. Diese Vorschrift kann nicht in Art. 1166 Code civil ihren Grund haben, nach welchem die Gläubiger befugt sind, die ihrem Schuldner zustehenden Rechte in dessen Namen, aber in ihrem Interesse auszuüben; denn der verzichtende Schuldner ist nicht Erbe und wird dies auch nicht dadurch, daß der Verzicht den Gläubigern gegenüber für unwirksam erklärt wird. Sie bestimmt vielmehr nur die Wirkungen, welche eintreten, wenn der Verzicht, weil er die Gläubiger benachteiligt, ihnen gegenüber für unwirksam erklärt wird. Die Sache liegt bei Anwendung des Art. 788 anders als in denjenigen Fällen, in welchen ein Gläubiger das dem Schuldner nach Art. 790 zustehende Recht, den von ihm ausgesprochenen Verzicht zu widerrufen und die Erbschaft nachträglich noch anzutreten, gemäß Art. 1166 geltend macht. Wenn ein Gläubiger von der ihm in Art. 788 eingeräumten Befugniß Gebrauch macht, übt er der Sache nach immer ein Anfechtungsrecht aus. Er muß nachweisen, daß er durch den Verzicht des Schuldners benachteiligt wird, und kann nur, wenn ihm dieser Nachweis gelingt, verlangen, daß der Verzicht des Schuldners ihm gegenüber für unwirksam erklärt und er zur Annahme der Erbschaft ermächtigt werde. Nicht in dieser Ermächtigung sondern in der Unwirksamkeit des Verzichtes gegenüber dem anfechtenden Gläubiger liegt auch die praktische Bedeutung der in Art. 788 enthaltenen Vorschrift; denn der Schuldner ist kraft Gesetzes Erbe (Art. 724 Code civil) und bleibt dies, sofern er nicht in wirksamer Weise auf die Erschaft verzichtet, auch wenn er nicht ausdrücklich erklärt, daß er diese annehme. Aus der dargelegten rechtlichen Natur der den Gläubigern in Art. 788 Code civil eingeräumten Befugnis ergiebt sich nun mit Notwendigkeit, daß diese Vorschrift nicht neben dem das Anfechtungsrecht der Gläubiger regelnden Reichsgesetze fortbestehen kann, sondern ebenso wie Art. 1167 a. a. O. seit dem 1. Oktober 1879 seine Geltung verloren hat. Daß die Gläubiger, wenn über das Vermögen ihres Schuldners das Konkursverfahren eröffnet worden ist, nicht auf Grund des Art. 788 einen Erbverzicht desselben anfechten dürfen, sondern ein solcher Verzicht nur auf Grund der Konkursordnung vom Konkursverwalter angefochten werden kann, ist zweifellos. Es ergiebt sich dies aus § 29 K.-O. nebst § 4 des Einführungsgesetzes hierzu und aus den §§ 1, 13 des Anfechtungsgesetzes, sowie daraus, daß im Falle der Unwirksamkeit dieses Verzichtes der Erbteil des Gemeinschuldners einen Bestandteil der Konkursmasse bildet. Aber auch die Anfechtung außerhalb des Konkursverfahrens durch einzelne Gläubiger kann, seitdem das Reichsgesetz vom 21. Juli 1879 in Kraft getreten ist, nur noch auf Grund der darin enthaltenen Bestimmungen erfolgen. In diesem Gesetze sind allerdings die auf das Anfechtungsrecht der Gläubiger bezüglichen Vorschriften der Landesgesetze nicht ausdrücklich aufgehoben worden. Aber ihre Beseitigung ergiebt sich daraus, daß dieses Anfechtungsrecht, wie das Reichsgericht schon früher, vgl. Entsch. des R. G.'s in Civils. Bd. 17 S. 317, 318, ausgesprochen hat, für das ganze Reichsgebiet in einheitlicher und erschöpfender Weise geregelt werden und die Anfechtbarkeit außerhalb des Konkursverfahrens mit den für dieses Verfahren aufgestellten Grundsätzen in Einklang gebracht werden sollte. Dieser Zweck konnte nur dann erreicht werden, wenn die Anfechtung lediglich auf Grund der reichsrechtlichen Vorschriften gestattet und der Landesgesetzgebung das Recht entzogen wurde, die Anfechtbarkeit einzelner Handlungen in anderer Weise zu regeln. Deshalb ist § 1 des Anfechtungsgesetzes so zu verstehen, daß fernerhin für die Anfechtbarkeit nur die darauf folgenden Bestimmungen maßgebend seien, und steht demgemäß der Landesgesetzgebung ebensowenig das Recht zu, die Anfechtung zu erleichtern, als die Befugnis, sie zu beschränken. Es sind nicht bloß die allgemeinen, sondern auch die besonderen Vorschriften des Landesrechtes beseitigt, welche sich mit der durch die Reichsgesetzgebung geregelten Materie des Anfechtungsrechtes befassen. Zu diesen Vorschriften gehört aber nach den obigen Ausführungen auch Art. 788 Code civil, auf welchen denn auch in den Motiven zum Anfechtungsgesetze (S. 8) ausdrücklich als auf eine die Anfechtung regelnde Bestimmung Bezug genommen worden ist. Diese Vorschrift ist hiernach, sowohl soweit sie die Voraussetzungen als auch soweit sie die Folgen der Anfechtung eines Erbverzichtes regelt, als aufgehoben anzusehen, sodaß die Wirkungen der Anfechtung sich lediglich nach § 7 des mehrerwähnten Reichsgesetzes richten. Wollte man annehmen, daß Art. 788 noch in Kraft stehe, so würde man auch zu der dem Zwecke des Reichsgesetzes durchaus widerstreitenden Folgerung gelangen, daß ein Erbverzicht in doppelter Weise und unter verschiedenen Voraussetzungen angefochten werden könne; denn daß ein im Gebiete des rheinischen Rechtes erfolgter Verzicht auf eine Erbschaft unter die Vorschriften des Reichsanfechtungsgesetzes über die Anfechtung unentgeltlicher Verfügung fällt, kann keinem Zweifel unterliegen und ist auch schon vom Reichsgerichte in einem Urteile vom 16. Oktober 1885 (Puchelt's Zeitschrift Bd. 16 S. 547, 548) ausgesprochen worden.

Obgleich hiernach den Ausführungen des Oberlandesgerichtes eine rechtsirrtümliche Auffassung zu Grunde liegt, muß die angefochtene Entscheidung doch aufrecht erhalten werden. Die Klage durfte, gerade weil Art. 788 aufgehoben ist und lediglich die reichsrechtlichen Vorschriften maßgebend sind, was das Landgericht übersehen hat, nicht gegen den Schuldner, sondern mußte gegen diejenigen Personen gerichtet werden, welche als Erben an dessen Stelle getreten und deshalb, wenn die Anfechtung als begründet erscheint, zur Rückgewähr verpflichtet sind. Deren Abweisung erscheint sonach als gerechtfertigt.

III. **Über die Ausschlagung der Erbschaft einer noch lebenden Person** vgl das. § 17 abgedruckte U. v. 30. IV. 86. (E. XV, 325).

§ 50.

Teilung der Erbschaft.

I. **Die Fiktion des Art. 883 C. c. betr. die deklaratorische Natur der Teilung** ist auf ihr unmittelbares Gebiet, das Verhältnis unter Miterben, zu beschränken. U. v. 23. IX. 90 (E. XXVII, 325). Vgl. das § 42 unter a I abgedruckte U. v. 30. III. 86 (E. XV, 324).

II. **Einzelne Miterben sind vor vollzogener Teilung zur Vindikation von Nachlaß-Immobilien nicht befugt.***) So U. v. 21. X. 84 (E. XII, 339).

Mehreren Miterben steht an der ihnen zugefallenen Erbschaft, an allen Gegenständen, welche dieselbe bilden, und an jedem Atome dieser Gegenstände gemeinsam ein Miteigentum pro indiviso zu, nicht aber ein Alleineigentum an einzelnen Gegenständen oder an irgend einem bestimmten Teile derselben. Dazu daß jenes ungeteilte Recht sich in ein individuell bestimmtes Eigentum verwandle, ist die Operation der Teilung erforderlich, welche nach dem Grundsatze des Art. 883 Code civil deklaratorisch wirkend, die rechtliche Folge hat, daß der einzelne Erbe so betrachtet wird, als habe er die ihm bei der Teilung zugefallenen Gegenstände allein und unmittelbar geerbt, an den übrigen Erbschaftssachen aber niemals ein Eigentum gehabt. Hieraus folgt, daß, solange die Indivision dauert, der Miterbe weder einen einzelnen Nachlaßgegenstand, noch einen bestimmten Teil desselben, z. B. eines Grundstückes, vindizieren kann. Wollte man eine solche Vindikation als zulässig anerkennen, so würde dies dazu führen, daß der Richter dem Kläger das Eigentum einer Sache zuspräche, an welcher diesem, wenn letztere ihm bei der Teilung nicht zufällt, ein Recht niemals zugestanden hat (vgl. Art. 2205 Code civil).

Die in der Rechtslehre und Judikatur herrschende Ansicht verneint denn auch die Zulässigkeit einer Vindikation.

III. Den **Begriff des Verkaufes einer Erbschaft „à ses risques et périls"** i. S. von Art. 889 C. c. erörtert das U. v. 25. I. 87 (E. XVII, 312).

Die Ausnahme in Art. 889, eine dem älteren Rechte, welches nur zwischen Verkäufen an Fremde und solchen an Miterben unterschied, fremde Bestimmung ist infolge Mißverständnisses einer Äußerung von Pothier in das Gesetzbuch aufgenommen worden, und hat nicht den Sinn, daß jeder Erbschaftskauf an sich im Zweifel als aleatorisches Geschäft (Art. 1104 des bürgerlichen Gesetzbuches) zu gelten habe, sondern setzt voraus, daß derselbe diesen Charakter dadurch erhalten habe, daß er ohne eine Berechnung und Schätzung der Aktiven und Passiven des Nachlasses, also über ein Ungewisses als reines Speculationsgeschäft abgeschlossen worden sei. Ob diese Voraussetzung vorliege, ist nicht davon abhängig, ob der Verkäufer eine Garantie übernommen habe (Artt. 1696, 1698 des bürgerlichen Gesetzbuches), sondern im gegebenen Falle in Würdigung aller Umstände zu entscheiden.

---

*) Übereinstimmend L. X, 212, 214. A. M. Z. D. I § 197 S. 541 insb. N. 8, welcher die Vindikation des Anteils für zulässig erachtet.

IV. Das **Anfechtungsrecht des Miterben gegen die Vermögensteilung** nach Art. 882 C. c. ist nach dem U. v. 15. II. 87 (E. XVII, 317) durch die Reichsgesetzgebung beseitigt, während das U. v. 23. IX. 90 (E. XXVII, 324) dasselbe als noch zu Recht bestehend voraussetzt*) und diesbezüglich ausführt:

Nach Art. 882 C. c., welcher die Stellung des Gläubigers gegenüber einer Erbteilung seines Schuldners regelt, ist derselbe befugt, zur Sicherung seiner Rechte gegen die Vornahme einer solchen ohne seine Zuziehung Einspruch zu erheben, und es steht dann dem Gläubiger gegen eine unter Nichtbeachtung des Einspruches „au préjudice de l'opposition" vollzogene Teilung das Recht der Anfechtung zu. Wie mit der in Rechtslehre und Judikatur herrschenden Meinung anzunehmen, hat dieses Anfechtungsrecht aber nicht die Bedeutung, daß die Teilung als formell nichtig anzusehen sei und der Gläubiger regelmäßig eine neue Teilung verlangen könne, andererseits ist dasselbe aber auch gesetzlich nicht an die Voraussetzung des Art. 1167 Code civil geknüpft und daher in dem Sinne aufzufassen, daß der Gläubiger berechtigt erscheint, eine Teilung, wie sie hier in Frage steht, soweit dieselbe eine Verletzung seiner Rechte enthält, auch ohne den Nachweis einer fraus als ihm gegenüber unwirksam anzufechten.

§ 51.

Kollation.

I. Über die **Befreiung verschleierter Schenkungen von der Einwerfung****) führt das U. v. 22. VI. 86. (E. XVI, 275) aus:

Inhaltlich der Entscheidungsgründe des angefochtenen Urteiles des Oberlandesgerichtes ging letzteres davon aus, es stelle die Summe von 3400 M. nach dem nunmehr beiderseits anerkannten sachverständigen Gutachten den Mehrwert dar, welchen die dem August Schr. in seinem Ehevertrage vom 26. November 1882 vom Erblasser zum Gesammtpreise von 7600 M. übergebenen Liegenschaften (Haus und Brückenwage) zur Zeit des Ehevertrages und der Schätzung (15. Dezember 1884) über den Übergabspreis hinaus gehabt haben und noch haben, und es müsse bei dieser Erheblichkeit des Mehrwertes und mit Rücksicht auf die Erfahrungsthatsache, daß in Eheverträgen Freigebigkeiten von Eltern an ihre sich verehelichenden Kinder häufig in der Gestalt zum Ausdrucke kommen, daß erstere den letzteren Liegenschaften zu einem hinter dem wahren Werte zurückstehenden Preise verkauften, angenommen werden, daß in diesem Kaufvertrage in Höhe des ermittelten Mehrwertes eine (mittelbare) der Form der Schenkung (L. R. S. 931) nicht bedürftige Freigebigkeit beabsichtigt gewesen und zum Vollzuge gekommen sei.

Das Gesetz hat hinsichtlich der Befreiung verschleierter Schenkungen von der Einwerfung weder die Rechtsregel aufgestellt, es seien verschleierte Schenkungen schon als solche von der Einwerfung befreit, noch die Rechts-

---

*) Vgl. das die principiell gleiche Frage erörternde, § 49 unter II abgedruckte U. v. 29. XII. 91 (E. XXVIII, 135).

**) Vgl. Z. D. IV, § 631, N. 14, S. 161, 162. L. X, 581 flg.

regel, es seien verschleierte Schenkungen von der Einwerfung befreit, sofern nicht etwa die besonderen Umstände des Falles ergeben, daß irgend eine andere Absicht als diejenige, von der Einwerfung zu befreien, die Simulation herbeigeführt habe; vielmehr gelten auch bezüglich verschleierter Schenkungen hinsichtlich der Befreiung von der Einwerfung die Normen des L. R. S. 843, wie bei nichtverschleierten Schenkungen, und hat daher der Richter im einzelnen Falle nach der Sachlage zu prüfen, ob eine Befreiung von der Einwerfung vorliege. Das Gesetz hat nämlich wie insbesondere aus der Quelle des Art. 843 des Code civil (Pothier zur Coutume d'Orléans Art. 306) sich ergiebt, unter dem Worte „indirectement“ in Art. 843 des Code civil auch jene freigebigen Zuwendungen begriffen, welche sich unter der Form eines belasteten Vertrages vollziehen. Damit hat aber der Gesetzgeber in bestimmter Weise zu erkennen gegeben, daß die Normen des Art. 843 auch verschleierte Schenkungen umfassen. Zu gegenteiligen Schlußziehungen bieten andere Bestimmungen des Gesetzes keinen zutreffenden Anhalt. Zu einer anderen Auslegung führt auch nicht der Umstand, daß hierdurch demjenigen, welcher seine Absicht der Zuwendung einer Freigebigkeit durch Einkleidung des Rechtsgeschäftes in einem belasteten Vertrag verbergen wolle, eine gleichzeitige Befreiung vom Rückbringen erschwert werde. Wenn das Gesetz eine bestimmte Vorschrift darüber, in welcher Weise sich die Befreiung vom Rückbringen äußern müsse, aufstellt, ist seine Erfüllung für denjenigen, welcher die Wirkung der Befreiung vom Rückbringen erreichen will, eine Pflicht, es kann daher nicht als beschwerend erachtet werden, daß es denjenigen, welcher eine freigebige Zuwendung in einen belasteten Vertrag einkleidet, nicht auch von der Erfüllung der Pflicht entbindet, sofern er zugleich eine Befreiung von der Einwerfung erreichen will, dies in der auch sonst vorgeschriebenen Weise zu thun.

Wenn übrigens das Gesetz eine ausdrückliche Befreiung von der Einwerfung verlangt, so ist damit nicht eine solche in bestimmten solennen Worten, insbesondere gerade mit der Formel des L. R. S. 843, gefordert und ist ferner nicht ausgeschlossen, daß an sich der bestimmte Wille des Schenkenden, den Beschenkten von der Einwerfung zu befreien, sich auch aus klaren, schlüssigen Handlungen ableiten lasse.

II. **Begründet die unentgeltliche Gewährung einer im Hause des Erblassers einem Miterben eingeräumten Wohnung einen Kollationsanspruch?** Verneint durch U. v. 29. II. 84. (E. XI, 360).*)

Das Oberlandesgericht hat ohne Rechtsirrtum angenommen, daß die unentgeltliche Einräumung einer Wohnung, wie sie die Klägerin seit ihrer Verheiratung im elterlichen Hause innegehabt hat, einen Kollationsanspruch nicht begründet. Die Liberalität, welche in der Gewährung einer Wohnung sich darstellt, fällt unter die Ausnahmebestimmung des Art. 852 Code civil, der die Kosten der Ernährung, sowie des Unterhaltes u. s. w. von dem Rückbringen befreit, denn zu dem Unterhalte

*) Übereinstimmend Z. D. IV. § 632b N. 18 S. 170. L. X, 623 flg.

gehört begriffsmäßig, wie mit Grund nicht bestritten werden kann, die Wohnung. Die bezogene Gesetzesvorschrift beruht auf dem legislatorischen Gedanken, daß mäßige, den Vermögensverhältnissen des Erblassers entsprechende Liberalitäten, welche Ausflüsse des Wohlwollens oder der Zuneigung desselben, in vielen Fällen durch Sitte und Herkommen bedingt werden, nach dem vermutlichen Willen des Erblassers als dem Rückbringen nicht unterliegend anzusehen sind. Das Oberlandesgericht hat denn auch, was jene erste Voraussetzung betrifft, thatsächlich festgestellt, daß es sich hier um eine Zuwendung handelt, welche seitens der Eltern ohne Angriff des Kapitalstockes lediglich durch Aufgabe einer sonst durch Vermietung der Wohnung etwa zu erzielenden Revenue erfolgt ist, und im Verhältnisse zu dem Vermögen der Eltern nur als eine geringe gelten kann.

Wenn demgegenüber von den Beklagten aufgestellt wird, daß Art. 843 a. a. O., welcher den Grundsatz der Kollationspflicht ausspricht, ganz allgemein laute, und alle Liberalitäten, auch die aus Revenuen fließenden, treffe, so steht dies, abgesehen von Art. 852, auch mit dem Prinzipe des Art. 856 in Widerspruch. Mit Recht findet das Oberlandesgericht in der zuletzt genannten Gesetzesbestimmung, nach welcher der Erbe Zinsen oder Früchte der dem Rückbringen unterworfenen Sache erst von dem Tage der Erbschaftseröffnung zu ersetzen hat, einen Ausdruck des Prinzipes, daß Liberalitäten, welche den Stock des Vermögens nicht berühren und nur in einer Zuwendung von Nutzungen desselben bestehen, dem Rückbringen nicht unterworfen sind. Die entgegengesetzte Annahme der Beklagten, welche diesen Grundsatz nicht anerkennen und den Art. 856 a. a. O. auf seinen Fall beschränken wollen, scheitert, abgesehen von dem Vorstehenden, auch an der Unzuträglichkeit der praktischen Konsequenzen, zu welchen sie führt. Nach dieser Annahme würde z. B., wenn jemand der einen von seinen beiden Töchtern ein Zinsen tragendes Kapital, der anderen aber eine jährliche Rente im Betrage jener Zinsen als Ausstattung schenkte, erstere die Zinsen lukrieren, und diese letztere alles Empfangene in den väterlichen Nachlaß einwerfen müssen, und gelangte man damit zu einem Resultate, welches dem Zwecke der gesetzlichen Bestimmungen über die Kollation, die Gleichheit unter den Erben möglichst aufrecht zu erhalten, direkt zuwiderläuft.

Mit dem Ausgeführten stimmt denn auch die in Doktrin und Rechtsprechung herrschende Auffassung überein.

Zweiter Abschnitt.

Freigebige Verfügungen.

Erstes Kapitel.

Schenkungen unter Lebenden.

§ 52.

I. **Die Gültigkeit verschleierter Schenkungen, welche der gesetzlich vorgeschriebenen Form entbehren,** verneint das grundlegende U. v. 19. I. 83 (E. VIII, 307).

Der Kläger hat zugestanden, daß der Schuldschein vom 6. Juni 1876 den wahren Sachverhalt **nicht** enthalte, daß er dem Beklagten kein Darlehn gegeben habe, sondern daß die Urkunde nicht allein zu dem Zwecke ausgestellt worden sei, um ihm eine Belohnung für geleistete Dienste zuzusichern, sondern auch, um ihm eine Schenkung zu machen. Da die Höhe der in den 10 285,71 Mk. angeblich novierten Gegenleistung gar nicht thatsächlich begründet worden ist, so hielt das Berufungsgericht daran fest, daß mit der Urkunde eine Schenkung in ein Darlehnsverhältnis eingekleidet worden sei; bezüglich der Rechtsfrage, ob gleichwohl ein klagbarer Forderungstitel vorliege, schloß sich dasselbe der namentlich in Frankreich herrschenden Rechtsprechung an, wonach auch die in ein anderes, wenngleich gar nicht gewolltes, Rechtsgeschäft eingekleidete verschleierte Schenkung gültig sein soll.

Diese Gesetzauslegung kann jedoch nicht gebilligt werden, sondern es verdient die namentlich von **Pothier**, **Duvergier**, **Demolombe**, **Laurent** (Bd. 12 Nr. 305 flg.), verteidigte Ansicht den Vorzug, wonach mangels der gesetzlich vorgeschriebenen Form keine gültige Schenkung anzunehmen ist, wenn der Wille zu schenken in ein anderes **gar nicht gewolltes** und der Form der Schenkung entbehrendes Rechtsgeschäft eingekleidet worden ist.

Es ergiebt sich nämlich bei der unzweifelhaft berechtigten Voraussetzung, daß der ungenauen Übersetzung des Art. 931 Code civil im badischen Landrechte und der nicht als authentische Auslegung zu betrachtenden Erläuterung von **Brauer** (Bd. 2 S. 371), ungeachtet im badischen Landrechte das gleiche System für Schenkungen unter Lebenden gelte wie im französischen Gesetzbuche, folgender Inhalt desselben.

Das Gesetz definiert in L. R. S. 894 das **Rechtsgeschäft** der Schenkung unter Lebenden, und soll **dieses** an und für sich die Ursache eines Versprechens oder der Rechtstitel eines Erwerbes sein, so sind die für dasselbe im Gesetze (L. R. S. 931 flg.) vorgeschriebenen **Formen** zu beobachten und die dort aufgestellten Regeln maßgebend. Damit ist allerdings nicht ausgeschlossen, daß die freigebige Absicht (animus liberalis donandi) auch anderen Rechtsgeschäften (zum Beispiel Mandat, Aufbewahrung) zu Grunde liegen (L. R. S. 1105), sowie, daß sie auch in anderen Rechtsgeschäften Ausdruck finden kann, welche für sich eine besondere Ursache für das Versprechen oder einen selbständigen Titel der Erwerbung darstellen. Es braucht also nicht jede freigebige Zuwendung als **Rechtsgeschäft der Schenkung** unter Lebenden zu geschehen, sobald für den Erwerb aus Freigebigkeit noch ein anderer gesetzlich anerkannter Grund besteht; fehlt es aber an einem solchen und soll nur durch eigentliche Schenkung (nach der Ausdrucksweise **Savigny's**: Schenkung im engeren Sinne) ein Titel für einen Anspruch geschaffen werden, so sind eben auch die Vorschriften für die Schenkung zu beachten. Ein anderweiter Titel für die Forderung besteht aber nicht, wenn dasjenige Rechtsgeschäft, in welches die Schenkung eingekleidet worden ist, **gar nicht** gewollt, sondern die Absicht der Parteien **nur** auf die Schenkung gerichtet war. Würde man in diesem Falle das Geschäft, das gar nicht zustande gekommen ist, als Schenkung aufrecht erhalten und vom Mangel der Form absehen, so würde man dem Gesetzgeber den inneren Widerspruch unterschieben, daß er auf der einen Seite aus triftigen Gründen strenge Vorschriften betreffs der Schenkung gegeben, auf der anderen Seite aber gestattet habe, diese Vorschriften einfach dadurch zu umgehen, daß das nur als Schenkung gewollte Geschäft in ein anderes nicht gewolltes eingekleidet, also in der That lediglich ein anderer Name gewählt werde. Mit Recht sagt in dieser Beziehung Demolombe a. a. O. S. 101: N'est-il pas d'ailleurs biens étrange, que ce contrat à titre onéreux, qui, en soi, d'après sa nature, est tout à fait nul comme manquant des conditions qui lui sont essentielles, devienne valable précisément parce qu'il renferme une donation entre vifs déguisée! c'est à-dire, parce qu'il est entaché d'une autre cause encore de nullité non moins essentielle que la première. Noch zutreffender bemerkt Laurent a. a. O.: „Mais lorsque le contrat apparent n'est pas sérieux comme contrat onéreux, il ne reste rien qu'une donation; or les donations sont des contrats solennels; donc une vente apparente n'est pas une vente, puis qu'il n'y a point de prix ni de consentement; et il n'y a pas de donation puisque les formalités solennelles, sans lesquelles la donation n'existe point n'ont pas été observées. Que reste-t'-il? Le néant."

Wo das Gesetz die uneigentliche, d. h. die Schenkung im weiteren Sinne ausdrücklich erwähnt, kommt immer noch ein anderer für sich bestehender Titel in Betracht, in welchem die freigebige Absicht enthalten, so daß unmittelbar dieser und nur mittelbar die Schenkung den Grund des Anspruches bildet. So sind nach L. R. S. 1121 (vgl. auch 1973) der Vertrag mit dem Dritten oder die belastete Schenkung an einen anderen die Geschäfte, zu denen als weitere Klausel die Schenkung hinzugefügt ist, und der Erlaß einer Verbindlichkeit (L. R. S. 1282) ist nach L. R. S. 1234 als besonderer Aufhebungsgrund aufgeführt, endlich unterstellen die L. R. S. 853, 854 wirklich bestehende Verträge. Es ist auch denkbar, daß schenkungshalber eine Wechselverbindlichkeit übernommen werde, wo dann der Wechsel selbst und nicht das in denselben eingekleidete, ihm unterliegende Rechts- oder Schuldverhältnis der Träger der Verpflichtung ist. Wird eine Sache zu geringerem Preise (jedoch nicht so gering, daß die Absicht, zu verkaufen, nicht mehr bestehen kann) verkauft, so hat bezüglich des Mehrwerthes der Sache die Freigebigkeit ihren Ausdruck in einem gültigen Kaufe gefunden. Es folgt also daraus, daß in den L. R. S. 911, 1099 Schenkungen erwähnt werden, welche in Form eines lästigen Vertrages eingekleidet werden oder versteckt sind, keineswegs, daß der Gesetzgeber Schenkungen, die in einen gar nicht gewollten, also nicht zustande gekommenen, lästigen Vertrag eingekleidet sind, für gültig erklären wollte; denn es bleiben außer diesem Falle der Verschleierung, wie gezeigt, noch viele Fälle übrig, in welchen sie wirksam erfolgen kann (vgl. auch L. R. S. 919).

Auch die allgemeinen Grundsätze über Simulation und Dissimulation führen zu keinem anderen Ergebnisse, denn danach hängt die Beantwortung der Frage, ob an Stelle des nicht gewollten das andere wirklich gewollte Rechtsgeschäft zustande gekommen sei, davon ab, ob die abgegebene Erklärung als gehöriger Ausdruck des vorhandenen Willens angesehen werden kann. Es kann aber nicht bezweifelt werden, daß die in einer Privaturkunde enthaltene Zusage, ein Darlehn zurückzuzahlen, keine dem Gesetze entsprechende Erklärung des Willens sei, diese Summe zu schenken.

Wenn auch aus mehreren Stellen des römischen Rechtes, insbesondere den von Merlin quest. vo. donations § 5 (Bd. 3 S. 424 flg.) angeführten l. 36. 38 Dig. de contrah. emt. 18, 1 und aus l. 6 Dig. pro donato 41, 6; l. 5 § 5, l. 7 § 6 Dig. de donat. 24, 1 hergeleitet wird, daß ein simulierter Kauf, sofern er nicht unter Ehegatten abgeschlossen war, als Schenkung gelten könne, so ist nicht zu übersehen daß, bevor das formlose Schenkungsversprechen für klagbar erklärt worden war (l. 35 § 5. Cod. de donat. 8, 54; § 2. Inst. de donat. 2, 7), erst die Tradition der zum Scheine verkauften Sache die beabsichtigte Schenkung perfekt machte (l. 3, l. 9 Cod. de contr. emt. 4, 38; l. 6 Dig. de contrah. emt. 41, 6).

Es kann im gegebenen Falle die Schenkung auch nicht mit der Fiktion aufrecht erhalten werden, daß die Summe als sog. Handgeschenk habe hingegeben werden wollen, jedoch dem Schenkgeber als Darlehn gelassen worden sei, denn mit einer solchen Fiktion, welche übrigens im gegebenen Falle garnicht behauptet worden ist, würde die übrigens nicht unbestrittene Entbindung des Handgeschenkes von der Form des L. R. S. 931 in unstatthafter Weise ausgedehnt werden. Wenn der Vertreter des Revisionsbeklagten darauf hingewiesen hat, daß sich in der Hingabe des Schuldscheines ein Handgeschenk vollzogen habe, so hat er übersehen, daß dieser Schein nicht der Träger des Anspruches, sondern nur ein Beweismittel ist, und letzterer Umstand führt noch zu folgender Erwägung:

Die Klage ist auf ein Darlehn gestützt, welches der Kläger beim Widerspruche des Beklagten zu beweisen hatte. Nachdem Kläger zugestanden, daß der Schuldschein den wahren Sachverhalt nicht bekunde, verliert dieser für das Darlehen jede Beweiskraft. Eine Schenkung beweist er aber auch nicht, denn von einer solchen ist darin nichts erwähnt, und eine reine Schenkung wird nicht durch eine Privaturkunde bewiesen (L. R. S. 931).

II. Betr. die **Formlosigkeit der Schenkungen in Form der Verträge zu Gunsten eines Dritten**, vgl. das § 16b unter III abgedruckte U. v. 26. VI. 83. (E. X, 279.)

III. Das Versprechen, eine natürliche Verbindlichkeit zu erfüllen, bedarf der Form der Schenkungen. Vgl. die § 25 unter I und II abgedruckten Entscheidungen.

IV. Über die **Voraussetzungen der Gültigkeit eines Handgeschenkes** führt das U. vom 14. VI. 87 (E. XVIII, 353) aus:*)

Der Kläger R., der vom Februar 1885 an mit der damals in Straßburg als Schauspielerin angestellten Beklagten ein Liebesverhältnis unterhielt,

*) Vgl. Z. D. IV. § 659 S. 243, 244. L. XII, 277, 284.

hat im Mai 1885 bei einer Straßburger Bank auf deren Namen Wertpapiere in ungefährem Werte von 32000 M. hinterlegt, dagegen die Coupons und vorerst auch die von der Bank ausgestellten Empfangsscheine behalten. Erst später hat er letztere der Beklagten ausgehändigt. Nachdem sich die Parteien getrennt hatten, erhob Kläger Klage auf Feststellung seines Eigentumsrechtes an den Wertpapieren und Herausgabe der Empfangsscheine, welcher vom Landgerichte Straßburg entsprochen wurde. Die Berufung gegen das Urteil erster Instanz wurde vom Oberlandesgerichte verworfen, und die hiergegen eingelegte Revision zurückgewiesen.

Die Ausführungen des Berufungsgerichtes erscheinen zwar insofern als unzutreffend, als dargelegt wurde, eine Übertragung des Besitzes der angeblich geschenkten Wertpapiere könne schon deshalb nicht angenommen werden, weil diese Papiere selbst niemals von Hand zu Hand ausgeliefert worden seien, auch sei es rechtlich unmöglich, daß Kläger die Hinterlegung der Papiere namens der Beklagten vorgenommen habe. Ist auch dem Berufungsgerichte darin zuzustimmen, daß zu einem wirksamen Handgeschenke eine wirkliche Übertragung des Besitzes im Sinne des Art. 1141 des Bürgerlichen Gesetzbuches vorausgesetzt wird, und eine bloße Erklärung des Schenkgebers, daß er die geschenkten Gegenstände fernerhin für den Beschenkten besitzen wolle, diese Besitzübertragung (Tradition) nicht ersetzen kann, so kann doch nicht zugegeben werden, daß ein Handgeschenk durch Hinterlegung von Wertpapieren für den Beschenkten überhaupt nicht verwirklicht werden könne. Hätte der Kläger in der Absicht, der Beklagten den Besitz an den in Frage stehenden Papieren zu übertragen, diese auf deren Namen bei der Banque de Mulhouse in der Weise hinterlegt, daß dieselbe thatsächlich in der Lage gewesen wäre, über die Papiere frei zu verfügen, und hätte er insbesondere der Beklagten die auf ihren Namen lautenden Empfangsscheine vorbehaltslos übergeben, so würde dadurch der wirkliche Besitz (possession réelle) an den Papieren auf die Beklagte ebenso übertragen worden sein, wie wenn der Kläger die Papiere der Beklagten übergeben und sie dieselben dann selbst hinterlegt hätte. Die Beklagte wäre dann thatsächlich und rechtlich ebenso in der Lage gewesen, frei über die Papiere zu verfügen, wie wenn sie dieselben selbst aufbewahrt hätte. Eine derartige Hinterlegung hat aber nach den thatsächlichen Feststellungen der Vorinstanzen nicht stattgefunden. Vielmehr hat der Kläger bei der Hinterlegung nicht bloß die Kouponsbogen, sondern auch die von der Bank ausgestellten Empfangsbescheinigungen zunächst in seinem Besitze behalten und außerdem den Bankbeamten gegenüber Äußerungen gemacht, aus welchen diese den Schluß zogen, ohne besondere Ermächtigung des Klägers dürften die hinterlegten Wertpapiere der Beklagten auch gegen Aushändigung der Empfangsscheine nicht ausgeliefert werden. Dem gegenüber macht nun zwar die Revisionsklägerin geltend, auf die als rechtsirrtümlich anzusehende Meinung der Bankbeamten, für welche lediglich die Empfangsscheine maßgebend gewesen seien (Art. 1937 des Bürgerlichen Gesetzbuches), könne es nicht ankommen, und die Besitzübertragung sei jedenfalls in dem Augenblicke erfolgt, in welchem die Empfangsscheine der Beklagten vom Kläger ausgehändigt worden seien. Aber es nicht nötig, auf diese Einwendungen näher einzugehen, weil es nach den thatsächlichen Feststellungen der Vorinstanzen unter allen Umständen an wesentlichen Voraussetzungen eines gültigen Handgeschenkes fehlt, sonach die angefochtene Entscheidung auch dann gerechtfertigt wäre, wenn eine wirkliche und wirksame Übertragung des Besitzes stattgefunden hätte. Daß die Vorschrift des Art. 931 des Bürgerlichen Gesetzbuches, nach welcher eine Schenkung nur durch Notariatsakt geschehen kann, dann keine Anwendung findet, wenn es sich um bewegliche Sachen (res corporales mobiles) handelt, deren Besitz dem Beschenkten vom Schenkgeber selbst (von Hand zu Hand) übertragen wird, ist von der Rechtsprechung jederzeit anerkannt worden. Auch geben die Bedenken, welche der Revisionsbeklagte gegen diese schon früher vom Reichsgerichte in einem Urteile vom 2. Dezember 1879, vgl. Entsch. des R.-G.'s in Civils. Bd. 1 S. 220, gebilligte Auffassung erhob, keine Veranlassung, von derselben abzugehen. Damit aber ein solches Handgeschenk angenommen werden kann, muß vor allem feststehen, daß die Übergabe der beweglichen Gegenstände in der Absicht der Schenkung erfolgt ist, d. h. daß der Übergebende die Absicht hatte, sich der in Frage stehenden Gegenstände sofort und unwiderruflich (actuellement et irrevocablement) zum Vorteile des diese Schenkung annehmenden Beschenkten zu begeben (Art. 894 des Bürgerlichen Gesetzbuches). Erfolgt die Besitzübertragung überhaupt nicht in der Absicht der Schenkung, sondern aus einem anderen Grunde, oder will doch derjenige, welcher die beweglichen Sachen einem Anderen überläßt, diesem das Eigentum daran nicht sofort übertragen, sondern sich noch die freie Verfügung über diese Gegenstände vorbehalten, so liegt eine wirksame Schenkung, ungeachtet der erfolgten Besitzübertragung, nicht vor.

Im vorliegenden Falle hat nun der erste Richter, dessen Ausführungen das Berufungsgericht durchweg beigetreten ist, festgestellt, der Kläger habe nicht die Absicht gehabt, das Eigentum an den hinterlegten Wertpapieren sofort und ohne weiteres auf die Beklagte zu übertragen, sondern dieser nur unter bestimmten aufschiebenden Bedingungen, welche nicht eingetreten seien, versprochen, ihr 40 000 Frcs. zuzuwenden, und die Hinterlegung der Wertpapiere lediglich zum Zwecke der Sicherstellung dieses bedingten Versprechens vorgenommen. Durch diese Feststellung allein, bezüglich deren nicht zu erkennen ist, daß ihr ein Rechtsirrtum zu Grunde liege, würde aber schon die Zuerkennung der Klage gerechtfertigt, bei der es sich der Sache nach lediglich um die Feststellung handelte, daß ein gültiges Handgeschenk nicht vorliege. Die Revisionsklägerin macht zwar in dieser Beziehung noch geltend, der erste Richter habe ebenso wie das Berufungsgericht übersehen, daß es nicht auf die Zeit der Hinterlegung der Wertpapiere, sondern lediglich auf den Zeitpunkt ankomme, in welcher der Kläger der Beklagten die von der Bank ausgestellten Empfangsbescheinigungen übergeben habe. Aber diese Rüge ist unbegründet; denn der erste Richter hat ausdrücklich festgestellt, auch die Aushändigung der Empfangsscheine an die Beklagte sei nicht in der Absicht erfolgt, derselben nun ein Eigentum an den Papieren zu übertragen, sondern es habe dieselbe dadurch lediglich in die Lage versetzt werden sollen, sich, falls eine der Bedingungen, von welchen das Versprechen des Klägers abhängig gemacht worden sei, insbesondere dessen Tod eintrete, den Besitz der Papiere zu verschaffen und den Erben gegenüber ihre Rechte geltend zu machen. Bei dieser Sachlage konnte das Berufungsgericht, das sich die thatsächlichen Feststellungen des ersten Richters aneignete, die von der Beklagten eingelegte Berufung ohne Rechtsirrtum zurückweisen, soweit durch dieselbe die Abweisung der Klage erreicht werden sollte.

Zweites Kapitel.

Testamentarische Verfügungen.

§ 53.

Errichtung der Testamente.

I. **Die Gültigkeit des eigenhändigen Testamentes ist durch die Angabe des richtigen Datums bedingt.***) U. v. 16. VI. 82. (E. VII, 292).

Der am 31. Mai 1880 verstorbene Sch. hinterließ ein eigenhändiges Testament, welches vom 16. Mai 1880 datiert war und den O. zum Erben einsetzte. Dieser erhob gegen L. Klage auf Auslieferung des Nachlasses, und L. Widerklage auf Nichtigerklärung des Testamentes, indem er unter anderem auch geltend machte, das Testament sei nicht am 16., sondern am 15. Mai 1880 errichtet worden. Dieser Nichtigkeitsgrund wurde in zwei Instanzen zurückgewiesen, weil es nach Maßgabe der Beweiserhebungen für die Rechtsbeständigkeit des Testamentes ohne Einfluß sei, ob es am 15. oder 16. Mai errichtet worden sei. Das Reichsgericht hob das Urteil zweiter Instanz auf.

Die Ansicht des Oberlandesgerichtes, daß die Unrichtigkeit des Datums eines eigenhändigen Testamentes nur insofern Gegenstand eines Angriffes werden könne, als der Zeitpunkt der Errichtung des Testamentes auf die Rechtsbeständigkeit des Inhaltes Einfluß zu üben imstande sei, kann als dem Willen des Gesetzes entsprechend nicht erachtet werden. Schon Dumoulin sprach aus, es sei derjenige, welcher seinem Testamente ein falsches Datum beisetze, so anzusehen, als habe er nicht testieren wollen und die Ordonnanz von 1735 Art. 38 machte, um eine bezügliche Kontroverse zu beseitigen, die Gültigkeit des eigenhändigen Testamentes von genauer Angabe des Datums der Errichtung (nach Tag, Monat und Jahr) abhängig. Zur Zeit der Einführung des Code civil bestand deshalb kein Zweifel, daß ein eigenhändiges Testament nichtig sei, wenn es das richtige Datum der Errichtung des Testamentes nicht angebe. Für die Annahme, daß durch die Bestimmung in Art. 970 Code civil an den bestehenden Grundsätzen etwas geändert werden sollte, daß insbesondere die Worte:

---

*) Berichtigung des Datums aus der Testamentsurkunde selbst lassen zu Z. D. IV. § 668 N. 5 S. 262. L. XIII, 193 flg.

„le testament olographe sera daté“ etwas anderes ausdrücken sollten, als: das Testament müsse das Datum seiner Errichtung angeben, daß sie etwa dahin zu verstehen seien, es genüge, irgend ein Datum anzugeben, ist nicht der geringste Anhaltspunkt gegeben. Es hat daher schon Merlin, Rép. v. Testament sect. II § 1 art. 6 No. 10 erklärt, Art. 970 Code civil sei so zu verstehen, als ob er lautete:

„Le testament est nul, qui porte une fausse date.“

In diesem Sinne wurde denn auch die das Datum betreffende Bestimmung des Art. 970 von jeher und bis in die neueste Zeit in Frankreich aufgefaßt, sowohl von der Doktrin als von der Rechtsprechung.

Forscht man nach den Gründen, die den Gesetzgeber bewogen haben mögen, eine so strenge Formvorschrift zu geben, bezw. beizubehalten, so sind sie offenbar in der großen Wichtigkeit zu suchen, welche dem Zeitpunkte der Errichtung eines Testamentes der Regel nach beizulegen ist, sei es betreffs der Frage des Widerrufes anderer letztwilliger Verfügungen, sei es betreffs der Anfechtung des Testamentes wegen Geistesschwäche oder mangelnder Willensfreiheit.

Durch die Gefahr der Nichtigkeit für den Fall, daß das wahre Datum der Errichtung des Testamentes nicht angegeben wird, soll der Testirende veranlaßt werden, nicht bloße absichtliche Fälschungen des Datums zu unterlassen, sondern auch genaue Sorgfalt auf richtige Datierung zu verwenden, da auch der Irrtum in der Datierung sehr wichtige Folgen haben, jedenfalls Zweifel und Streit veranlassen kann. Diese Strafandrohung soll eine gewisse Garantie dafür geben, daß das im Testamente angegebene Datum auch wirklich das richtige sei; und hierin ist wohl auch der Hauptgrund für die unbestrittene Ansicht zu finden, daß das eigenhändige Testament nicht blos den Erben, sondern auch den Partikularlegataren und jedem Dritten gegenüber sein Datum beweise, und daß die Bestimmungen des nunmehr durch § 381 C. P. O. und § 14 des Einführungsgesetzes zu derselben beseitigten Art. 1328 Code civil auf dasselbe keine Anwendung zu finden hätten.

Wenn das Gesetz für die eigenhändigen Testamente nur wenige einfache Formen vorschreibt, so lag gerade hierin Anlaß, betreffs dieser wenigen Formen desto größere Strenge walten zu lassen.

Der vorerörteren strengen Auffassung gegenüber ist nun allerdings in neuerer Zeit seitens des belgischen Kassationshofes und des Berliner Obertribunales eine mildere Ansicht ausgesprochen worden, nach welcher der Formvorschrift des Art. 970 Code civil als solcher genügt sein soll, wenn überhaupt ein bestimmtes Datum im Testamente angegeben ist; allein dieser Ansicht kann nicht beigepflichtet werden. Die Gründe, welche für sie geltend gemacht werden, mögen sehr beachtenswert sein für die Frage, ob ein Bedürfnis zur Änderung des Gesetzes vorliege, allein sie können keinen Anlaß bieten, das bestehende Gesetz in einem anderen Sinne anzuwenden, als demjenigen, den es dem klar erkennbaren Willen des Gesetzgebers gemäß haben soll.

Ist es in der That Wille des Gesetzes, daß das eigenhändige Testament nur gültig sein soll, wenn es das wahre Datum seiner Errichtung angiebt, so kann nicht unterschieden werden, ob bei einer vorhandenen Unrichtigkeit ein größerer oder geringerer Zeitraum in Frage stehe, und ob die Wahrscheinlichkeit eines Irrtumes näher oder entfernter liege. Die Natur der Vorschrift als einer Formvorschrift schließt solche Unterscheidungen aus.

Was nun den Beweis der Unrichtigkeit des Datums anbelangt, so kann kein Zweifel obwalten, daß im vorliegenden Falle die Beklagten und Widerkläger verpflichtet sind, den Beweis der von ihnen behaupteten Thatsache zu führen, daß das in Frage stehende eigenhändige Testament nicht am 16., sondern am 15. Mai 1880 errichtet worden sei. Dabei wird es wesentlich auf den Zeitpunkt, wo das Testament vollendet, d. h. die Unterschrift beigesetzt worden ist, ankommen.

II. Über **das öffentliche Testament** führt das U. v. 10. II. 85 (E. XIII, 306) aus:*)

Durch notarielles Testament vom 22. März 1883 hatte die ledige M. v. L. dem im vierten Grade mit ihr verwandten Arzte B., der sie in ihrer letzten Krankheit behandelt hatte, 60000 M. vermacht. Dieser erhob Klage auf Zahlung des Legates gegen die Erben, welche einwendeten, daß das Testament wegen verschiedener Formmängel nichtig sei. Diese Einwände wurden in zwei Instanzen für unbegründet erklärt und die eingelegte Revision zurückgewiesen.

1. Die Vorschrift des Art. 972 Code civil, nach welcher das öffentliche Testament dem Notare vom Erblasser diktiert werden muß, beruht auf dem Gedanken des Gesetzgebers, die Freiheit und Spontaneität des erklärten letzten Willens zu sichern. Das Gesetz verbietet nun nicht, daß der Testator sich eines vorher von ihm oder einem Dritten niedergeschriebenen Aufsatzes, einer Hilfe, die in manchen Fällen förderlich, vielleicht notwendig sen wird, zum Zwecke seines Diktates bediene. Ein solches Verbot läßt sich auch aus der ratio legis, da nicht ersichtlich ist, wie durch ein solches Hilfsmittel die Freiheit der Willensäußerung des Erblassers beeinträchtigt werden könnte, keineswegs herleiten.

Im vorliegenden Falle steht nun thatsächlich fest, daß die Erblasserin das Testament dem instrumentierenden Notare in Gegenwart der Zeugen nach Anleitung eines in ihren Händen befindlichen, bei der vorhergehenden Besprechung von letzterem angefertigten Entwurfes diktiert hat. Wenn nun der Revisionskläger dieses Verfahren als unstatthaft erachtet und geltend macht, daß auf solche Weise gegen den Willen des Gesetzes das Testament mit dem Entwurfe materiell fertig und die spätere Aufnahme desselben lediglich eine Form sei, so ist dabei übersehen, daß ein solcher Entwurf immer nur ein Projekt enthält, welches in jedem Augenblicke und beliebig vom Testator abgeändert werden kann, und daß erst die als Ausdruck seines fortdauernden Willens vor Notar und Zeugen abgegebene,

*) Übereinstimmend Z. D. IV § 670 N. 19 S. 271. L. XIII, 307, 314.

von ersterem unter Beobachtung der Vorschriften des Art. 972 a. a. O. niedergeschriebene Erklärung nach dem Gesetze das Testament desselben bildet. Wie der Revisionsbeklagte zutreffend hervorhebt, geht auch das Gesetz nicht davon aus, daß der instrumentierende Notar, welcher sehr oft der Berater des Testators zu sein pflegt, von den getroffenen Verfügungen ohne Kenntnis gewesen sein müsse; es können auch die Zeugen von der Absicht des Testators, in gewisser Weise letztwillig zu disponieren, unterrichtet sein, ohne daß dieser Umstand die Gültigkeit des Testamentes irgendwie beeinträchtigt.

2. Der Art. 972 a. a. O. schreibt weiter vor, daß das Testament, so wie es diktiert ist — tel qu'il est dicté — von dem Notare niedergeschrieben werden muß. Es ist hierbei aber nicht die Absicht des Gesetzes, daß der Notar das Diktierte mechanisch, Wort für Wort aufzeichnen, und mit seinen etwaigen sprachlichen Unrichtigkeiten, Provinzialismen, undeutlichen und inkorrekten Ausdrücken rc. wiedergeben soll. Wie von französischen Schriftstellern zutreffend hervorgehoben wird, teilt das Gesetz hier dem Notare die Rolle des Sekretairs zu, setzt aber einen unterrichteten und intelligenten Sekretair voraus, und als solcher erfüllt der Notar seine Pflicht, wenn derselbe Sinn und Bedeutung des Diktierten, sei es auch nicht genau mit den nämlichen Worten, treu wiedergiebt. Daß letzteres im vorliegenden Falle geschehen ist, hat das Oberlandesgericht thatsächlich festgestellt, und damit erledigt sich der hier erhobene Angriff des Revisionsklägers.

III. Über **das Testament des Inländers im Auslande** vgl. das § 1 unter I. abgedruckte U. v. 27. I. 88. (E. XX, 351).

§ 54.

Widerruf der Testamente.

I. **Stillschweigender Widerruf eines Testamentes ist abgesehen von dem Falle des Art. 1036 C. c. unzulässig.***) U. v. 12. XI. 89. (E. XXIV., 352).

Die angegriffene Entscheidung geht von der Annahme aus, daß das Testament der Erblasserin stillschweigend von derselben dadurch widerrufen worden sei, daß sie nach Errichtung des Testamentes über ihr ganzes vorhandenes Vermögen unter Lebenden zu Gunsten eines Anderen, des Beklagten, verfügt habe. Durch diese Verfügung habe die Erblasserin unzweideutig ihre Absicht zu erkennen gegeben, daß das zu Gunsten ihres Ehemannes errichtete Testament widerrufen sein sollte. Diese Annahme beruht auf Rechtsirrtum und Verletzung der Artt. 1035 flg. des bürgerl. Gesetzbuches. In den Artt. 1035—1038 ist genau bestimmt, wie Testamente und letztwillige Verordnungen widerrufen werden können. Der Widerruf ist an bestimmte Formen gebunden. Wo aber ein stillschweigender Widerruf gestattet ist, wird er an fest bestimmte Voraussetzungen geknüpft und nur da als wirksam anerkannt, wo diese Voraussetzungen gegeben sind.

---

*) Übereinstimmend Z. D IV. § 725, S. 466 flg.

Daß der Gesetzgeber mit den hier gegebenen Vorschriften den fraglichen Gegenstand hat erschöpfen und nicht außerdem noch einen aus konkludenten Handlungen eines Testators zu schließenden stillschweigenden Widerruf eines Testamentes hat zulassen wollen, ergiebt sich zweifellos aus der Entstehungsgeschichte der genannten Artikel (mitgeteilt bei Duranton, Bd. 9, Nr. 429 flg.). Der zuerst dem Staatsrate vorgelegte Entwurf des Art. 1035 enthielt die strenge Vorschrift, daß letztwillige Verordnungen ganz oder teilweise nur in denselben Formen sollten widerrufen werden können, welche auch für die Errichtung letztwilliger Verordnungen vorgeschrieben wurden. Bei der Diskussion im Staatsrate wurde von dieser Strenge abgewichen, und man einigte sich schließlich über diejenigen Bestimmungen, die demnächst auch zum Gesetze erhoben worden sind. Die ganze Diskussion läßt aber klar erkennen, daß das allseitige Bestreben dahin ging, die Formen und Voraussetzungen, unter denen ein Widerruf wirksam sein sollte, möglichst genau zu bestimmen und zu begrenzen.

Im vorliegenden Falle handelt es sich um ein notarielles Testament, durch welches der Kläger von der Erblasserin zum Universallegatar eingesetzt worden ist. Von einer Anwendung des Art. 1038 kann daher keine Rede sein, weil dieser, wie allgemein und auch seitens des Oberlandesgerichtes anerkannt wird, sich nur auf Vermächtnisse bestimmter einzelner Sachen bezieht. Wenn das Gesetz die Vermutung ausspricht, daß durch die vom Testator ausgegangene Veräußerung einer vorher von ihm vermachten bestimmten Sache das Vermächtnis als widerrufen gelten soll, so konnte in solchem Falle der Gesetzgeber von der unzweifelhaften Absicht des Testators ausgehen, daß er seinen Willen geändert habe. Anders verhält es sich bei Universalsuccession. Wenn auch der Testator nach Errichtung des Testamentes über sein ganzes vorhandenes Vermögen unter Lebenden verfügt, so kann er nach dieser Verfügung wieder neues Vermögen erwerben, und da ein Universalfideikommis nur die Bedeutung hat, daß der Erblasser dasjenige Vermögen, was er bei seinem Tode hinterlassen wird, dem eingesetzten Erben zuwendet, so steht jene Verfügung unter Lebenden an und für sich nicht im Widerspruche mit dem Testamente, wodurch das Universalfideikommis errichtet worden ist. Das Gesetz hat demnach auch den stillschweigenden Widerruf eines Universalvermächtnisses oder eines Vermächtnisses unter Universaltitel beschränkt auf den Fall, wo in einer späteren gültigen testamentarischen Verfügung Anordnungen getroffen sind, welche mit jener ersten Verordnung nicht verträglich sind (Art. 1036). Eine spätere testamentarische Verfügung der Erblasserin liegt aber hier überhaupt nicht vor, sondern nur der oben erwähnte mit dem Beklagten abgeschlossene Alimentationsvertrag. Wenn das Oberlandesgericht festgestellt hat, daß die Erblasserin durch den Abschluß des Alimentationsvertrages ihre Absicht zu erkennen gegeben habe, das zu Gunsten ihres Ehemannes errichtete Testament zu widerrufen, so ist nach Vorstehendem diese Feststellung ohne Bedeutung und rechtliche Wirkung.

Die hier vertretene Anschauung, daß Testamente, abgesehen von dem Falle des Art. 1038, nicht stillschweigend durch Handlungen des Erblassers, welche eine Willensänderung erkennen lassen, widerrufen werden können, wird fast einstimmig in Doktrin und Rechtsprechung anerkannt.

Laurent (Bd. 14 Nr. 229) spricht sich allerdings für die Zulässigkeit eines stillschweigenden Widerrufes eines Testamentes aus, obgleich er anerkennt, daß eine konstante Rechtsprechung diese Ansicht für irrig erklärt. Die Laurent'sche Auffassung steht jedoch mit dem oben entwickelten Sinne des Gesetzes in Widerspruch. Wollte man einen derartigen, lediglich aus der Intention des Erblassers zu schöpfenden Widerruf eines Testamentes zulassen, so würde man in eine Materie, die der Gesetzgeber aus wohlerwogenen Gründen in feste Formen gekleidet hat, eine Formlosigkeit hineintragen, die notwendig zur Rechtsunsicherheit führen müßte.

II. Über den **Widerruf des Widerrufes** führt das U. v. 6. VII. 80 (E. II, 363) aus:

Der im Jahre 1870 verstorbene O. Z. hatte am 2. Februar 1869 ein öffentliches Testament errichtet, durch welches er seinen Nachlaß durch verschiedene Vermächtnisse nahezu erschöpfte.

In einem eigenhändigen letzten Willen vom 19. Mai 1869 setzte er den Beklagten zum Universalerben ein. — Am 24. Juni 1869 verfügte er ebenfalls eigenhändig: „Bezüglich allem bleibt mein letzter Wille aufrechterhalten, und zwar gerade so, wie derselbe bei Notar S. dahier gemacht wurde" (es ist dies unbestritten der vom 2. Februar 1869); „alles, was vielleicht währenddem geschehen war, gilt nicht — bloß dieses, welches daliegt."

Die gesetzliche Erbin des O. Z. und die im Testamente vom 2. Februar 1869 bedachten Legatare begehrten nun den Vollzug desselben. Der Beklagte B. behauptete aber, neben verschiedenen anderen Einwänden, daß durch einfachen Widerruf des Aktes vom 19. Mai 1869 der letzte Wille vom 2. Februar nicht habe wiederaufleben können.

Beide Instanzen haben diesen Einwand verworfen, und die Revision wurde zurückgewiesen.

Es kann zunächst vom Einflusse des Widerrufes dieses Testamentes (vom 19. Mai) völlig abgesehen werden; denn, wenn auch nicht die Bezugnahme auf irgend eine Urkunde oder Aufzeichnung als hinreichend bestimmte letztwillige Anordnung gelten kann, so ist doch der herrschenden Doktrin und Praxis beizutreten, welche annehmen, daß durch die Verweisung auf eine Urkunde, welche selbst alle Merkmale eines Testamentes an sich trägt, eine letztwillige Verfügung in zulässiger Weise einen bestimmten oder doch bestimmbaren Inhalt erlange, sodaß das Testament vom 24. Juni durch jenes vom 2. Februar zu ergänzen und so als selbständiger letzter Wille zum Vollzuge zu bringen wäre. Aber auch die Annahme kann nicht als rechtsirrtümlich bezeichnet werden, daß infolge des im Akte vom 24. Juni ausgesprochenen Widerrufes des Testamentes vom 19. Mai und der Erklärung, daß jenes vom 2. Februar gelten solle, dies durch den Widerruf des Widerrufes wieder in Kraft getreten sei. Durch den Widerruf ist das Testament vom 2. Februar keineswegs ein nichtiger Akt geworden, sondern seinem Vollzuge stand nur die Widerrufserklärung entgegen, wenn diese zur Zeit des Todes des Erblassers noch in Kraft war; ist sie aber vorher, wie hier durch den Akt vom 24. Juni, beseitigt worden, so kann dem Anspruche auf Vollzug des Testamentes nicht mit dem Einwande begegnet werden, daß ein Widerruf bestehe.

§ 55.

Inhalt der Testamente. Insb. Vermächtnisse.

I. **Die Gültigkeit einer letztwilligen Verfügung, durch welche eine Belastung auf den Pflichtteil gelegt ist,** verneint das U. v. 2. XI. 80. (E. II, 366.)*)

Durch Testament vom 4. Oktober 1864 hatte die Mutter der Beklagten diese auf den Pflichtteil gesetzt und in einem Testamente vom 14. Mai 1866 weiter bestimmt: „Der auf meine Tochter F. fallende Pflichtteil soll verzinslich angelegt werden und ihr davon während der Dauer der Lebzeit ihres Ehemannes nur der Zinsertrag verabfolgt werden; sie soll also berechtigt sein, gedachten Zinsertrag gegen von ihr allein auszustellende Quittung zu beziehen. Das Kapitalvermögen, welches, wie die Zinsen, der Verwaltung ihres Ehemannes entzogen werden soll, soll dieselbe erst nach Ableben ihres Ehemannes erhalten." Der Ehemann bestritt die rechtliche Gültigkeit dieser Anordnung und verlangte Ausfolgung des im Besitze der beklagten Ehefrau befindlichen mütterlichen Erbteiles derselben. In diesem Sinne ist erkannt worden aus folgenden Gründen:

Nach dem zwischen den Parteien abgeschlossenen Ehevertrage, welchen das Berufungsgericht in richtiger Anwendung des Gesetzes ausgelegt hat, wird deren eheliches Güterverhältnis durch L. R. S. 1530 flg. bestimmt, und erscheint deshalb die Klage auf Ausfolgung des Vermögens der Beklagten begründet, welches diese nach Ableben ihrer Mutter geerbt und allmählich in ihre eigene Verwaltung genommen hat, während nach dem Gesetze Verwaltung und Genuß dem Kläger gebühren.

Auch kann sich die Beklagte nicht mit Erfolg auf den letzten Willen ihrer Mutter vom 4. Oktober 1864 und 14. Mai 1866 berufen, von denen der erstere sie auf den Pflichtteil setzt, der zweite Kapital und Zinsen des Vorbehaltes der Verwaltung und dem Bezuge durch den Kläger entzieht.

Eine solche Verfügung über den Pflichtteil ist nichtig, denn die Beklagte empfängt ihren Pflichtteil kraft Gesetzes aus dem Nachlasse ihrer Mutter als diejenige Erbschaftsquote, welche ihr nicht entzogen werden durfte; die letzten Willen enthalten keine Begünstigung der Beklagten, welche etwa mit einer Bedingung oder Auflage beschwert werden konnte, sondern eine Freigebigkeit zum Vorteile der Miterben der Beklagten durch Zuwendung des Freiteiles an dieselben. — Was nun im römischen Rechte auf besonderer Rechtsvorschrift beruht (L. 32 Cod. 3, 28), daß der Pflichtteil sine gravamine hinterlassen werden müsse, ergiebt sich nach badischem Recht als notwendige Folge daraus, daß solches gar nicht vom Pflichtteile, sondern vom Freiteile ausgeht, das heißt dem Prinzipe, daß beim Vor-

*) Vgl. Z. D. III, § 507, Nr. 13, S. 211. L. XXI, 277.

handensein von Descendenten oder Ascendenten überhaupt nur über eine bestimmte Quote des Nachlasses verfügt werden dürfe (L. R. S. 913, 915, 916, 724, 883).

Es haben nun nach der unangefochtenen Feststellung im vorinstanzlichen Urteile sämtliche Beteiligte, auch die Parteien, bei der Auseinandersetzung des Nachlasses von dieser ungültigen Belastung des Pflichtteiles abgesehen, und ist außerdem der Beklagten nicht bloß der Pflichtteil, sondern der volle Intestaterbteil, also zu jenem noch der Freiteil, und zwar ohne Belastung oder Vorbehalt, zugeschieden worden. Sie erhält demnach in ihrem gesetzlichen Erbteile den Pflichteil unbelastet, weil derselbe überhaupt nicht beschwert werden durfte, den weiteren Freiteil aber ohne Belastung, weil ihre Miterben, welche ihr solchen überlassen, eine solche nicht vorgeschrieben haben. Bezüglich des ganzen Erbteiles hat damit der Kläger Verwaltung und Genuß erhalten (L. R. S. 1530 flg. 1401 Ziff. 1), auf welche er nicht mehr bindend zu Gunsten der Beklagten verzichten durfte, weil dadurch das eheliche Güterverhältnis während der Ehe in ungültiger Weise abgeändert worden wäre. (L. R. S. 1395, 1443, 1451).

II. **Ist das Legat des Nießbrauches an dem Nachlasse des Erblassers Universalvermächtnis oder Vermächtnis unter Universaltitel?** Entschieden durch U. v. 8. I. 84. (E. XI, 305).

Der Wortlaut der Artt. 1003, 1010 Code civil, welche Sitz der Materie sind, ist klar und in diesem Sinne entscheidend. Der Legatar des Nießbrauches succediert nicht in universum jus defuncti, weder ganz noch zu einem aliquoten Teile, er erwirbt kein Eigentum, sondern nur ein dingliches Recht, ein temporäres Genußrecht — und an dieser rechtlichen Natur des Nießbrauches ändert es auch nichts, mag derselbe eine einzelne Sache oder eine universitas zum Gegenstande haben.

Allerdings spricht Art. 610 Code civil von einem legataire universel und à titre universel de l'usufruit, indes ist diese Bezeichnung wohl auf den Umfang des Nießbrauches, nicht aber auf den gesetzlichen Charakter des legierten Rechtes zu beziehen, wie denn auch im Art. 612 a. a. O. nur von einem usufruitier universel bezw. à titre universel die Rede ist. Sodann kann auch der Umstand, daß ein solcher Nießbraucher zu den Schulden des Nachlasses beizutragen verpflichtet ist, nicht von entscheidender Bedeutung sein. Es handelt sich nämlich hier nicht von einer persönlichen Verbindlichkeit den Gläubigern gegenüber, wie die Art. 1009, 1012 sie den Universallegataren bezw. den Legataren unter Universaltitel auferlegen, vielmehr liegt dem Nießbraucher des Nachlasses nur dem Eigentumserben gegenüber die Verpflichtung ob, die Lasten, welche auf den Revenuen desselben haften, Zinsen, Leibrenten, Alimentenzieler zu tragen, d. h. sich um den Betrag der letzteren diese Revenuen kürzen zu lassen, während den Gläubigern bezüglich des Kapitales ein direkter Anspruch gegen den Nießbraucher nicht zusteht.

Vgl. namentlich die Ausführungen von Laurent Bd. 16 Nr. 526.

Die vorstehende Auffassung ist auch die in Doktrin und Rechtsprechung vorherrschende, wie aus Sirey, Cod. annot. 3. Ausg. S. 640 zu Art. 1010 Code civil sich ergiebt.

§ 56.
Substitution.

I. **Ist die Wirksamkeit einer Substitution gemäß Art. 1048 C. c. zu Gunsten der „enfans nés et à naître" des bedachten Sohnes dadurch bedingt, daß zur Zeit des Todes des Erblassers Kinder jenes vorhanden sind?** Die Frage ist verneint in dem U. v. 23. VI. 91. (E. XXIX, 309).

Was die Gültigkeit der fraglichen Substitution angeht, so hat das Oberlandesgericht den in erster Linie erhobenen Einwand des Beklagten, daß diese Substitution jedenfalls um deswillen nicht zu Recht bestehen könne, weil die Anwendung des Art. 1048 Code civil das Vorhandensein von Kindern des Bedachten zur Zeit des Todes des Erblassers voraussetze, der Beklagte aber zu dieser Zeit kinderlos und unverheirathet gewesen sei, in Übereinstimmung mit dem ersten Richter als unbegründet erachtet, und die gegen diese Entscheidung gerichteten Angriffe erscheinen verfehlt.

In den Artt. 1048/49 bis 1073 Code civil sind die Substitutionen, welche das Gesetz (Art. 897 Code civil) in Ausnahme von dem Verbote des vorhergehenden Artikels zu Gunsten der Enkel bezw. Geschwisterkinder gestattet, näher geregelt. Die erstbezogenen Gesetzesbestimmungen schreiben nun imperativ vor, daß in das dem Bedachten zugewendete Vermögen die Kinder ersten Grades desselben, sowohl die bereits vorhandenen, als diejenigen, welche später geboren werden — les enfants nés et à naître — zu substitutieren sind. Wenn nun die Revision wiederholt geltend macht, daß das Gesetz einschränkend dahin auszulegen sei, daß die zuletzt genannten Kinder nur in Gemeinschaft mit Geschwistern — enfants nés —, nicht aber, wenn sie allein vorhanden, als berechtigt anzusehen, so steht dieser Auslegung zunächst der allgemein redende Wortlaut des Gesetzes entgegen. Daß namentlich aus der Fassung desselben — enfants nés et à naître — im Gegensatze zu der des späteren Gesetzes vom 17. Mai 1826 „enfants nés ou à naître" ein Argument für diese Auslegung nicht herzuleiten sei, hat der Berufungsrichter zutreffend ausgeführt und dem ist lediglich beizupflichten. Mit Recht hat ferner das Oberlandesgericht darauf hingewiesen, daß auch die Erläuterungen, welche Bigot Préameneu in seinem Exposé de motifs (Locré Bd. 11 S. 408 flg.) giebt, gegen diese Auslegung sprechen, und es mag dabei noch die Äußerung desselben, daß die Substitution „en faveur de toute la postérité de l'enfant ainsi grevé, sans aucune préférence à raison de l'âge ou du sexe, et non seulement au profit des enfants nés lors de la disposition, mais encore de tous ceux à naître" erfolgen müsse, hervorgehoben werden. In gleichem Sinne kommt auch die von dem genannten Redner (Locré a. a. O. S. 411/12) dargelegte Absicht des Gesetzes, den sämtlichen Kindern des Bedachten ohne Unterschied durch die Substitution gegen schlechte Führung oder Unglücksfälle des Vaters einen Schutz zu gewähren und das demselben zugewendete Vermögen so der Familie zu erhalten, in Betracht. Wenn nun der Beklagte demgegenüber betont, daß die Substitution der Art. 1048/49 Code civil, weil sie eine singuläre Ausnahme von dem Verbote des Art. 896 Code civil bilde, grundsätzlich einschränkend ausgelegt werden müsse, so ist dabei übersehen, daß hier das Gesetz selbst, indem es die Substitution nur für den ersten Grad zuläßt, die Grenze, und zwar eine enge Grenze, zieht, daß es aber unstatthaft erscheint, innerhalb dieser Grenze gegen den Wortlaut und die Absicht des Gesetzes eine weitere Beschränkung in dasselbe hineinzutragen. Mit Recht hat das Oberlandesgericht hervorgehoben, daß, nachdem durch Art. 1048 in Ausnahme von der Regel des Art. 906 Code civil auch die zur Zeit der Eröffnung des Nachlasses noch nicht geborenen, bezw. konzipierten Enkel für substitutionsfähig erklärt sind, kein berechtigter Grund dafür abzusehen sei, warum das Erbrecht dieser Kinder dadurch bedingt sein solle, daß zur Zeit des Todes des Erblassers andere Kinder schon vorhanden waren. Auch die angerufene Vorschrift des Art. 1057 Code civil, welche den bedachten Vorerben bei Nichterfüllung der ihm durch Art. 1056 bezüglich der Vormundsernennung auferlegten Pflicht mit dem Verluste seines Rechtes zu Gunsten der Substituierten bedroht, kann der Revision zur Stütze nicht dienen, da, wenn man auch annimmt, daß diese Verwirkung dann, wenn keine solche Berufenen vorhanden, nicht auszusprechen sei, doch daraus in keiner Weise folgt, daß letzteren überhaupt ein Recht nicht zustehe, wie denn auch die Schriftsteller, welche die Verwirkung für den angegebenen Fall verneinen, doch die Zulässigkeit konservatorischer Maßregeln zur Sicherung des Rechtes derselben anerkennen.

Vgl. Aubry und Rau, Bd. 7 S. 341 Anm. 37. Demolombe, Bd. 22 Nr. 478; Zach.-Dreyer, Bd. 4 S. 366 Anm. 26a.

Nach alle diesem ist mit dem Oberlandesgerichte davon auszugehen, daß auf dem Ausnahmegebiete der Artt. 1048/49 Code civil die Rechtsfähigkeit der enfants à naître grundsätzlich anerkannt ist. Daß eine spezielle Erörterung oder Entscheidung der vorliegenden Frage in der französischen Rechtslehre und Judikatur, soviel ersichtlich, sich nicht findet, daß aber mehrere Schriftsteller bei Erörterung anderer Fragen einer mit der vorstehenden Annahme übereinstimmenden Auffassung Ausdruck geben, hat schon das Oberlandesgericht hervorgehoben.

II. Die Unwirksamkeit einer **Substitution „zu Gunsten der Nachkommen"** behandelt das U. v. 13. V. 90. (E. XXVI, 355.)

Das eigenhändige Testament des Kaufmanns R. zu Barmen vom 27. Juli 1882 schloß mit folgender Verfügung: „Ferner bestimme ich, daß nach Abzug obiger . . . Vermächtnisse ꝛc. das noch verbleibende Kapital, worüber ich verfügen kann, festgelegt wird, und zwar für die Nachkommen meiner Kinder, so daß meine Kinder nur über die Zinsen des Kapitals zu verfügen haben." Bei seinem 1885 erfolgten Tode hinterließ R. als gesetzliche Erben einen unverheirateten Sohn und eine verheiratete Tochter, aus deren Ehe drei minderjährige Kinder vorhanden waren. Für diese Minderjährigen bestellte das Amtsgericht zur Wahrung der denselben aus der Schlußbestimmung des Testamentes erwachsenen Rechte einen Pfleger. Die beiden Kinder des Erblassers klagten wider die durch den Pfleger vertretenen Minderjährigen mit dem Antrage, die Schlußbestimmung des Testamentes für rechtsunwirksam zu erklären. Die Beklagten beantragten Klagabweisung, indem sie ausführten, das Testament sei mindestens insoweit aufrechtzuerhalten, als dasselbe eine nach Art. 1048 des bürgerl. Gesetzbuches gültige Substitution zu Gunsten der Enkel des Erblassers darstelle. Das Landgericht erkannte nach dem Klageantrage, das Berufungsgericht bestätigte, und die Revision wurde zurückgewiesen.

Zur Rechtfertigung der Revision wird ausgeführt, der Berufungsrichter verletze bei der Auslegung des Testamentes eine gesetzliche Auslegungsregel, aber auch nach seiner Auffassung der letztwilligen Verfügung habe er die Klage abweisen müssen. Diese Angriffe waren indessen nicht für begründet zu erachten.

1. Wie von der Revision zutreffend geltend gemacht wird, findet die in Art. 1157 des bürgerl. Gesetzbuches für Verträge aufgestellte Auslegungsregel, nach welcher doppelsinnige Ausdrücke im Zweifel in der Bedeutung zu nehmen sind, in welcher sie einige Wirkung hervorbringen können, auch auf die Auslegung letztwilliger Verfügungen Anwendung. Das Gesetz erkennt sogar die Richtigkeit dieses Satzes in Artikel 1023 ausdrücklich an, indem hiernach das einem Gläubiger oder einem Dienstboten hinterlassene Vermächtnis nicht auf die Forderung oder den Lohn angerechnet werden soll. Eine Verletzung dieser Regel kann aber nicht in der Feststellung gefunden werden, daß nach der Absicht des Erblassers eine Verfügung im Sinne des Art. 1048 überhaupt nicht habe getroffen werden sollen.

Allerdings kann unter dem im Testamente gewählten Ausdrucke Nachkommen sowohl die ganze Nachkommenschaft ohne Unterschied des Grades, als auch die unmittelbare Nachkommenschaft der Kinder verstanden werden, zu deren Gunsten das Gesetz die Substitution gestattet. Bei Erforschung der allein entscheidenden Absicht des Testators beschränkt sich aber der Berufungsrichter nicht auf den Wortlaut der Verfügung, sondern er prüft die Familien- und Vermögensverhältnisse des Erblassers, sowie die Beziehungen, in welchen derselbe zu seinen Kindern gestanden hat, und gelangt zu der Annahme, daß der Erblasser den verfügbaren Teil seines Vermögens nicht bloß seinen Enkeln habe zuwenden wollen, sondern daß er seine ganze Nachkommenschaft, Kindes- und Enkelkinder bis in die entferntesten Grade einzusetzen beabsichtigt, und dabei eine Art Familienfideikommiß im Sinne der Kabinetsorder vom 25. Februar 1826 im Auge gehabt habe, durch welches der Wohlstand der Familie für kommende Zeiten sichergestellt werden sollte. Diese nicht nur dem Wortlaute, sondern auch den Umständen entnommene Feststellung der Absicht des Erblassers entzieht sich nach § 524 C. P. O. der Nachprüfung.

Hiernach kann dahin gestellt bleiben, ob die Auffassung des Urteils, es fehle für die Annahme einer gültigen Substitution an der ferneren

Voraussetzung der den Eingesetzten auferlegten Verpflichtung, das Vermögen aufzubewahren und es den bereits geborenen und noch zu erwartenden Kindern herauszugeben, anfechtbar wäre.

2. Die Revision macht ferner geltend, der Richter habe auch nach seiner Auslegung nicht zur Zusprechung der Klage erlangen können. Das Gesetz gebe dem Testator die volle Freiheit, über seine verfügbare Nachlassenschaft jede ihm beliebige Bestimmung zu treffen; wenn derselbe in der nach Art. 1048 errichteten Substitution den ihr gezogenen Kreis überschreite, so müsse doch die Verfügung insoweit aufrecht erhalten werden, als sie nach dem Gesetze nicht verboten sei; da der ausdrücklich oder stillschweigend ausgesprochene Wille des Erblassers zu achten sei, habe der Richter die Prüfung der Frage nicht unterlassen dürfen, ob der Erblasser, wenn er einmal seine Absicht nicht in dem ganzen Umfange erreichen konnte, sie nicht wenigstens noch in dem beschränkten Umfange des Art. 1048 habe erreichen wollen.

Diese Ausführung war nicht für zutreffend zu erachten. Der Art. 1048 stellt sich als eine Ausnahme von dem in Art. 896 allgemein aufgestellten Verbote der Substitutionen dar. Soweit nicht die besonderen Voraussetzungen, unter welchen die Substitution ausnahmsweise gestattet ist, vorliegen, tritt das allgemeine Verbot solcher Verfügungen in Kraft.

Der Gesetzgeber hat die im früheren Rechte zulässigen Nacherbeinsetzungen abgeschafft, weil er sie, wie die Vorarbeiten ergeben, für unvereinbar hielt mit dem Geiste der neuen Verfassung, dem rechtlichen Wesen des Eigentumes und der allgemeinen Wohlfahrt. Um seinen Zweck vollständig zu erreichen, hat er die Substitution nicht nur bezüglich des bedachten Dritten, sondern selbst in Ansehung des Beschenkten, des eingesetzten Erben oder des Legatars, für ungültig erklärt.

Das Gesetz stellt hiermit den Grundsatz auf, daß mit der Substitution stets auch die Institution als durch jene bedingt, hinfällig werde ohne Zulassung der Prüfung, ob im einzelnen Falle der Erblasser nicht eventuell die Institution auch ohne Substitution gewollt habe. Wenn daher im vorliegenden Falle nach der nicht anfechtbaren Auslegung des Oberlandesgerichtes nicht bloß die Enkel, sondern weiterhin nach diesen auch die ferneren Nachkommen des Erblassers als substituiert anzusehen sind, so macht diese fernere Substituierung ohne weiteres auch die erstmalige Substituierung der Enkel als oneriert Instituierten ungültig, und die Verfügung des Testamentes konnte auch nicht in den Schranken des Art. 1048 aufrecht erhalten werden.

§ 57.

Testamentsvollstrecker.

Welche Befugnisse kann der Erblasser einem Testamentsvollstrecker letztwillig beilegen? Zu dieser Frage vgl. das U. v. 17. XI. 82. (E. VIII, 317.)

Nach den Bestimmungen der Art. 724, 1006 Code civil geht mit dem Tode des Erblassers Eigentum und Besitz des Nachlasses auf die Intestaterben, sowie die Universallegatare, vorausgesetzt, daß mit letzterem, wie hier, Vorbehaltserben nicht zusammentreffen, kraft Gesetzes über, und kann der Erblasser dieses Recht derselben — saisine héréditaire — nur insoweit, als es das Gesetz ausdrücklich gestattet, beschränken.

Nach Artt. 1025 flg. Code civil steht nun dem Erblasser das Recht zu, einen Testamentsvollzieher zu ernennen und demselben auf Jahr und Tag die saisine seines Mobiliarnachlasses zu erteilen. Letzteres kann aber nach Wortlaut und Entstehungsgeschichte des Art. 1026 a. a. O., wie das Oberlandesgericht zutreffend ausführt, nicht über Jahr und Tag, vom Tode des Erblassers an gerechnet, hinaus geschehen, und wird in Doktrin und Rechtsprechung übereinstimmend anerkannt, daß der Erblasser zu einer Verlängerung der gesetzlichen Frist nicht befugt ist.

War nun aber die dem Revisionskläger erteilte saisine, ohne welche ihm als Testamentsvollzieher die Einziehung von Erbschaftskapitalien nicht zustand — Art. 1031 Code civil —, mit Ablauf der Frist erloschen, so fehlte es demselben, wie das Oberlandesgericht mit Recht annimmt, an der Legitimation, die Zahlung der von dem Revisionsbeklagten B. geschuldeten Summe in Empfang zu nehmen, darüber zu quittieren und Hypothekenlöschung zu bewilligen.

Auch die fernere Frage, ob der Revisionskläger die Berechtigung hierzu aus der ihm übertragenen Nachlaßverwaltung herleiten könne, ist vom Oberlandesgerichte ohne Rechtsirrtum verneint worden.

Nachdem die Erblasserin den v. B. zum Testamentsexekutor ernannt und ihm den Besitz des zu ihrem Nachlasse gehörenden Mobilares eingeräumt hatte, war alles, was sie zum Zwecke der Vollziehung ihres letzten Willens anordnen konnte, erschöpft. Die weitere Verfügung, durch welche der Revisionskläger auf die Dauer von ungefähr 20 Jahren zum Verwalter des Nachlaßvermögens mit ausgedehnten Befugnissen bestellt wurde, enthält einen Eingriff in die Rechte und die Dispositionsfreiheit der eingesetzten Erben, und muß eine Verfügung derart, welche dazu führen kann, daß ein Nachlaß für mehrere Generationen von Erben gebunden und der Verwaltung und Verfügung derselben entzogen wird, als den Gesetzen zuwider — Art. 900 Code civil — und für unwirksam erachtet werden.*)

Dem vorentwickelten gegenüber ist nun die vom Revisionskläger versuchte Ausführung, daß die beiden letztwilligen Verfügungen, von denen es sich handelt, selbständig neben einander zu Rechte bestehen können, als verfehlt zu erachten. Zunächst läßt sich nämlich schon nicht mit Grund behaupten, daß hier zwei wesentlich verschiedene Funktionen des Revisionsklägers in Frage stehen, da beide, die Testamentsvollziehung, wie die Nachlaßverwaltung, die Ausführung des letzten Willens der Erblasserin zum Gegenstande haben, beide auch rechtlich nach den Grundsätzen vom Mandate zu beurteilen sind. Wenn sodann geltend gemacht wird, daß die an=

---

*) Vgl. Z. D. IV § 715 insb. S. 430. L. XIV, 332 flg.

geordnete Verwaltung eine Bedingung oder Modalität der Erbeinsetzung darstelle, welcher die Bedachten sich unterwerfen müssen, so ist das eine petitio principii und nach vorstehendem unhaltbar. Das fernere Argument, daß die Testatrix nicht verpflichtet gewesen sei, den Universallegataren irgend etwas zu hinterlassen, daher ihre Zuwendung mit beliebigen Modifikationen habe beschweren dürfen — ein Argument, welches auf dem in seiner Allgemeinheit unrichtigen Satze: „qui peut le plus, peut le moins“ beruht — bedarf keiner näher eingehenden Widerlegung. Die Behauptung aber, daß die fragliche Verfügung, welche die Verwaltung des Nachlasses anordnet, von den Legataren anerkannt sei, steht, abgesehen von der Frage, ob eine solche Anerkennung rechtlich wirksam geschehen könne, mit dem, was das Oberlandesgericht thatsächlich feststellt, im Widerspruche. Weiter kann auch die Rechtsgültigkeit jener Verfügung mit dem Satze, daß ein Mandat unter Umständen über den Tod des Auftraggebers hinaus in Kraft bestehen kann, ersichtlich nicht begründet werden, und wenn noch hervorgehoben wird, daß dem Revisionskläger für seine Verwaltung eine bestimmte Summe ausgesetzt sei, so ist dieser Umstand ohne Bedeutung, da mit dem Wegfalle der Verwaltung auch die Remuneration cessiert, und eventuell nur die Frage entstehen könnte, ob denn etwa nach der Absicht der Erblasserin dem Revisionskläger die fragliche Summe auch, abgesehen von jener Verwaltung, habe zukommen sollen.

Drittes Kapitel.

Freigebige Verfügungen unter Ehegatten.

§ 58.

Ist die Befreiung von der Bürgschaftsleistung, welche der Erblasser dem mit einer Nutznießung Bedachten einräumt, auch den Vorbehaltserben gegenüber wirksam?

Diese bestrittene Frage verneint insb. für die freigebigen Verfügungen unter Ehegatten das U. v. 5. I. 83. (E. VIII, 323).

Nach Art. 601 Code civil hat der Nießbraucher Bürgschaft dafür zu leisten, daß er die Sache als guter Hausvater benutzen werde, wenn er nicht durch die Urkunde, welche die Bestellung des Nießbrauches enthält, davon befreit ist. Diese Gesetzesvorschrift ist nach Wortlaut und Fassung dahin auszulegen, daß sie die Befreiung zuläßt, nicht, daß sie dieselbe in allen Fällen für zulässig erklärt. Regel ist die Bürgschaftsleistung, die Befreiung Ausnahme. Als solche faßt auch der Tribun Gary — Locré, législation Bd. 8, S. 293 — die Befreiung auf, und geht dabei von dem Gedanken aus, daß in diesem Falle der Eigentümer einwillige, „à suivre la foi de l'usufruitier“. Die Befreiung setzt voraus, daß dem Verfügenden die unbeschränkte Disposition zustehe, und es kann dieselbe nicht zum Nachteile Dritter geschehen. Solche Dritte sind aber die Vorbehaltserben, deren Pflichtteil weder unmittelbar noch mittelbar verletzt, namentlich auch nicht mit Bedingungen und Lasten beschwert werden darf (Aubry und Rau Bd. 7, S. 65).

Daß aber die Befreiung von der Bürgschaftsleistung, welche letztere allein dem Eigentümer im Verhältnisse zum Nießbraucher eine wirksame Sicherheit gewährt, das Recht des ersteren, besonders, soweit es sich um bewegliches Vermögen handelt, im höchsten Grade gefährdet, bedarf keiner Ausführung.

Nach Art. 915 Code civil beträgt nun der Vorbehalt, wenn wie hier, Ascendenten beider Linien vorhanden sind, die Hälfte des Nachlasses, und es ist eine Ausnahmebestimmung, wenn Art. 1094 a. a. O. in diesem Falle dem Ehegatten gestattet, zu Gunsten des anderen auch über den Nießbrauch an der vorbehaltenen Hälfte zu verfügen. Hätte nun aber das Gesetz dem Ehegatten die Befugnis geben wollen, den so auf das nackte Eigentum beschränkten Vorbehalt noch weiter durch den Erlaß der Bürgschaftsleistung zu beschweren, so hätte es dem angeführten Grundsatze gegenüber einer ausdrücklichen Bestimmung bedurft. Was endlich den vom Revisionskläger angerufenen Art. 917 Code civil betrifft, so ist dessen auf ihren Fall zu beschränkende Vorschrift, wie nicht näher auszuführen, für vorliegende Frage ohne Bedeutung. Geht man, was den Art. 601 a. a. O. betrifft, auf das römische Recht zurück, so konnte nach den Grundsätzen desselben bei einem letztwillig zugewendeten Nießbrauche die Bürgschaftsleistung vom Testator nicht erlassen werden — l. 1 Cod. 3, 33; l. 7 Cod. 6, 34; Windscheid, 5. Aufl. Bd. 1, S. 652 Note 9 —, und dieser Satz galt auch in den Ländern des geschriebenen Rechtes in Frankreich. Wenn nun auch nach dem Zeugnisse von Demolombe Bd. 10 Nr. 493a E. in dem Gebiete des Gewohnheitsrechtes eine solche Befreiung grundsätzlich zulässig erachtet wurde, so war sie doch bei dem don mutuel entre époux als ein moyen indirect, d'entamer la propriété nicht gestattet. Was endlich Doktrin und Rechtsprechung bezüglich der vorliegenden Frage angeht, so ist die Mehrzahl der Rechtslehrer*) mit der Minderzahl der französischen Appellhöfe der im vorstehenden ausgeführten, die Frage verneinenden, Ansicht. Dasselbe gilt von den belgischen Gerichten (vgl. Puchelt, Zeitschrift Bd. 9 S. 196, Bd. 12 S. 351), sowie von dem obersten bayerischen Landesgerichtshofe (Puchelt, a. a. O. Bd. 12 S. 651). Die bejahende Meinung vertreten besonders Aubry und Rau, Troplong und der französische Kassationshof in konstanter Praxis. Die im wesentlichen geltend gemachten Gründe, daß die Befreiung von der Bürgschaftsleistung nach Art. 601 Code civil „purement facultatif" sei und aus dem Art. 1094 a. a. O. eine Modifikation sich nicht ergebe, daß die Befreiung die reserve vom rechtlichen Gesichtspunkte aus unberührt lasse, „ne porte aucune atteinte juridique", daß den Vorbehaltserben die Rechte aus dem Art. 618 a. a. O. zur Seite ständen 2c., können dem Ausgeführten gegenüber nicht als entscheidend angesehen werden.

*) Vgl. Z. D. II. § 226. N. 12 S. 12. L. VI, 515.

Sachregister.

(Die Zahlen bezeichnen die Seiten.)

W.

Z.

Von den Stimmen der Kritik zum ersten, das **Strafrecht** behandelnden Bande, betitelt:

Die grundlegenden Entscheidungen des Reichsgerichts auf dem Gebiete des Strafrechts.

Für das Studium und die Praxis bearbeitet von Dr. Max Apt.

seien folgende hervorgehoben:

Centralblatt für Rechtswissenschaft: Der Verfasser hat es unternommen, aus der Unmasse der reichsgerichtlichen Entscheidungen die „grundlegenden" auszuwählen und zusammenzustellen. Gewiß ist nicht leicht zu sagen, was „grundlegend" sei; im allgemeinen wird man anerkennen müssen, daß der Verfasser mit richtigem juristischen Takte gearbeitet und die großen Schwierigkeiten der Auswahl zu überwinden verstanden hat. Man sieht es dem Buche an, daß es nicht, wie andere Sammlungen von Entscheidungen, mit der Scheere gemacht ist, sondern von einem denkenden Verfasser herrührt. Apt hat ein System befolgt, das die Übersicht erleichtert und das ebenfalls das Buch über andere Sammlungen erhebt.

Grünhut's Zeitschrift für das Privat- und öffentl. Recht der Gegenwart: Es ist eine ganz eigenartige Judicatensammlung, die wir hiermit zur Anzeige bringen. Nicht auf die vollständige Zusammenfassung aller verflossenen, anderweitig veröffentlichten Entscheidungen legt ihr Herausgeber Wert und auch nicht auf die Wiedergabe aller Rechtsgrundsätze allein, die aus den einzelnen Judicaten abzuleiten sind und deren Auseinanderreihung, ohne Mittheilung der dazu gehörigen Thatbestände, die von dem Verfasser verfolgte Absicht nicht fördert. Vielmehr liefert Apt mit seinem vorliegenden Buche eine Art Anthologie aus dem gesamten strafrechtlichen Judicatencomplex, den das deutsche Reichsgericht bis heute geschaffen. Nur die wichtigen, bedeutungsvollen, für die Praxis des Reichsgerichts grundlegenden Erkenntnisse, bilden das Material der hier besprochenen Sammlung, deren Wesen und Wert in der passenden, durchaus zutreffenden Auswahl liegt. Non multa sed multum — unter diesem Zeichen dürfte das vorliegende, verwendbare Hilfsbuch mit seiner Quintessenz der bisherigen strafrechtlichen Spruchpraxis des Reichsgerichtes, zu begründeter Anerkennung gelangen.

Juristisches Literaturblatt: Einen neuen Versuch, zum Selbststudium anzuregen, hat Verfasser mit dem vorliegenden Buche unternommen, welches ebensowohl als Lesebuch neben dem Lehrbuch wie selbständig zur Fortbildung geeignet erscheint.

Die Gefahr, daß der Anfänger hierdurch zum Präjudiciencultus erzogen werde, ist bei Benutzung eines solchen Buches weit weniger zu fürchten, als bei bloßen Citaten im Lehrbuch oder in der Vorlesung; denn hier treten die Entscheidungen nicht kategorisch und als abstrakte Sätze auf, sondern sie regen durch die Erörterung der Beschwerdepunkte zum Denken an.

In dieser Richtung kann das oben angezeigte Buch viel Nutzen stiften. Die Entscheidungen sind nach einem übersichtlichen System geordnet; ihre Auffindung ist überdies durch ein Sachregister erleichtert. — Auch auf die Literatur und ähnliche, in dieser Sammlung nicht abgedruckte Entscheidungen ist vielfach verwiesen.

Juristische Zeitschrift für Elsaß-Lothringen: . . Die Auswahl ist eine reichhaltige und zweckmäßige. Inhaltsverzeichnis und Sachregister sind erschöpfend und übersichtlich. Das Buch, welchem demnächst eine weitere Abteilung folgen soll, ist in erster Reihe den jüngeren Juristen, aber auch den Mitgliedern der Strafgerichte, sowie denjenigen zu empfehlen, welche ohne allzugroßen Zeit- und Kostenaufwand sich gegenüber der Rechtsprechung des Reichsgerichtes in den wichtigsten Fragen auf dem Laufenden erhalten wollen.

Druck von Albert Koenig, Guben.

FSC
www.fsc.org
MIX
Papier | Fördert
gute Waldnutzung
FSC® C083411

Kolibri 360 GmbH
Ferdinand-Jühlke-Straße 7
99095 Erfurt, Deutschland
produktsicherheit@kolibri360.de